上海体育学院博士后在站研究成果
山东省高水平应用型立项建设专业群
——山东体育学院特殊教育专业群经费资助

# 青少年身体活动行为促进的多元联动机制

许 昭 著



山东大学出版社

**图书在版编目(CIP)数据**

青少年身体活动行为促进的多元联动机制/许昭著.
—济南:山东大学出版社,2018.3
ISBN 978-7-5607-6047-6

Ⅰ.①青… Ⅱ.①许… Ⅲ.①青少年-体育运动-研究 Ⅳ.①G808.17

中国版本图书馆 CIP 数据核字(2018)第 064913 号

策划编辑:唐　棣
责任编辑:李昭辉
封面设计:张　荔

---

出版发行:山东大学出版社
社　址　山东省济南市山大南路 20 号
邮　编　250100
电　话　市场部(0531)88364466
经　销:山东省新华书店
印　刷:济南华林彩印有限公司
规　格:720 毫米×1000 毫米　1/16
11.25 印张　206 千字
版　次:2018 年 3 月第 1 版
印　次:2018 年 3 月第 1 次印刷
定　价:26.00 元

---

# 前　言

身体活动是一种促进健康的行为，有规律的身体活动对人体健康有多种益处，如提高肌肉和心肺功能，改善骨健康，减少跌倒及髋关节或椎体骨折的风险，帮助能量平衡和体重控制等。身体活动对预防和管理非传染性疾病(包括肥胖、心血管疾病、2型糖尿病、抑郁症、骨质疏松症和某些癌症等)起着关键作用，并能降低死亡风险。缺乏身体活动是导致许多人患上慢性疾病和过早死亡的危险因素。对中青年人(18～64岁)和老年人(65岁以上)，世界卫生组织建议每周至少应进行150分钟中等强度或75分钟剧烈强度的运动，这样才能预防非传染性疾病；儿童和青少年(5～17岁)每周至少应进行60分钟中等到剧烈强度的运动。尽管医学专家呼吁所有人(不分年龄和社会地位)开展身体活动以促进健康，但很大部分人都未能达到前述标准。约三分之一(31%)的成人和大多数(80%)13～15岁的青少年被归为“身体不活动”类型。身体活动缺乏有巨大的致病风险(但可避免)，也是世界上五大死亡风险之一，每年约造成320万人死亡。身体活动缺乏还具有重大的经济影响，保守估计，仅2013年全球因身体活动缺乏而消耗的医疗保健费用就达538亿美元。缺乏身体活动目前已成为一个引起了全球关注的公共卫生问题。

西方国家进行的纵向研究结果显示，身体活动行为与年龄相关，在青春期时，身体活动水平急剧下降，青年时期的身体活动行为能带入中年期。因此，为了促进个体以积极的生活方式进入老年期并保证其终生免受其他因素的影响，在少年儿童期促进其身体活动就显得尤为重要了。

我国青少年的体质健康在最近20多年来持续处于下滑状态，2014年《全国学生体质健康调研结果》显示：我国学生体质与健康状况总体有所改善，但各年龄段学生肥胖检出率不断增加，视力不良检出率持续增高且出现低龄化倾向。青少年体质健康下滑主要是由身体活动不足导致的，而导致身体活动不足的原因复杂且涉及面广，除自身因素外，家庭、学校、社区及青少年体育俱乐部等体育组织都是重要的环境影响因素，仅靠单一系统或部门的“单打独斗”难以解决问题，需要各系统、各部门的协同联动，实施多元化的健康促进策略。

青少年体育是国家体育工作的重点和基础，保证青少年体质健康是青少年体育工作的重要目标之一。党和国家非常重视青少年的健康成长，中央和部委曾多次下发文件，强调要围绕青少年的体育需要，整合学校内外的体育资源，建立"青少年在哪里，体育服务就到哪里"的无缝衔接服务体系，充分发挥家庭、学校、社区、体育组织思想教育及行为干预合力的作用，促进青少年的身体活动，完成党和政府多次提出的"建立和完善学校、社区、家庭相结合的青少年体育网络和联动机制"的任务。

尽管在上述观点方面没有争议，但目前多数学校、社区、组织和相关政府部门，以及相关的研究都没有给出具体的联动措施和联动方案来有效地促进青少年开展身体活动。因此，本书在充分探讨身体活动的身心效益，系统梳理身体活动的促进理论的基础上，以锻炼行为生态学模型为依托，构建了以家庭、学校、社区、体育组织为微系统，以四者的联动为中系统的青少年身体活动行为促进的多元联动模式理论模型，旨在让学校、家庭、社区、体育组织实现联动，为开展青少年体育工作、促进青少年参与身体活动提供指导和帮助，以提升青少年的身心健康水平。

许　昭

2018 年 1 月

# 目　录

# 第一章　青少年身体活动的效益

## 第一节　青少年身体活动的体质效益

中等到剧烈强度的身体活动能预防疾病和促进健康，其他强度的身体活动（也包括低强度身体活动）也有重要意义。

### 一、身体成分

#### （一）身体质量指数、体脂百分比

1. 概述

在评价身体成分和肥胖的常用指标中，身体质量指数（body mass index，BMI）和体脂百分比是世界公认的指标。BMI 是体重（单位：千克）与身高（单位：米）的平方之比，是衡量人体胖瘦程度以及是否健康的客观且十分可靠的指标，体现的是体重与身高的比例关系。14 岁时，女子的 BMI 指数均值高于男子，11～13 岁时，均值差异较小，男子 BMI 指数均值在 7～10 岁、17～18 岁时高于女子；另一方面，女子的 BMI 指数在 8～10 岁、12～13 岁两个年龄段增长快于男子，而在 7～9 岁、12 岁、15～17 岁时 BMI 指数的增长慢于男子。另外，男子在 11 岁、17 岁，女子在 11 岁时会出现 BMI 负增长，在青少年期间可能与个体身高的快速增长有关。

BMI 是由身高、体重两个指标组成的复合指标，没有考虑体脂或去脂体重的因素。有研究显示，BMI 与体脂百分比高度相关，但是这两个指标的关系在不同性别和年龄人群中具有不同的趋势。

自 20 世纪 60 年代开始，儿童单纯性肥胖逐渐成为世界性的公共卫生问题，在发达国家和发展中国家儿童肥胖率均迅速上升，由此引发的一系列疾病也逐渐增多。肥胖还能增加少年儿童成年后患慢性疾病（如糖尿病、高血压和心血管疾病）的风险。由于肥胖已成为严重的全球性公共卫生问题，因此掌握肥胖的判

定方法并科学制定评价标准，对及时了解少年儿童超重和肥胖发生的现状并监测其长期流行趋势，以便采取有效的干预措施改善其生长发育状况有着重要的意义。

评价少年儿童肥胖最常用的指标就是BMI。由于青少年仍处在生长发育的过程中，其BMI呈自然上升的趋势，因此对超重或肥胖个体的干预只要维持BMI水平不变或增长速度减缓，便可降低肥胖的严重程度，从而达到控制体重的目的。

青少年阶段是肥胖干预的关键时期，流行病学研究表明，有30%～80%的青少年肥胖会发展为成年肥胖。为更好地保障青少年体质健康，一方面要促使青少年在平时的生活中养成良好的习惯，保证充足的睡眠，经常参加体育活动；另一方面要保证良好的膳食营养，做到均衡饮食。此外，青少年还要保持良好的心态，这样更有利于身体健康成长。

身体成分与运动素质关系密切：瘦体质量增加，肌肉发达，收缩力增加，可使各项运动素质提高；而体脂肪的增加只能增加身体各部分的惰性，降低肌肉收缩的速度和爆发力，使行动的灵活性和协调性受到破坏。少年儿童体脂含量与各项运动素质关系密切，体脂含量增加对身体素质发展不利。

2.相关研究结果

詹晓梅、陈文鹤（2010）以主动参加2009年暑期运动减肥的112名（男56名，女56名）肥胖青少年为实验对象，并对其实施了有氧运动干预，在有氧运动前后分别对被试者进行下列指标的检测：

（1）身高、体重、腰围、臀围、BMI、腰臀围比（WHR）。

（2）血压（BP）：采用常规袖套式血压计，测定前休息15分钟，测量3次取最低值。

（3）心率：采用POLAR表监测心率。

在有氧运动的过程中，被试者每2周需要检测一次体重、腰臀围比、身体成分、心率和血压。实施为期4周的全封闭中小强度有氧运动干预，被试者每周运动6天，每天运动2次，每次运动2小时，运动项目包括游泳、有氧操、慢跑和羽毛球等，并严格按照实验制定的运动处方进行锻炼。研究结果显示：

（1）与有氧运动减肥前相比，4周中小强度的有氧运动减肥后被试者体重、BMI、腰围和臀围指标显著降低（$p<0.001$）。

（2）有氧运动后被试者静息心率（RHR）较有氧运动前显著降低，减肥前男、女生组RHR分别为（92.55±13.46）次/分、（90.3±11.37）次/分，减肥后分别为（81.27±10.54）次/分、（80.23±12.09）次/分。

（3）有氧运动减肥后被试者收缩压显著下降，男、女生组收缩压分别平均下降了 3.53 和 6.23，其中女生组下降较男生组显著($p<0.01$)，男、女生收缩压较运动减肥前相比差异有统计意义($p<0.01$)。平均动脉压减肥后也明显降低，男、女生组分别下降了 4.35 和 8.25，差异显著($p<0.01$)。

以上研究表明：进行 4 周中小强度有的氧运动减肥后，肥胖青少年腰围、臀围、腰臀围比、体脂含量相比较有氧运动减肥前具有显著性差异，有氧运动减肥后心脏功能指标静息心率和血压也明显降低。

**（二）肥胖**

刘文、常翠青、赵小倩等(2008)以 49 名 12～14 岁肥胖青少年为被试者进行了运动干预递减实验。他们的研究结论是，基于学校的有组织的运动量阶段式递减运动干预可以有效预防和延缓肥胖青少年肥胖的进一步发展，改善糖脂代谢，提高胰岛素敏感性，降低高三酰甘油血症和空腹血糖受损发生率，预防高密度脂蛋白胆固醇的下降，增强体能素质。

冯连世、张漓、高炳宏等(2013)以年龄 16～22 岁、世居平原且超重或肥胖的 47 名青少年为被试者，采用分组分析的方法将 47 名青少年分为低氧训练组、平原训练组和高原训练组，各个被试者在实验期间需接受 4 周的封闭式管理，在此期间各组青少年要在所处的环境下进行每周 6 天的运动，每天持续 5 小时，运动方式包括快走、慢跑、乒乓球、羽毛球、游泳、有氧操、功率自行车等。在训练过程中每天用 TCSWB-3000 型电子磅秤称被试者体重并记录。研究结果显示，与实验前相比，实验后平原训练组、低氧训练组和高原训练组青少年体重均显著降低，低氧训练组体重减少量最大，平原训练组次之，高原训练组最低，但三者无显著差异；低氧训练组和平原训练组体重下降幅度均显著高于高原训练组($p<0.05$)，但低氧训练组和平原训练组之间差异不显著。研究还表明，4 周平原、高原和低氧 3 种训练环境下的有氧运动均可有效减少超重和肥胖青少年身体各部位的体脂含量，其中躯干部位脂肪减少量占总脂肪减少量的大部分。高原环境下有氧运动在减重效果上不如低氧和平原环境下的有氧运动，但所减体重中脂肪占绝大部分(超过 80%)，且更有动员躯干部位脂肪的趋势。

格巴、米塔斯、雅库贝克(Gába，Mitáš，Jakubec，2017)等从 8 所不同城市的小学随机抽取了 365 名 7～12 岁的儿童(其中女孩 209 名)作为实验对象，测量了他们身体活动与身体肥胖之间的横向关系，研究者使用多频生物阻抗分析了儿童的身体成分，使用加速度计监测了儿童的身体活动。结果显示，从整体来看，男孩比女孩更活跃。在低强度身体活动和所有体脂指标之间没有发现显著相关(无论是未调整还是调整的模型中)。在女孩中，中等到剧烈强度的身体活动与所有的身体肥胖指标呈显著负相关。在调整了年龄、身高和久坐不动的时间后，这些相关关系得到了加强($\beta$ 从 $-0.49$ 到 $-0.36$，$p\leqslant0.01$)。剧烈的身体活动只与男孩的身体肥胖指数有强烈的负相关，在女孩中没有发现这一结果。调整模型后发现，身体活动和脂肪量百分比呈显著负相关($\beta=-0.15, p=-0.15$)，和脂肪质量指数也呈显著负相关($\beta=-0.15, p=-0.15$)。研究还表明，根据不同性别增加不同强度的身体活动可能是减少儿童身体肥胖的一种合适方法，但需要纵向研究来验证这些关系。

珀特拉斯(Poitras,2016)对身体活动和健康指标之间的关系进行了综述。其选取了162项研究(共有来自31个国家的204171名被试者)，当中有72项研究考察了身体活动与肥胖之间的关系，7项研究采用了随机区组实验设计，6项研究采用了非随机实验设计，14项研究采用了纵向实验设计，48项研究采用了横向设计。以上研究采用BMI、体脂百分比等作为肥胖指标，采用客观方法测量了被试者的身高、体重、皮褶厚度总和、生物电阻抗等。

1.随机控制研究设计的研究结果

在随机控制设计的研究中，7项研究中的5项显示，在控制条件下，随着总体身体活动的增加，肥胖程度显著降低。其他2项研究中，身体活动和肥胖的关系不明显。这2项研究都包含了追踪调查，第一项研究中有15周的追踪，但没报告身体活动水平，研究显示身体活动对体脂百分比有显著的干预效果，但对脂肪量没有干预效果；第二项研究进行了3年的追踪，发现与对照组相比，实验组总体的身体活动较大，中等到剧烈程度的身体活动无差别，皮褶厚度总和、BMI和腰围无显著差异。

2.非随机控制研究设计的研究结果

在非随机控制的6项干预研究中，有1项研究报告，在身体活动干预后和2年追踪中，与对照组相比，身体活动参与者超重和肥胖的概率降低。其余5项研究显示，身体活动对肥胖的干预没有影响。

3.纵向设计研究结果

在纵向研究中，总体身体活动与肥胖之间的关系不一致。7项研究中的3项报告至少有一个正相关，6项研究报告至少有一个无相关，大约一半的研究测量了剧烈强度或中等到剧烈强度的身体活动与肥胖的负相关，没有研究报告中等强度身体活动和肥胖之间的相关。3项研究中的1项检验了低强度身体活动的剂量与肥胖之间的关系，但结果显示低强度身体活动水平越高肥胖程度也越高。由于研究结果不统一，所以无法得出相一致的研究结论。

4.横向设计研究结果

在横向研究中，22项研究中的18项报道了总体身体活动与肥胖之间的关系，剧烈强度和中等到剧烈强度的身体活动与肥胖之间也存在相关。关于中等强度的研究结果不一致，其中9项研究中的3项报告存在负相关，另外3项研究却显示存在正相关，还有 3 项研究显示无相关。研究结果的不一致可能是由于研究设计中被试者性别、年龄、肥胖测量和体重分类标准、体适能水平等的差异造成的。

### (三)去脂体重

珀特拉斯的综述中，有 7 项研究考察了身体活动和去脂体重之间的关系，其中 1 项研究采用纵向设计，6 项研究采用横向设计。去脂体重采用客观方法测量，如计算皮褶厚度总和、测生物电阻抗、双能 X 骨密度仪照射等。

纵向研究显示，总体身体活动和去脂体重之间关系不一致。横向研究中的 2 项显示，总体身体活动和去脂体重相关，剧烈身体活动和去脂体重之间的关系不一致，有的报告负相关，有的显示无相关，有的显示正相关。中等到剧烈强度的身体活动的研究结果与此相似。研究结果不一致的主要原因可能是研究中没有考虑被试者性别及测量工具的差异。

## 二、心脏代谢生物标志物

珀特拉斯的综述中，54 项研究考察了身体活动和心脏代谢生物标记物之间的关系，2 项研究采用随机区组设计，1 项研究采用非随机设计，7 项研究采用纵向设计，47 项研究采用横向设计。研究选取综合风险评分、个人危险因素(如血压、血脂)作为指标，客观测量方法包括量血压、血液样本分析等。

1.随机控制实验设计的研究结果

有 1 项随机设计的研究结果显示，与对照组相比，实验组被试者随着中等到剧烈强度的身体活动的增加，罹患心脏疾病的风险评分降低，三酰甘油、葡萄糖和高密度脂蛋白也有较大增加。但在 3 年的追踪调查中，干预效果不再显著。

2.非随机控制实验设计的研究结果

在非随机干预研究中，身体活动干预对总胆固醇、高密度脂蛋白胆固醇或三酰甘油没有影响。

3.纵向设计研究结果

在 7 项纵向研究中，1 项研究显示总体身体活动对高密度脂蛋白和胆固醇有效益，2 项研究显示总体身体活动对舒张压有效益，但总体身体活动对心脏疾病的风险评分、平均动脉压、三酰甘油、收缩压无效益。在干预后 200 天或 2 年的追踪中，总体身体活动与胰岛素抵抗的稳态模型评估无关，但 4 年后男孩子的胰岛素抵抗指数较基线值提高，女孩中无此结果。

中等到剧烈强度的身体活动与高密度脂蛋白和胆固醇相关，但与血压、舒张压、收缩压、平均动脉压、三酰甘油、胰岛素抗体、心血管疾病风险评分不相关。剧烈强度、中等强度和低强度的身体活动与收缩压不相关。

4. 横向设计研究结果

(1)总体身体活动:在 47 项横向研究中,15 项专门考察了心血管疾病风险评分。7 项研究中的 3 项显示,总体身体活动与心血管疾病风险评分有关,4 项研究显示不相关。长时间的剧烈、中等到剧烈强度、中等强度的身体活动与心血管疾病风险评分相关(身体活动多则评分低)。1 项研究显示低强度身体活动与心脏疾病的风险评分不相关。没有研究显示身体活动会导致心血管疾病风险增加。

总体身体活动对舒张压、收缩压、三酰甘油、总胆固醇、胰岛素抵抗、空腹胰岛素、空腹血糖和颈-股动脉脉搏速度有效益。有的研究显示总体身体活动对高血压和高密度脂蛋白胆固醇有效益,有的研究显示无效益。研究显示,总体身体活动与平均动脉压、糖化血红蛋白、炎症标志物(C 反应蛋白、白细胞介素-6、肿瘤坏死因子、C3 补体、C4 补体)、丙氨酸氨基转移酶、心率血压乘积、同型半胱氨酸、颈动脉内膜中层厚度不相关。

(2)剧烈强度的身体活动:剧烈强度的身体活动对空腹胰岛素有效益,但与其他心脏生物标志物的关系没有一致的研究结果。

(3)中等到剧烈强度的身体活动:中等到剧烈强度的身体活动对高血压、高血压 Z 分数、收缩压、胰岛素抗体指数、空腹胰岛素、非高密度脂蛋白胆固醇、高胆固醇有效益。中等到剧烈强度的身体活动与其他心脏代谢生物标记物之间的关系不一致,研究显示有效益或无效益的有舒张压、三酰甘油、高密度脂蛋白胆固醇、总胆固醇、空腹血糖、C 反应蛋白、心交感/副交感神经调制,无效益的有平均动脉压、低密度脂蛋白胆固醇、其他胰岛素抗体(Matsuda IR 评分、QUICKI、口服葡萄糖耐量试验结果、餐后血糖、糖化血红蛋白)、炎症标志物(白介素-6、肿瘤坏死因子 α、C3 补体、C4 补体)、同型半胱氨酸等。

(4)中等强度的身体活动:中等强度的身体活动对高血压 Z 分数、胰岛素抗体指数、空腹胰岛素有效益,但对其他心脏代谢生物标记物无效益。

(5)低强度的身体活动:低强度的身体活动对舒张压有效益,研究显示有效益或无效益的有高密度脂蛋白胆固醇、空腹胰岛素,无效益的有三酰甘油、收缩压、胰岛素抵抗、空腹血糖、C 反应蛋白、丙氨酸氨基转移酶。

## 三、心肺功能

丛明滋(2009)为了解健美操运动对青少年学生心肺功能的影响,以烟台市运动技术学校的 24 名健美操班学生为研究对象,将 24 名学生随机分为实验组(12 人)和对照组(12 人),以强度作为控制变量,每周进行 2 次训练,训练周期为 1 年。在进行实验测试时,运用 Monark 839 功率自行车做递增负荷运动,以 20

瓦负荷热身2～5分钟，起始负荷为30瓦，每坚持3分钟递增30瓦直至150瓦结束，结束后恢复期进行1～3分钟的20瓦负荷运动，用Contex 3B心肺功能仪同步对被试者的心肺功能各项指标进行监测，24名学生在训练前后均进行监测。结果显示，训练1年后测试的心率明显低于训练前测试的心率，说明采用无氧阈强度训练的学生心率降低具有显著效果；氧脉搏的增加随负荷强度的变化而变化，训练后测试的氧脉搏平均值要比训练前高；训练后各负荷阶段的摄氧量也均高于训练前，实验组的两次测试值差异有统计学意义，对照组无显著变化。

张军鹏(2011)以90名肺活量较差的男性青少年作为被试者，随机将其分为实验组和对照组，实验组进行阻力深呼吸训练，对照组则按平时的日常习惯生活、学习，不进行特殊呼吸功能训练。在实验开始时以及干预90天后对两组被试者的肺功能进行比较，观察阻力深呼吸训练对肺活量较差的青少年人群的肺功能是否有显著影响。结果显示，经90天干预后，实验组各项肺功能指标(包括肺活量、用力肺活量、第一秒用力呼气容积及每分最大通气量)均较开始时及对照组有明显改善($p<0.05$)；而对照组肺功能较开始时无明显改变($p>0.05$)。研究表明，阻力深呼吸训练对青少年人群提高肺活量具有显著疗效，可在该人群中推广应用。

帕里哈和萨顿(Parikh，Stratton，2011)发现，身体活动在儿童中正得到越来越多的推广，以减少儿童肥胖(以及成年后肥胖和心血管疾病)的日益流行。尽管在儿童和青少年方面已经发表了许多关于身体活动的评论和指南，但均未特别关注身体活动强度对肥胖和心肺适能等健康方面指标的影响。为此，这两位作者对相关文献进行搜索后选取了25项研究，分析结果显示部分研究考察了身体活动对健康参数的影响，但在定义中等强度和剧烈强度身体活动水平的阈值方面存在相当大的不一致性。他们的结论是，剧烈强度身体活动是肥胖的一个重要预测因子，与健康有显著相关性。由于各研究的结论不同，所以身体活动强度与心肺适应度之间的相关性比较模糊，不过在剧烈强度身体活动时脂肪减少且有氧能力增加。未来研究中需要进一步研究确定中等强度和剧烈强度身体活动的阈值，并分别获得增加有氧能力和减少脂肪的中等强度身体活动及剧烈强度身体活动的剂量。

曹峰、曹杰、赵立君等(2012)以某中学二年级40名男性肥胖青少年为研究对象，采用对照和监控的方法将这40名男性肥胖青少年随机分为对照组和运动组(各20名)，其中运动组需要坚持8周的有氧间歇训练，每周2次，每次50～60分钟；对照组则保持日常生活习惯不变。在实验前后分别测定两组受试者的安静心率、最大摄氧量、收缩压、舒张压及体脂百分比；采用超声心动仪检测所有受试者的左心室收缩末容积、每搏输出量、心输出量、左心室舒张末容积、缩短分数和左心室射血分数。组内比较显示，运动组受试者体脂百分比、安静心率和收缩压均较训练前有所下降($p<0.05$)，最大摄氧量升高($p<0.01$)，心功能参数左心室舒张末容积、每搏输出量、左室射血分数和缩短分数均较训练前有所升高($p<0.05$ 或 $p<0.01$)，心输出量试验前后差异无统计学意义。对照组在试验前后各指标比较差异均无统计学意义。实验后组间比较表明，运动组肥胖青少年体脂百分比、安静心率和收缩压均低于对照组($p<0.05$ 或 $p<0.01$)；最大摄氧量、左心室舒张末容积、每搏输出量、左心室射血分数和缩短分数均高于对照组($p<0.05$ 或 $p<0.01$)。研究表明，有氧间歇训练可以改善肥胖青少年的心肺功能并提高其体适能水平。

门德尔松、米夏特、佩兰(Mendelson，Michallet，Perrin，2014)等以 20 名年龄(14.5±1.7)岁、体重指数(34.0±4.7)的肥胖青少年和 20 名年龄(15.5±1.5)岁、体重指数(19.9±1.4)的正常青少年为被试者，前者参加了为期 12 周的运动训练计划，后者不参加。结果表明，运动训练可以改善肥胖青少年在次极限运动中的呼吸策略，而呼吸策略的变化也促进了运动表现。

塔克雷迪、拉姆巴斯和费沃瑞替(Tancredi，Lambiase，Favoriti，2016)等以 29 名先天性单肾缺失患者为实验组，平均年龄(13.9±5.0)岁；36 名正常青少年为对照组，平均年龄(13.8±3.7)岁。将所有被试者分为久坐组和训练组，以评估定期体育运动对心肺功能的影响。通过标准化问卷调查被试者每周的体育活动，结果显示，实验后，训练组最大耗氧量和运动时间的平均值高于久坐组，尤其是最大摄氧量明显高于久坐组。研究表明，定期的中等/高水平的体育活动可以提高有氧能力和先天性单肾缺失患者的运动耐受性，同时不会增加罹患心血管疾病的风险，因此在先天性单肾缺失患者中应大力提倡体育活动，以最大限度地提高健康效益。

拉斯滕斯基斯、赛德卢斯基涅和斯图卡斯基涅(Raistenskis，Sidlauskiene，Strukcinskiene，2016)等在立陶宛 3 个学校使用聚类抽样法选取了 532 名儿童为被试者，测量了身高、体重、腰围、臀围、皮褶厚度，计算了体重指数、腰臀比和体脂百分比，使用青少年体育活动问卷和 6 分钟步行测试测量了受试者的体育活动和身体健康程度，使用最大耗氧量评价了受试者的有氧能力，并探讨了人体测量数据、6 分钟步行测试行走距离和中等强度体力活动持续时间的相关性。研究结果显示，20.1%的儿童有肥胖或超重，他们在 6 分钟步行测试中平均每天减少 22.4 分钟，比正常体重的儿童少 50.9 米。身体健康参数与每日中等强度的身体活动持续时间和人体测量参数相关，肥胖和超重儿童的身体活动较少，身体健康状况比正常体重的儿童要低，因此需要采取干预措施来增加身体活动，改善肥胖和超重儿童的健康状况。

张枝尚、马培艳、郑伟(2016)以身体健康的 80 名青少年学生(男、女各 40 名)为实验对象,将 80 名学生随机分为 4 组:女生运动组、男生运动组、女生对照组及男生对照组。男、女运动组在专业运动员的指导下分别进行 20 周二十四式简化太极拳运动的干预,每周 5 次,每次 30 分钟;对照组不进行运动干预,遵从日常课间休息。在第 0 周、10 周、20 周三个阶段分别测试被试者的身体机能和身体素质。结果显示,女生运动组安静心率在第 10 周时出现明显降低,男女运动组的其他指标均在第 20 周出现显著改善,即 20 周的规律太极拳锻炼可以改善青少年的身体机能和身体素质。

奥泽姆、阿多格姆斯(Ozmen, Aydogmus, 2016)以 20 名年龄(10.8±0.3)岁、身高(140.6±4.4)厘米、体重(33.9±5.8)千克的青少年羽毛球运动员为被试者,研究了核心力量训练对核心耐力、动态平衡和灵敏性的影响。被试者随机分为训练组和对照组,所有被试者都进行了星游平衡测试、伊利诺斯灵敏性测试及核心耐力测试。训练组每周 2 次完成核心力量训练,为期 6 周;对照组按正常方式训练。结果显示,训练组的平衡能力、核心耐力有了显著增长($p<0.05$),而敏捷性没有明显变化($p>0.05$)。可见核心力量训练能促进青少年羽毛球运动员的平衡能力和核心耐力,但对灵敏性无影响。

张海平、刘兴、吴翊馨等(2016)以沈阳市某中学 120 名 12～14 岁的青少年为被试者,采用三轴加速度计对被试者进行了 7 天的体力活动监测,分析了学生每天所进行的体力活动与能量代谢情况,并根据轻体力活动的特点,对被试者进行了持续 12 周(除周六周日外)、每天 60 分钟、运动强度为 50%～70%最大吸氧量健身跑的运动干预,以研究健身跑对中学生心肺耐力功能的作用。体力活动采用 Actigraph GT3X 型三轴加速度计测试,最大摄氧量测定采用功率自行车递增负荷方案。结果显示,每天 60 分钟的运动强度及运动负荷为 50%～70%最大吸氧量的健身跑对 12～14 岁中学生的心肺耐力提高具有明显的促进作用。

王艳玲(2017)以巅峰减重海南训练营的 17 名青少年学员(男生 5 名、女生 12 名)为研究对象,采用封闭式管理的方法对被试者进行了为期 4 周的运动训练,以小强度、长时间的有氧运动来消耗体内脂肪,强度范围为心率储备的 20%～40%。脂肪的消耗需要一定的运动时间,所以各被试者需要每天 4 个小时的小强度有氧运动,分每次 2 小时进行。主要以有氧运动和游泳为主要训练方式,再结合如杠铃操、搏击操等中小强度有氧器械循环的方式进行。结果显示,17 名肥胖青少年的体重、体脂百分比、肺活量在实验前后呈逐渐下降的趋势,实验前后均具有显著差异($p<0.001$)。研究表明,为期 4 周的有氧运动很好地降低了肥胖青少年体的脂肪含量,并在不同程度上改善了青少年的肺活量

和心肺功能。

邵威、费加明(2017)以40名肥胖青少年为研究对象,采用分组分析法将这40名学生按男、女1.5∶1的比例分成中等强度有氧运动组和高强度间歇性运动组两组,并进行了持续9周的训练,训练前各被试者指标之间无显著差异。有氧运动组的青少年主要以中强度有氧运动为主,运动方式以在跑步机上跑步为主,结合有氧操和游泳一并进行;大强度间歇性训练组的青少年以炮台跑步为主,间歇训练按照以80%～90%最大心率运动3分钟,然后以50%～60%最大心率运动7分钟运动6组,每组间隔6～8分钟(完全休息)的顺序进行。结果显示,接受训练后两组被试者的身体形态指标明显下降($p<0.05$),高强度间歇运动组的青少年在运动后腹部内脏脂肪面积和腹部皮下脂肪面积均明显低于有氧运动组青少年($p<0.05$);中等强度有氧运动组胰岛素、总胆固醇、低密度脂蛋白与参与训练前相比显著性下降($p<0.05$),且有氧运动组总胆固醇明显低于高强度间歇性运动组($p<0.05$);高强度间歇性运动组胰岛素、低密度脂蛋白的值与参加训练前相比显著下降($p<0.05$)。研究表明:连续9周中等强度的有氧运动和高强度间歇性运动均可以对肥胖青少年起到良好的减肥效果,并且高强度间歇性运动对内脏的减脂效果更好,但是在降低胆固醇方面不如中等强度的有氧运动。

布劳恩、凯伊、陈(Braun,Kay,Cheung,2017)等以美国佐治亚州39所学校中的3479名学生为实验对象,为他们提供了组合体育活动干预。这些学生在2013年8月和2014年5月接受过关于身体活动时间的调查。研究人员收集了2342名四年级学生的干预前和干预后渐进有氧心血管耐力跑(PACER laps,一种有氧能力的测量方法)数据,用线性回归法来确定体育活动时间与学生有氧能力之间的关系。研究结果显示,干预后每周学生的体育活动时间比干预前增加了39分钟,其中在课间休息时的身体活动增加了21分钟,在教室的身体活动增加了17分钟,体育课增加了1分钟。学生PACER laps的平均数量增加了3圈,大约65%的学生渐进有氧心血管耐力跑的数量增加。研究观察到校本运动时间与渐进有氧心血管耐力跑的变化之间存在正相关关系($r=0.38$,95%置信区间0.29～0.46)。

春武里、苏堀和塔娜卡(Chuensiri,Suksom,Tanaka,2017)以48名8～12岁的肥胖青春期男孩为研究对象,检验HIIT和supramaximal高强度间歇训练(supra-HIIT)是否能改善肥胖青春期男孩的血管结构和功能。通过分组分析的方法,他们将研究对象分为HIIT组(8×2分钟峰值输出功率90%,$n=16$)和supra-HIIT组(8×20秒峰值功率输出170%,$n=16$)。两组每周进行3次循环测试,实验持续12周。研究结果显示,12周后,HIIT组和supra-HIIT组都不影响身体质量、身体脂肪百分比和腰围。HIIT 组和 supra-HIIT 组的峰值耗氧量均增加($p<0.05$)。HIIT 组和 supra-HIIT 组的静息代谢率高于对照组($p<0.05$)。对动脉僵硬、腕踝脉搏波速度、颈动脉内膜厚度和血流介导扩张(一种内皮依赖性血管扩张)的测量结果显示,HIIT 组和 supra-HIIT 组的这些指标均增加($p<0.05$)。研究表明:supra-HIIT 对肥胖青春期男孩的有氧能力、代谢率、血管功能和结构、血脂分布有良好的影响,可能是预防肥胖儿童未来发生心血管疾病的有效方法。

白、圣玛里斯和维克(Bai,Saint-Maurice,Welk,2017)等采集了美国国家橄榄球联盟(NFL)"60 岁健康伙伴计划"项目的数据,旨在促进幼儿园到 12 年级的儿童和青少年的体育活动和健康饮食。该项目由 32 个 NFL 特许市场的学校教师领导。从 2011 年开始,每年有 497 所学校的 5 万至 10 万名学生完成 Fitness Gram 评估,并持续到 2015 年。结果分析在 2015 年进行。对 NFL 的比赛采用了 60 种考察方式,每年通过自我报告的方式评估项目的执行情况,还采用 Fitness Gram 标准对有氧能力和 BMI 进行评估,计算每个测试中符合健康标准的学生的百分比,用生长曲线模型来评估纵向变化轨迹。大约 19%的学校被归为实验组学校。研究结果显示,与控制组学校相比,参与两项女生项目(3.0%,$p<0.01$)和男生项目(2.9%,$p<0.01$)的实验组学校学生的年度有氧能力显著提高。在女生(1.3%,$p<0.05$)和男生(1.2%,$p<0.05$)中,参与项目的实验组学校与未参与学校相比,男孩的年度健康状况也得到了改善。在整个 4 年期间都实施该项目的学校,其学生有氧能力的改善效果往往比只实施 2~3 年的学校更好($p<0.05$)。

霍尔塔、嘉德梅斯、卡塔尔多(Huerta,Galdames,Cataldo,2017)等以 28 名(13±0.6)岁的青少年为被试者,将他们分成两组,每组 14 人。实验组进行 16 次 HIIT 间歇训练,以他们个人最大的有氧运动速度为基础,对照组则继续他们在学校的常规训练。采用 20 米往返跑(20 m STR)测量他们的基线和干预后的最大摄氧量。结果显示,在干预结束后,实验组青少年明显提高了他们的最大摄氧量和在 20 m STR 上花费的时间。研究结果表明,基于个体最大有氧速度的 HIIT 程序提高了青少年的最大摄氧量。

武海谭、季浏(2017)在上海一所初中里随机选取了预备年级 6 个班的 226 名学生作为研究对象,让他们进行为期 8 周的实验干预——在体育课中加入不同强度和时间的持续性运动,6 个班级分别开展 15 分钟的大强度和中等强度的持续性运动、10 分钟的大强度和中等强度持续性运动、5 分钟的大强度和中等强度持续性运动。结果显示,在体育课平均心率、能量消耗、能量代谢当量上各班级间差异均有统计学意义($F$ 值分别为 18.634,8.562,8.162,$p$ 值均小于0.05)。

实验前后比较，在握力体重指数上实验1班和3班学生差异有统计学意义，立定跳远上实验1班、2班和3班学生差异有统计学意义，仰卧起坐上实验1班和3班学生差异有统计学意义，耐力跑上实验1班、2班、3班、4班和5班学生差异有统计学意义（$p$值均小于0.05）。实验后，握力体重指数进步幅度差异有统计学意义（$F=9.165, p=0.000$），实验4班、5班和6班分别与实验1班和3班比较差异有统计学意义，实验2班与6班比较差异有统计学意义（$p$值均小于0.05）。实验研究表明，体育课嵌入持续性运动时间越长、强度越大，对体育课运动负荷的提高幅度越大，因此建议应保障体育课运动负荷维持在稳定区间。

廖鹏、张勇、郑念军等（2006）以18名天津体育学院游泳专业男性青少年为实验对象，采用Monark功率自行车进行递增负荷实验，让被试者踩单车的转速始终保持在50转/分（12～13岁）或60转/分（14～16岁），然后根据各被试者的年龄特点每分钟进行负荷递增，直至被试者产生疲劳为止。结果显示，4周耐力训练后，被试者的最大摄氧量、最大运动时心率、血乳酸水平比训练前有显著的提高，个体乳酸阈呈升高趋势。可见，伴随青少年游泳运动员有氧运动能力的改善，在等量负荷运动条件下其肝线粒体的氧化还原状态和能荷也增强。

## 四、柔韧性

矫洪申、范振国、田文的研究（2009）显示，动力拉伸和静力拉伸都能够提高柔韧性；静力性拉伸在提高练习者柔韧性方面比动力性拉伸更明显，具体体现在以下几个方面：

（1）动力性拉伸和静力性拉伸两种练习方法在改善肩部柔韧性上均取得了明显成效。

（2）静力性拉伸在整个实验过程中能持续改善被试者的柔韧性，取得的练习效果要优于动力性拉伸。

（3）静力性伸展练习是目前较理想的伸展练习方法。与动力性伸展练习相反，静力性伸展练习要求四肢缓慢伸展，着重体会肌肉被拉长的过程。由于拉伸缓慢不会激发牵张反射，因此可减少或消除超过关节伸展能力的危险性，防止拉伤。动力性伸展练习可引起肌肉牵张反射，导致肌纤维被暂时拉长，如果过度牵拉肌纤维，就会导致肌纤维受损，造成肌肉弹性丧失。

何茂林、王丛贤、李振佳（2009）考察了健美操对中学生柔韧素质的影响，以寻求一种提高中生柔韧素质的方法。他们选取石家庄市2所学校中有健美操课和无健美操课的学生（共计280人）为被试者，研究得出的结论是：

（1）与普通体育课相比，健美操课更能有效地提高中生的柔韧素质。

（2）健美操比普通体育课更能调动中学生锻炼的积极性，可以把它作为发展中学生柔韧素质的一种切实可行的方法。

周仕怡、车音欣、陈佩杰(2011)采用随机整群抽样的方法抽取了上海市某小学三年级2个班的学生为被试者，分为兴趣导向性柔韧游戏实验班和对照班，受试者均为健康儿童且自愿参与本研究。研究人员设计了兴趣导向性儿童柔韧游戏，并对实验班学生进行为期9周、每周2次的运动干预，而对照班学生采用正常的静态或动态伸展练习实施运动干预。收集的形态学测试指标有身高、体重和体脂率，分别通过测试运动干预前后坐位体前屈、俯卧背伸及双手后勾等，进而比较实验班和对照班学生运动干预前后双手后勾、坐位体前屈及俯卧背伸等指标差异，以了解兴趣导向性柔韧游戏对少年儿童柔韧素质干预的效果。结果显示：

(1)运动干预后实验班学生坐位体前屈、俯卧背伸、双手后勾与运动干预前比较存在显著差异($p<0.05$)。

(2)运动干预后实验班坐位体前屈、俯卧背伸、双手后勾与对照班也存在显著差异($p<0.05$)。

研究结论：在儿童生长发育过程中，特别是柔韧性素质提高的敏感期，兴趣导向性柔韧练习可以有效发展儿童的柔韧性素质，但在相关兴趣导向性的柔韧性练习设计过程中应考虑性别差异。

葛小杰(2011)选取了西安市九十一中年龄13～15岁的初一学生为被试者，通过10周的健身关节操锻炼得出了以下结果：健身关节操能够使初中生关节灵活度加大，从而提高初中学生的柔韧素质和平衡能力；健身关节操是一种便于初中生这个年龄阶段的人群发展关节柔韧性的好方法，并具有预防关节损伤的作用；健身关节操的练习可以使初中学生的柔韧性得到很大的提高，尤其是座位体前屈、转肩实验等指标显著提高；健身关节操可以有效提高初中学生的平衡能力，有利于初中学生保持良好的形态，满足日常生活及进行体育运动的需要；健身关节操对发展初中学生的肌肉力量有一定效果，但不是非常显著，可以作为力量练习的一种辅助手段。不过，健身关节操是不受条件限制的全身性运动，与一般健身活动不同的是健身关节操可有的放矢地训练关节及关节周围的肌肉、韧带等。实验对象练习该操后进行10周前后的左右横跨和4×10米折返跑，数据对比可见健身关节操对灵敏性也有很大的提高。

闫璐(2017)以陕西省商洛市某中学高一80名16～18岁的学生为被试者，从中随机选取男女各20名为实验组，进行每周3次、每次持续60分钟的课外大众健美操锻炼；剩下的男女各20名作为对照组，不进行任何体育锻炼。15周后通过对比两组学生，分析大众健美操锻炼对青少年柔韧素质和协调能力的影响。结果表明：

(1)实验组在坐位体前屈、臂夹棍转体、持棍转肩测试方面均有明显改善,3项测试表明,大众健美操可以提高学生身体的部分柔韧性,由此说明大众健美操锻炼可以提高青少年学生的柔韧素质。

(2)实验组在进行 20 秒反复横跨、20 秒立卧撑的测试中成绩均有明显提高,说明大众健美操使学生身体下肢及手脚协调配合的能力得到发展,故可提高青少年学生的协调能力。

(3)被试者的柔韧素质和协调能力也可以通过立定跳远与投掷实心球的距离远近而表现出来。大众健美操锻炼使学生的柔韧素质和协调能力得到了发展,表现为实验组学生的立定跳远和投掷实心球测试成绩有了提高。因此,大众健美操锻炼可以提高高中生的综合身体素质。

## 五、平衡能力

高晓娟、李文言、李建玲等(2017)用 Powerplate 振动训练仪对郑州大学体育学院 20 名体育教育专业本科生进行了为期 8 周的下肢振动训练,探讨了振动训练对下肢爆发力和平衡功能的影响。他们还利用 Tendo 法测试了研究对象的下肢爆发力,用睁闭眼平衡法测试了研究对象的平衡能力。研究发现,振动训练可以显著提高运动员下肢爆发力的平均速度、平均功率、最大速度和最大功率;振动训练对睁眼平衡的提高幅度较大,实验组和对照组的闭眼平衡能力都有提高,但提高幅度无差别,因此可推断振动训练对视觉平衡的影响较大。

## 六、爆发力

陈召(2013)从河南省体育运动学校田径队选取了 20 名男子短跑运动员,采用随机抽签的方法将受试者分为实验组和对照组,并选用跳跃练习作为发展青少年下肢爆发力的手段,采用不同的跳跃练习组合进行对比实验,以期寻找能够最大程度发展青少年短跑运动员下肢爆发力的组合方式。经过 4 个月的训练,结果表明:

(1)与实验前相比,实验组和对照组的速度、爆发力、专项等指标都有了显著升高。

(2)实验组各项指标提高的程度大于对照组。

(3)实验后,除后抛铅球和 100 米专项成绩无显著性差异外,实验组其他指标均与对照组有显著差异。

研究结论是:爆发力是力量素质当中反映运动员输出功率的一个关键指标,单腿跳跃练习组合对青少年短跑运动员下肢爆发力的发展优于双腿的各种跳跃练习组合;下肢爆发力是影响短跑成绩的主因,但全身协调和其他肌群的爆发力也是影响短跑成绩的因素;单腿跳跃练习的运动生物力学特点和肌肉运动生理学与短跑类似,所以以单腿为主的组合练习是发展青少年短跑运动员专项素质的良好手段。

马策(2017)研究了复合式训练对下肢爆发力的影响效果,以探寻更加有效的训练方法和手段。其研究结论是:复合式训练手段对青年男子篮球运动员下肢爆发力的发展优于传统下肢力量训练手段;复合式训练所采用的训练手段组合及负荷安排是可行的,对青年男子篮球运动员下肢爆发力的训练具有实用价值;复合式训练依靠"后激活增强效应"对爆发力训练产生效果,杠铃负重半蹲动作能有效发展篮球运动员的爆发力。

常婧婧(2017)对 10 名专业网球运动员进行了体能训练前的静蹲跳和下蹲跳两项测试,然后根据个人情况制订训练计划,通过对比训练前后静蹲跳、下蹲跳是否具有显著性差异发现,体能训练对提高网球运动员下肢爆发力的效果非常显著。

## 七、不同强度身体活动与体适能的关系

在珀特拉斯的综述中,有 38 项研究考察了身体活动和体适能之间的关系,6 项研究采用了随机区组设计,3 项干预研究采用了非随机设计,1 项研究采用了纵向设计,28 项研究采用了横向设计。测量心肺适能和肌力等采用了渐进式连续骑自行车、俯卧撑测试等方式。

### (一)不同研究设计的研究结果

1. 随机控制研究设计的研究结果

在随机对照设计的研究中,在实验结束当天、实验后 6 个月、实验后 2 年的追踪中,有氧运动对肌肉力量和耐力具有良好的干预效果。1 项研究显示,干预对身体柔韧性没有干预效果,但另一项研究在 6 个月的追踪中发现干预对身体柔韧性有干预效果,目前没有研究显示有负性干预效果。

2. 非随机控制研究设计的研究结果

在 3 项非随机控制设计的研究中,有 1 项研究发现增加身体活动没有效果;另 1 项研究发现实验组在增加了身体活动后能改善有氧能力、肌肉力量和耐力;还有 1 项研究未发现组间差异,但是在干预组中有氧耐力、肌肉力量和耐力出现了不利的变化,柔韧性出现了良好的变化。

3. 纵向设计的研究结果

有 1 项纵向研究经过 2 年的追踪表明,剧烈强度的身体活动基线值与有氧体适能存在剂量关系,但低强度和中强度的身体活动与有氧体适能不相关。

4. 横向设计的研究结果

在18项横向研究中，至少有1项表明有氧体适能指标与身体活动相关，有约14项研究中的有氧耐力指标与身体活动相关。总体身体活动与整体柔韧性虽无相关，但身体活动高的儿童髋关节灵活性也更好。

**(二)不同强度身体活动的研究结果**

1.剧烈强度的身体活动

有12项研究考察了剧烈强度的身体活动与有氧体适能、上肢和下肢肌肉力量、耐力相关。与此相一致的是，中等到剧烈强度的身体活动与有氧体适能、肌肉力量、耐力和柔韧性相关。

2.中等强度身体活动

中等强度的身体活动与有氧体适能相关，但与肌肉力量不相关。低强度的身体活动仅与有氧体适能相关，与肌肉力量、耐力、躯干的灵活性等其他指标不相关。得出不相关结果的研究仅基于性别、身体活动分位数或身体的某一个部位(如躯干、上身、下身)，或者单使用某一种测量工具。没有研究得出负相关。

## 八、骨骼健康

珀特拉斯的综述中，有20项研究考察了身体活动和骨骼健康指标之间的关系，其中1项研究采用了随机交叉设计，7项研究采用了纵向设计，14项研究采用了横向设计。骨健康采用骨矿物质含量或密度为指标，使用双能X线骨密度仪或外周定量计算机断层扫描等方式测量。

**(一)不同研究设计的研究结果**

1.随机控制研究设计的研究结果

有1项随机交叉设计的研究结果表明，与对照组相比，有计划的有氧训练增加了骨密度。

2.纵向研究设计的研究结果

在纵向研究中，有1项研究发现，在男孩和女孩中，基线总体身体活动预测了3年追踪调查中至少一个解剖位置的骨矿物质含量，在3年期间，比同龄人保持高水平的身体活动的孩子们骨矿物质含量更大。还有1项研究发现，在总体身体活动中，若中等强度和剧烈强度的身体活动占比高，则骨矿物质含量、骨密度、骨面积也高。剧烈强度的身体活动和脊柱/髋关节骨矿物质含量之间的关系不一致(有的表明有效益，有的表明无效益)。中等到剧烈强度的身体活动与髋关节骨矿物质含量、脊柱骨矿物质含量、髋部骨密度、股骨颈的截面积和截面模量、骨强度指标(骨应力指数等)之间的关系也不一致(有的表明有效益，有的表明无效益)。没有研究报告表现负相关。

3.横向研究设计的研究结果

(1)总体身体活动:在14项横向研究中,有4项研究考察了总体身体活动与骨骼健康之间的关系,2项研究表明其与全身骨矿物质含量、髋部骨矿物质含量、脊柱骨矿物质含量正相关,1项研究显示无相关。总体身体活动与全身骨密度不相关,但是与髋部骨密度、跟骨及前臂远端骨密度相关,与腰椎骨密度的结果不一致(女孩正相关,男孩无相关)。总体身体活动与全身骨骼面积相关,与股骨和胫骨的强度指标/强度应变指数的相关性不一致(正相关和无相关)。

(2)剧烈强度的身体活动:有7项横向研究考察了剧烈身体活动和骨健康指标之间的关系,发现剧烈身体活动与全身骨矿物质含量相关,但有1项研究表明这种相关只在男孩中显著,在女孩中不显著。剧烈身体活动对皮质骨矿物质含量、髋部骨矿物质含量、脊柱骨矿物质含量、上肢骨矿物质含量存在有利影响。在调整了骨面积后,剧烈身体活动与全身骨矿物质含量、上肢骨矿物质含量无相关。剧烈强度的身体活动与全身骨密度的关系不一致(正相关和无相关)。对于特定的解剖区域,剧烈强度的身体活动对髋部骨密度、跟骨及前臂远端骨密度、股骨颈骨密度、大转子和转子间骨密度、上肢绝对和全部骨密度等存在有利影响,但与脊柱骨密度之间的结果不一致(男孩中无相关,女孩中有正相关),与下肢绝对和全部骨密度无相关,与皮质骨密度有负相关。有1项研究显示,剧烈身体活动与女孩股骨颈粗隆间骨密度呈负相关。剧烈身体活动与骨骼总面积、皮质骨面积、股骨髁上截面积呈正相关。剧烈身体活动与胫骨骨膜和骨内的圆周呈负相关。

(3)中等到剧烈强度的身体活动:有4项横向研究考察了中等到剧烈强度的身体活动与骨健康指标之间的关系。中等到剧烈强度的身体活动与全身骨矿物质含量之间的关系不一致(正相关和无相关),与髋部骨矿物质含量呈正相关,与脊柱骨矿物质含量的关系不一致(男孩中呈正相关,女孩中无相关),与股骨颈、股骨颈粗隆呈正相关。有1项研究表明,中等到剧烈强度的身体活动与骨密度比率相关,与女孩股骨颈粗隆间骨密度相关,与其他指标不相关。

(4)中等强度身体活动:有4项横向研究检验了中等强度身体活动和骨健康指标之间的关系。中等强度身体活动和骨矿物质含量(全身和下肢绝对和全部骨矿物质含量)呈正相关,与上肢绝对和全部骨矿物质含量、皮质骨矿物质含量无相关。同样,与全身和下肢绝对及全部骨密度呈正相关,与上肢的骨密度无相关,与皮质骨密度无相关,与下肢某些区域(股骨颈、大转子、转子间)的骨密度无相关。还有1项研究显示,中等强度的身体活动与3项骨密度比率和全部比率无相关,与皮质骨面积、股骨干的横截面积呈正相关,与骨膜或骨的胫骨圆周不相关,与女孩的股区强度呈正相关。

(5)低强度身体活动:有2项研究考察了低强度身体活动与骨健康指标之间

的关系。低强度身体活动与绝对或全部骨矿物质含量不相关，与绝对上下肢骨矿物质含量呈正相关，与皮质骨矿物质含量无相关，与全身骨密度和上肢及下肢的绝对和区域骨密度呈正相关，与皮质骨面积、骨内圆周无相关，但与胫骨骨膜周长呈正相关。

(6)其他强度身体活动：有 1 项横向研究考察了具有冲击性强度的身体活动，研究显示，冲击性强度的身体活动与骨密度、颈宽、横截面积和皮质厚度、预测力量呈正相关，与骨密度(股骨颈、全髋关节部位)之间的分级相关。

## 九、运动技能发展

珀特拉斯的综述中，有 7 项研究考察了身体活动和运动技能发展之间的关系，1 项研究采用了整群随机设计，1 项研究采用了非随机设计，1 项研究采用了纵向设计，5 项研究采用了横向设计。考察技能发展(如平衡性、准确性、协调性、敏捷性和速度等)时使用了身体测试组件。

在随机设计研究中，在身体活动干预后没有发现运动技能发展存在组间差异。在非随机研究中也没有发现运动技能发展的组间差异，但对照组和干预组在运动技能测试后运动技能水平均比基线值降低。在纵向设计研究中，2 年的追踪调查中总体身体活动和运动技能发展之间没有相关。在横向设计研究中，有 3 项研究报告身体活动和运动技能发展之间有正相关，中等到剧烈强度的身体活动和剧烈强度的身体活动对运动技能的发展存在有利影响，但中等强度的身体活动不产生影响。

## 十、近视

梁晓霞、袁玉涛(2008)通过文献资料研究得出了如下结果：体育锻炼有助于减缓眼部疲劳；体育锻炼有助于增强中小学生体质，改善视力，提高对近视的防治能力；体育锻炼有助于营养物质的吸收。他们的研究结论是：体育锻炼作为强身健体的重要手段，对保护中小学生的视力健康有独特的作用。经常进行体育锻炼可以缓解眼部疲劳，改善视力，提高对近视的防治能力。在视力问题日益严重的今天，积极推进“阳光体育运动”，鼓励学生走向操场、走进大自然、走到阳光下，形成青少年体育锻炼的热潮，对中小学生的视力健康有良好的促进作用。

赵青峰、袁春华(2011)随机抽取了南昌市 6 所中小学体育运动小组的学生 60 名，所有参加实验的学生均进行了视力检测，并定期对其进行有关视力保护的健康教育，避免其他因素影响实验结果。运动实验组每周给予一定量(每周羽毛球或乒乓球运动不少于 3 次，每次运动时间不少于 1 小时)的体育运动，对照组的其他条件与实验组相同，1年后再次检测4组学生的视力并进行比较。结果显示，实验组近视青少年的视力改善、视力下降均优于对照组且有显著性差异。实验组视力正常青少年的视力下降优于对照组且差异显著。研究结论是：体育运动可以有效预防青少年近视的发生，改善近视青少年的近视程度。

吕燕、窦思东、陈艳等(2013)以到医院就诊的2089例青少年近视患者为调查对象，利用自制的调查问卷了解了调查对象的视力状况及遗传、饮食、运动、睡眠、用眼强度、读写习惯等方面的情况。结果显示，被调查者中，父母一方和双方是近视者、用眼过度者、用眼习惯不良者、睡眠不足者、户外活动过少者均超过调查人群的半数。研究结论是：父母近视、过度用眼、不良用眼卫生习惯、睡眠不足、户外活动过少是导致青少年近视的危险因素。

有学者研究发现，经常参加体育运动不仅可以锻炼全身各部位的肌肉群，而且能锻炼眼内调节肌与眼外辐辏肌群，提高其收缩力和调节能力，使眼睛的调节和辐辏作用更加协调，从而避免睫状肌长时间持续收缩导致的过度紧张和疲劳，而睫状肌正常的放松和舒张能力下降是诱发近视的最根本原因。有研究显示，乒乓球和羽毛球能有效干预近视，原因是运动中球处于高速运动中，每个球的速度、旋转及线路均不同，这就要求练习者必须不断调整自己与球之间的相对位置；而在击球过程中，眼睛必须紧盯来球，以便做出正确的判断，这就使得练习者的眼睛要在看远近不同距离物体的状态下不断调整，从而使睫状肌的舒张和收缩不断交替进行，这对改善睫状肌的收缩和舒张能力是一种非常有效的锻炼，从而在一定程度上预防了青少年近视的发生。

韩兵、缪霆(2015)将符合纳入标准的50名7～15岁青少年假性近视患者随机分为羽毛球训练组(A组)和眼保健操组(B组)，分别在治疗3个月后比较两组被试者的视力恢复情况。结果显示，A组3个月后的视力高于治疗前，差异有统计学意义($p<0.05$)；B组3个月后的视力高于治疗前，但差异不显著($p>0.05$)。A组3个月后总体提高效率明显高于B组，差异有统计学意义($p<0.01$)。研究结论是：通过羽毛球训练的方法治疗青少年假性近视疗效显著。

总体而言，总体身体活动和体质健康各指标之间有积极的相关，与低强度身体活动相比，这些指标与中等到剧烈强度的身体活动的联系更密切。所有类型的身体活动都有效益，低强度身体活动对心脏标志物有利，但缺少其他方面的数据。这些结果提示我们，少年儿童每天至少60分钟中等到剧烈强度的身体活动对预防疾病和促进健康是非常重要的。

# 第二节　青少年身体活动的心理及社会效益

## 一、青少年身体活动的心理效益

青少年正处于认知快速发展时期，家长和老师担心身体活动会占用孩子们的学习时间而导致学业成绩下降。同时，大家对体育专项的学生也持有如“头脑简单、四肢发达”等错误印象。但目前的研究结果表明，身体活动不仅不会影响少年儿童的学习成绩，反而能促进他们的大脑发育、认知发展，让孩子们四肢发达、头脑也不简单。身体活动被认为是没有不良反应的、可促进青少年身心健康发展的手段。

心理健康是一个严重的公共卫生问题，初步估计，到2020年心理疾病患者数将超过其他疾病，占全球疾病负担的15%。年轻群体的自杀、抑郁、饮食障碍和焦虑等问题高于其他年龄群体。很多研究表明，身体活动能产生心理效益，但该领域横向研究较多，能得出因果推论的纵向研究还需进一步加强。尽管也有研究表明，身体活动可以增进心理健康，但这种效益需要依赖一定的条件。与其他年龄群体相比，对青少年身体活动心理效益方面的研究较少，主要集中于认知、自尊、焦虑和抑郁等方面。

### (一)青少年身体活动的认知效益

对身体活动的认知效益研究已持续了几十年，在过去20年间，身体活动和少年儿童认知功能之间的关系引起了人们极大的兴趣，因为这不仅具有重要的理论意义，还能帮助家长和教师找到依据，鼓励孩子们更积极地进行身体活动和游戏。

认知功能包括以下几点：智能，即快速抽象推理的能力；注意力和注意力的认知技能；学业成绩，可通过学业总体成绩和表现来评定。长期以来，人们一直认为身体活动和认知功能之间存在重要关系，布莱克莫尔(Blakemore，2003)报道，身体活动通过增加某些重要部位的血流量，激活或刺激大脑活动，从而提高学习能力。此外，有研究表明，在课堂上融入身体活动能提高学生的学习能力。即便如此，还需要更明晰的研究结果以提高教育从业者们的信心，让学校相信更多的身体活动能促进学生的学习，而非阻碍学生的学习。

身体活动对青少年认知能力提高的研究主要集中在身体活动能否促进青少年的执行功能、记忆力、注意力、学业成绩等方面。

1. 青少年身体活动的总体认知效益

舍普哈德(Shephard,1997)对横向研究和纵向研究实施了元分析，来检验身体活动和认知功能之间的关系。研究发现，学校体育活动增加 14%～26%不会影响学生的学业成绩。然而，只有 3 项研究选用的是日常体育活动，并且没考虑额外的身体活动和智力促进的时间。因为有些学生在进行体育活动时，其他学生会有额外的学习时间，所以这些研究的结果证据不足。

西比利和恩特尼尔(Sibley,Etnier,2003)实施了元分析，研究了不同类型的身体活动对不同年龄组少年儿童认知功能的影响，纳入的研究包含多种研究设计，研究结果表明，身体活动与所有年龄组被试者的认知功能均有关，效果量小($ES=0.29$)但显著。汤姆波罗夫斯基(Tomporowski,2008)对 15 项研究实施了元分析，检验了 6～16 岁少年儿童身体活动与认知功能之间的关系，4 项研究中的 2 项显示身体活动可提高智力，6 项研究中有 3 项显示身体活动可提高认知功能，有 1 项显示身体活动可提高学业成绩。与此相反，在 4 项关于学业成绩的横向研究中，有 3 项显示了积极的相关。研究者们得出的结论是，身体活动能增强儿童的认知功能，但主要是在执行任务方面(如在复杂环境，尤其是在不断变换的环境中的目标定向)。

凯利和福克斯(Keeley,Fox,2009)实施了元分析，检验了 4～18 岁被试者的身体活动、身体素质和认知功能之间的关系，共包含 18 项不同设计类型的研究。一般而言，身体活动干预研究的实施通过让被试者牺牲学业时间来增加学校体育活动，目前得出的结论是学校体育活动与认知功能之间存在微弱的正相关关系。具体来说，横向研究表明，参与身体活动多的少年儿童，某些科目(如数学)的成绩也更好，但在其他科目(如英语)中没有这种结果。有些干预研究显示，身体活动有助于提高认知功能；但也有干预研究发现，身体活动和学业成绩之间没有相关，少年儿童的身体素质和认知功能之间存在弱的正相关，其中心血管健康与认知功能的相关性最强。尽管没有发现学校体育活动的增加和认知功能的提高之间有很强的联系，但是凯利和福克斯发现，该领域的研究中虽然增加学校的体育活动牺牲了孩子们的学习时间，但是并没有对孩子们的学习成绩产生不利影响。

美国疾病预防和控制中心选择了 50 项研究，检验了日常身体活动对青少年认知功能的影响，其中横向研究有 11 项、纵向研究有 38 项，共包含 32 种类型的身体活动干预方式。结果表明，在 14 项研究中，有 11 项显示学校体育活动时间与学业成绩存在弱相关，课间休息时间的增加与课堂行为(集中注意力等)有很小的正相关，所有 8 项研究均发现课间休息和认知技能指标之间有一个或多个积极的正相关。此外，9 项研究中的 8 项发现体育课堂活动(5～20 分钟的课间休息时间)提高了儿童的课堂行为和学业成绩。所有19项研究发现,学校的课外体育活动与1个以上的认知功能有正相关,也与学业成绩呈正相关。最后得出的结论是,学校体育活动对学业成绩有积极影响,但是效果小且不一致。

贝斯特(Best,2010)选取有纵向设计的研究进行了综述,探讨了少年儿童进行有氧运动和认知功能之间的关系,发现只有3项研究考察了有氧运动对认知功能的影响。结果显示,有氧运动并不能促进儿童需要视觉—运动协调的任务,但却改善了需要灵活性的发散性思维。

在一项研究中,与不锻炼的同龄人相比,进行了130分钟有氧运动的儿童在运动后的反应时任务和选择反应时任务上都有改善。锻炼的认知益处似乎会持续很长时间。有研究表明,青少年时期心肺功能好的人在中年时(43～55岁)的认知功能也优于同龄人。被试者在25岁左右参加了一次踏车试验,25年后又参加了一次踏车试验,并接受了语言记忆、执行功能(工作记忆能力、分析和批判性推理能力、多任务灵活性、计划、执行和解决问题能力)和心理活动效率(思维与行为之间的关系)方面的测试。那些慢性病最少的被试者(表明他们或多或少地拥有积极的健康水平)表现出了更强大的认知能力。上述研究结果表明,应鼓励个体继续保持身体活动,即使在被家庭压力、职业责任和社会责任困扰的中年群体也应坚持进行身体活动。

很早就有研究指出了中等强度身体活动的好处,其与参加竞技体育的效益不同。有研究表明,只有适量的身体活动才能带来认知上的好处,剧烈的体育锻炼实际上减少了这些影响。根据这项研究,体育锻炼与认知改善之间存在倒U形关系,这提示我们,如果想在考试中取得优异成绩,那么不需在健身房过度运动,只要保持适量运动就好。上述研究结果也在鼓励着研究人员积极探索运动疗法代替药物疗法,如在公园里跑步、举重等,让身体活动对神经系统发挥作用。

雷斯(Lees,2013)进行综述后发现,19岁以下的少年儿童群体中,身体活动与认知、学业成就、行为和心理社会功能结果呈正相关,但仍需实施大样本实验来评价身体活动对少年儿童认知能力、心理社会功能、行为和学业成就的影响,包括采取标准化的干预措施、采用有效和可靠的测量工具以及对认知和心理社会改变的长期追踪等。

希尔曼(Hillman,2014)选择了109名青春期前的儿童作为实验组,令被试者进行了9个月的结构化课外锻炼,另选择112名儿童作为无干预对照组。结果发现,实验组被试者提高了执行功能,包括认知的灵活性。与横向研究相比,这种纵向研究能做出身体活动提高认知功能的因果推论。研究者还发现,通过这种干预,大脑功能和认知也发生了变化,这种变化关系遵循时间序列的剂量效应。由此可知,少年儿童的大脑认知正处于快速发展时期,身体活动可以提高认知能力，并促进学业成绩。在身体活动上花费的时间非但不会阻碍，反而有益于孩子们的教育。但日常生活中的身体活动是否会影响执行控制及其神经基础仍需随机对照实验来检验。

一些研究者还探索了身体活动是如何影响大脑的。2009年的一项研究表明，身体活动可以直接改善大脑的血流量，增强认知过程中各种神经递质的功能。这项研究还指出，身体活动的情绪增强效应能间接地对认知功能产生积极影响。研究发现，耐力运动可促进肌肉蛋白的产生，肌肉蛋白作为鸢尾素分子被释放到血液中，可刺激学习和记忆的基因。目前，研究人员还不清楚这个机制是如何工作的，但是他们相信身体活动会引起脑源性神经营养因子的产生。脑源性神经营养因子能调节炎症，改善细胞内信号的传递，调节突触的功能，对抑制细胞死亡的神经也有保护作用。已有人考虑开发药物触发脑源性神经营养因子的生成，来应对神经退行性疾病（如阿尔茨海默病或其他由脑卒中和抑郁引起的疾病）。

总之，对身体活动和认知功能的系统综述表明，日常的身体活动可以改善少年儿童的认知表现、课堂行为和学业成绩，还能改善超重儿童的执行功能及大脑活动，但这种关系往往较小且不完全一致。从这些综述中可以看出，学校实施系统综合的体育活动或许能帮助少年儿童更好地学习，并减少一些不利的课堂行为。然而，长期身体活动与学生认知功能的提高目前还没有强有力的证据，这也可能是由于研究方法的缺陷导致的，如被试者的期望效应、非单盲或双盲实验设计等。因此，目前的研究还不能确定减少课堂学习、增加学校体育活动时间是否真正有利于学龄儿童。对身体活动的研究需要更严格的实验设计，如无氧运动对认知功能的作用等。

2.青少年身体活动对执行功能、注意力等的效益

戴维斯（Davis，2011）选择了171名7～19岁的久坐、超重儿童为被试者，分为实验组和对照组，实验组进行13周左右的身体活动，控制组无干预。结果显示，身体活动有助于提高超重儿童的执行功能和数学成绩。他还使用功能核磁共振成像测量了被试者在执行功能任务中的脑活动，结果显示，实验组被试者的脑激活发生了变化，主要是双侧前额叶皮层活动增加，双侧后顶叶皮层活动减少。这一研究结果提示我们，身体活动既可以帮助超重儿童降低或维持体重，减少健康风险，还能提高儿童的智力功能，这也给广大教育工作者带来了启示。

庆霍（Kyeongho，2014）的研究显示，中等强度的身体活动为执行功能所带来的效益与前额叶的唤醒有极大的关系。其采用Stroop范式考察了被试者执行功能中重要的抑制控制能力，采用功能性近红外光谱技术检测了所有被试者大脑中反映情绪变化的指标——血红蛋白浓度和脱氧细胞氧化酶的变化。被试

者被要求进行10分钟中等强度的自行车急性运动，结果显示，中等强度的运动可以提高认知任务的完成效率，而这一成绩的提高与身体锻炼者情绪状态的唤醒程度呈正相关。身体锻炼也使被试者在完成认知任务的过程中左背外侧前额叶皮层和额极区域的大脑皮层活动得到激活。所有这些激活都与认知能力的提高和情绪唤醒度的提高显著相关。身体锻炼所带来的情绪效益不仅表现在个体生理指标的变化上，而且体现在对情绪的认知评价上，以及以情绪为中介所带来的认知能力和执行功能的提高。

西莉亚(Celia,2017)对36项研究实施了元分析，结果显示，身体活动对儿童非执行功能的效果量为0.23(95%置信区间0.09～0.37)；核心执行功能的效果量为0.20(95%置信区间0.10～0.30)，具体包括工作记忆的效果量0.14(95%置信区间0.00～0.27)，选择性注意抑制的效果量0.26(95%置信区间0.10～0.41)，认知灵活性的效果量0.11(95%置信区间0.10～0.32)；元认知总的效果量为0.23(95%置信区间0.13～0.32)，具体包括高水平执行功能的效果量0.19(95%置信区间0.06～0.31)和认知生活技能的效果量0.30(95%置信区间0.15～0.45)。认知功能的测量主要包括IGFM非语言能力测试、空间能力测试、CAS同时性测试和即时性测试、BART、决策、逆序数字/记忆视觉广度、CANTAB记忆广度/错误、Sternberg任务、WISC数字记忆广度等。

德·格里夫(de Greeff,2017)实施元分析后发现，剧烈运动对注意力有积极影响，效果量为0.43(95%置信区间0.09～0.77,共6项研究)，长期运动对执行功能作用的效果量为0.24(95%置信区间0.09～0.39,共12项研究)，注意力的效果量为0.90(95%置信区间0.56～1.24,共1项研究)，学业成绩的效果量为0.26(95%置信区间0.02～0.49,共3项研究)。但这些积极影响需要持续几周的规律运动才能表现出来。

3.青少年身体活动与学业成绩的关系

特鲁多和舍普哈德(Trudeau,Shephard,2008)进行了综述。他们选择了17项研究分析了身体素质与学业成绩的关系，研究结果表明，每天在学校体育活动中额外增加1个小时不会影响小学生的学业成绩，反而会改善学生的课堂行为，提高其注意力。身体素质和学业成绩之间有微弱且正向的相关。然而，研究者们并没有找到学校体育活动影响学业成绩的证据。由于实验组被试者在学习上花费的时间减少了，因此他们的表现并未优于对照组，即与只学习的实验对象相比，儿童参加额外的学校体育活动不会影响学业成绩。

穆拉(Mura,2015)对31篇文献进行了综述，被试者为3～18岁的健康学生，结果发现，身体活动对学习成绩有积极的效果。

阿尔瓦雷斯-布埃诺(Álvarez-Bueno,2017)等对26项研究实施了元分析，共包含 10205 名 4～13 岁的被试者。研究结果表明，身体活动对语言相关技能的效果量为 0.16(95%置信区间－0.06～0.37)，对数学相关技能的效果量为0.21(95%置信区间 0.09～0.33)，对阅读的效果量为 0.13(95%置信区间0.02～0.24)，对综合成绩的效果量为 0.26(95%置信区间 0.07～0.45)，对行为任务时间的效果量为 0.77(95%置信区间 0.22～1.32)。其结论是，身体活动/体育活动能有效改善课堂行为，促进青少年学业成绩各方面(尤其是数学相关技能、阅读及综合成绩)的发展。

身体活动与学习成绩之间关系复杂，两者之间可能存在认知功能、体适能、肥胖、运动技能和生活质量等中介变量和调节变量的关系。

**(二)青少年身体活动的自尊效益**

自尊是个体对自己价值指标的反映，被广泛视为积极心理健康和幸福感的预测指标。一般来说，整体自尊是一个包含多维度、多层次含义的概念，由不同范围的自我构成，其中也包括不同身体价值的自我。身体活动(包括运动)可能与青少年的自尊发展有关，换言之，身体活动可能会促进少年儿童自尊的发展。

格鲁伯(Gruber，1986)首次开展了关于身体活动和自尊之间关系的元分析。他选取了 27 项主要以儿童为被试者的实验研究，元分析结果显示，身体活动对自尊的总效益为中等效果量($ES$＝0.41)，在知觉、情绪和学习障碍儿童中效果量更大($ES$＝0.57)。只测量一个因变量的严格实验设计效果量为 0.65，有氧健身活动的效果量为 0.89。

卡菲斯和泰勒(Calfas，Taylor，1994)选取了 5 项以健康和有心理健康风险的青少年为被试者，随机分为实验组和对照组进行了元分析。研究结果显示，身体活动能提高自尊，效果量为 0.12。福克斯(Fox，2006)推断，身体活动对那些低自尊儿童的自尊提高尤其有效，低自尊青少年群体主要是超重和肥胖青少年。已有研究也显示，肥胖和低自尊之间存在显著的相关关系，而且肥胖还会伴随其他低自尊的行为和心理健康风险(Strauss，2000)。当前，肥胖是少年儿童中存在的一个严重问题，且有增长的趋势，因此对该领域的研究日益显得重要。

艾克兰德(Ekeland，2005)也实施了一项元分析，考察了身体活动干预是否会提高 3～20 岁少年儿童的整体自尊。他对 8 项设置干预组与对照组的研究进行了分析，结果表明，与对照组相比，干预组的效果量为小到中等，效果量为 0.49。艾克兰德分析的大多数实验设计为小样本，且干预持续时间较短。因为没有后续的追踪结果，所以无法得知干预效果是否具有持续性。不过，其中 1 项研究具有较高的研究质量，且其显示的结果也最大；另有 4 项研究比较了运动作为综合干预方案的一部分与不干预控制组的差异，结果显示，干预方案对自尊的提高具有中等效果，效果量为 0.51。

斯彭斯(Spence,2005)发现参与身体活动或业余活动比实施技能训练活动更能提高青少年、中年人和老年人群体的整体自尊,体重训练也能为儿童提供积极效应。但在青年群体中,这一锻炼模式却做得很少。该研究还包括其他活动,如游泳、协调性训练、武术、舞蹈等,但均未显示这些活动能引起自尊的显著变化。由于这个领域中的研究数量还相对较少,因此要得出可靠的结论还需要更多的研究。

安和费德瓦(Ahn,Fedewa,2011)对73项关于身体活动与儿童心理健康的研究实施了元分析,对设置随机对照组和实验组的结果进行了分析,发现身体活动提高儿童自尊的效果量为0.29,提高自我观念的效果量为0.16;非随机控制组实验设计提高自尊的效果量为0.78,提高自我观念的效果量为0.12。相关和横向研究结果显示,锻炼提高自尊的效果量为0.04,提高自我观念的效果量为0.14。

刘(Liu,2015)也实施了元分析,从2991项研究中选取了25项随机对照实验研究和13项非随机对照实验研究,被试者为儿童和青少年。元分析结果显示,对实验组实施单纯的身体活动干预对一般自我有显著的积极影响,效果量为0.29(95%置信区间0.14～0.45,$p=0.001$),对自我观念的效果量为0.49(95%置信区间0.10～0.88,$p=0.014$),对自我价值感的效果量为0.31(95%置信区间0.13～0.49,$p=0.005$)。在没有对照组、单独实施身体活动的研究中没有显著效果,在身体活动和其他干预综合运用的研究中也没有显著效果。回归分析表明,较高的干预效果来自于随机对照实验的干预($\beta=0.31$,95%置信区间0.07～0.55,$p=0.013$)。由此可知,单纯的身体活动干预能提高儿童和青少年的自我观念和自我价值感,与其他情境中的干预相比,学校干预和健身房干预的效果更佳。

综上所述,元分析结果显示,身体活动能显著提高儿童的自尊,效果量小到中,锻炼对低自尊少年儿童的效果更显著。身体活动有很多积极效益,尚未发现消极效益,故是提高少年儿童身心健康的重要工具。然而,当前领域中很多研究的质量仍有待提高,此外整体自尊的测量受身体活动以外许多因素的影响,因此有关身体自我方面的测量(如身体意象或身体价值等心理健康指标)可作为干预的目标,这些在以后的研究中均需考虑。

### (三)青少年参加身体活动对抑郁、焦虑的作用

#### 1.青少年参加身体活动对抑郁的作用

以成人为被试者的研究表明,身体活动与抑郁呈负相关。也有一些证据表明,这是一种因果关系,但在儿童和青少年群体中的研究证据较少。

诺斯(North,1990)进行的元分析表明,身体活动干预抑郁的总效果量为−0.53,少年儿童的效果量为−0.49,然而这些研究中的运动类型既有急性运动

又有长期运动，既有横向设计又有纵向设计。

卡尔菲斯和泰勒(Calfas，Taylor，1994)首次实施了关于11～21岁青少年身体活动和心理健康关系的综述研究。该综述纳入了所有类型的实验设计，但仅计算了实施纵向实验设计研究的效果量。仅有的4项纵向实验设计中，与对照组相比，实验组的效果量为－0.38。研究人员认为，在11项研究中有9项表明身体活动和抑郁之间呈负相关。

克拉夫特和兰德斯(Craft，Landers，1994)对身体活动与临床诊断抑郁症之间的关系实施了元分析，被试者年龄为12～18岁，发现只有3项研究显示了小且不显著的效果量(－0.15)，与成人和全部被试者的效果量(－0.72)相比小很多。

劳恩(Larun，2006)对20岁以下被试者的身体活动对抑郁的作用进行了综述，结果显示，有5项研究表明剧烈运动(体能训练和重力训练)对抑郁有效益。他们还发现了身体运动的显著调节作用(*ES*＝－0.66；95％置信区间－1.25～0.08)，但这几项研究却存在研究质量低、采样和测量方法多样化等问题。有2项研究比较了剧烈运动与低强度运动的效果，发现这两种强度的运动效果没有显著差异，这可能意味着低强度的身体活动也能减少焦虑。其中一项研究还检验了身体活动干预与接受心理治疗的效果差异，结果发现，仅有的2项研究没有显著效果，这表明身体活动对抑郁的效果或许与心理社会干预相同。上述研究都未对干预后的效果进行追踪。安和费德瓦(Ahn，Fedewa，2011)的元分析结果也显示，随着身体活动水平的增加，儿童的抑郁、焦虑、心理应激和情感干扰等出现了下降。

身体活动和抑郁之间关系的研究也存在很多局限性，如纳入了短时间内有轻度抑郁的被试者(这些被试者可能并非真正的抑郁)，研究没有详细报告身体活动干预的频率、强度、持续时间和活动类型特征等，群体身体活动干预也无法控制社会互动对干预效果的影响，很多综述纳入了无法得出因果关系的横向研究，等等。总之，与无干预相比，身体活动干预能降低抑郁，但证据有限。

2.青少年参加身体活动对焦虑的作用

开展有规律的身体活动的成人比不进行身体活动的成人更不易发生焦虑，但在少年儿童群体中的研究结果却相对较少。普鲁托(Petruzzello，1991)对被试者(18岁以下)通过身体活动降低焦虑的研究实施了元分析，有3项研究结果显示，身体活动降低特质焦虑的效果量为小到中等(*ES*＝－0.47)。卡尔菲斯和泰勒(Calfas，Taylor，1994)实施元分析后发现，有3项身体活动干预焦虑研究的效果量为－0.15。

劳恩(Larun，2006)实施了关于身体活动干预对20岁以下青年人焦虑影响的综述研究,研究结果显示,6 项研究中剧烈强度的身体活动干预焦虑的效果量为小到中等($ES=-0.48$),但不显著。研究还显示,身体活动和心理社会干预的结果无显著差异。这些研究同样存在研究方法问题,如研究质量不高、被试者身体活动类型取样范围较大等。有 3 项研究比较了剧烈强度的身体活动和低强度身体活动对焦虑的不同作用,结果显示二者无显著差异。

涅维斯(Nieves,2008)以 226 名 16～19 岁的西班牙女中学生为被试者,研究了焦虑、抑郁与身体活动之间的关系,考察了身体活动强度、频率和满意感对其的影响。研究结果显示,参加身体活动的女生在自我观念上报告的得分均较高,经常进行身体活动的女生焦虑和抑郁水平较低。身体活动强度低的被试者焦虑水平较高。与不喜爱运动的学生相比,喜爱运动的学生焦虑水平更低。

维皮费里(Wipfli,2008)认为,通过对随机对照实验的结果实施元分析,能避免当前研究方法的缺陷。有 3 项研究综述了对 18 岁以下青少年的研究结果,结果显示没有显著效果($ES=-0.18$)。但不清楚为何在劳伦(Lauren,2006)等人分析了 6 项研究的 2 年后,维皮费里等人再分析时仅出现了 2 项新研究。总之,实施身体活动干预对降低少年儿童的焦虑有较小的效果,但证据仍然有限,需进一步实施研究。

杰斯塔德、鲍特利和涅斯(Jerstad,Boutelle,Ness,2010)考察了身体活动能否降低抑郁症状加剧的风险和抑郁使身体活动发生改变的可能性。他们对 496 名女性青少年(年龄中位数为 13 岁,标准差为 0.73 岁)进行了 6 年的纵向调查,数据分析结果显示,身体活动可以显著降低抑郁症状加剧的风险与重度、轻度抑郁发作的风险;规律性的身体活动为重度、轻度抑郁的女性青少年提供了一些保护性作用;身体活动可以降低未来抑郁发生的风险,还可以通过提供社会联系、效能感和愉悦感来降低抑郁症发生的风险。研究还支持了抑郁症和身体活动之间的双向作用。

**(四)青少年身体活动的主观幸福感效益**

身体活动对成人心理幸福感的效益已得到过验证,仅有的针对少年儿童的研究也表明,身体活动对少年儿童的主观幸福感有一定效益,但缺少更多研究证据的支持。

帕菲特和埃斯顿(Parfitt,Eston,2005)以 70 名青少年为被试者,考察了身体活动和主观幸福感之间的关系,被试者平均年龄(10.4±0.4)岁,用整体自尊、抑郁、焦虑等指标来评估主观幸福感,结果显示,身体活动与整体自尊的相关系数为 0.66,与抑郁的相关系数为−0.60,与焦虑的相关系数为−0.48。

陈作松(2006)选取了 1968 名高中生作为被试者,考察了身体锻炼与高中生主观幸福感的关系，结果显示，经常锻炼的高中生比锻炼不足的高中生的主观幸福感更强烈，这一差异表现在两者之间的情感成分和特殊生活满意感上。身体锻炼不仅可以直接对高中生的主观幸福感产生影响，而且可以通过身体自尊、人际关系、人格等中介变量对高中生的主观幸福感产生影响。

斯塔曼(Straatmann，2016)在2010～2013年间对巴西里约热内卢2所公立学校和4所私立小学中的青少年实施了营养评估纵向研究，分析了526名青少年2010年和2012年的身体活动数据，使用国际身体活动问卷测量了被试者的身体活动，将少于60分钟的中度至剧烈强度身体活动的被试者归为“不活动型”，“屏幕时间”根据在电视、视频游戏和使用电脑上所花的时间进行估计，每天超过4小时者归为“超时型”。结果显示，在中等收入国家，青春期对于与不健康行为产生相关的心理幸福感有重要影响，这种影响还存在性别差异(对女孩的影响比男孩大)，并且能预测男孩的身体活动是否不足。

**(五)亲社会行为**

有横向研究考察了身体活动和亲社会行为之间的关系，对亲社会行为使用行为问题量表或者同侪量表来测量。结果表明，总体身体活动和亲社会行为不相关。中等到剧烈强度的身体活动与亲社会行为的研究结果也不一致(正相关或无相关)，因此目前尚不能得出明确的结论。

## 二、青少年久坐行为与心理健康的研究结果

久坐行为对健康的影响是一个发展迅速的研究领域。久坐行为是指醒时采取坐或躺的姿势，能量消耗不超过1.5个代谢当量。久坐行为多发生在闲暇时间(如看电视或玩电脑时)、上课和旅行(坐车)中。大多数年轻人的久坐主要表现为看电视、玩电脑、坐着阅读、学习、写作或在书桌、电脑上工作，还包括利用电子媒介(电视、电子游戏机、电脑)进行娱乐/休闲等。看电视、用电脑等活动被认为是非常普遍的久坐行为形式。

随着技术的不断发展，久坐不动的生活方式已成为受到广泛关注的公共卫生问题，并与肥胖等慢性非传染性疾病的增加有关。有证据表明，久坐时间长短会影响人的情绪和精神健康。青少年时期是一个精神障碍高发期，也是一个独立生活方式的发展时期，这一时期发展起来的生活方式能显著影响个体当下和未来的健康。

久坐方面的大多数研究关注青少年看电视和体重的相关情况，最近有研究开始关注看电视和代谢健康方面的相关，少部分研究关注年轻被试者久坐行为和心理健康的相关。有9项研究显示，久坐行为(主要是看电视)与心理健康存在密切的负相关；有1项研究通过7年的纵向追踪发现久坐看电视可增加抑郁

症的发生。

总之，在年轻的被试者群体中，身体活动有积极的心理社会效益，其中对自尊的效益是最强的。研究发现，有规律活动身体习惯的年轻被试者几乎不可能产生心理健康问题，并有可能增强认知功能。身体活动对抑郁症也有效益，在基线值较差的个体中，效益也更大。另外也有研究显示，久坐时间越长，心理健康状况也越差。

还有研究考察了青少年久坐行为和心理健康之间的关系，但是没有研究专门考察看电视、用电脑等久坐行为和青少年心理健康之间的相关。有几项研究考察了看电视、用电脑等久坐行为对身体健康和教育等的影响，包括身体成分、体能、学业成绩、睡眠、肌肉骨骼疼痛等。有 2 项研究考察了年轻被试者久坐行为和健康之间的关系，1 篇综述着重于客观测量久坐行为，另 1 篇综述全面总结了年轻被试者久坐行为与心理健康各指标之间的关系。有研究表明，年轻被试者的久坐行为和心理健康之间存在小却稳定的关系，其中心理健康指标主要包括焦虑、自尊、自杀意念、孤独感、压力和心理困扰等。

**(一)横向研究结果**

1.抑郁症状的研究结果

综述当前已有的研究，其中有 16 项考察了抑郁与久坐行为之间的关系，还有 1 项分别采用横向和纵向设计考察了两者之间的关系。有 3 项研究控制的是自我报告的身体活动水平这一协变量。现对研究结果简介如下：

(1)久坐看电视、用电脑时间与抑郁的关系。当对久坐行为进行平均时，有 4 项研究发现，青少年报告每天看电视、用电脑的时间与抑郁分数之间有显著联系，并且可以排除其他因素的混淆，如年龄、性别、社会经济地位、父母受教育程度、城乡、身体活动水平、体重、饮食等。

如果将看电视、用电脑的时间一分为二(规定时间之上和之下)，结果显示，达到一定时间(每天 2 小时)的青少年抑郁水平更高，而且这种关系不受自我报告的身体活动水平的影响。

多个通过使用久坐加速度计客观测量久坐行为的研究发现，久坐与抑郁症状有关，但也有研究发现久坐不动与电话通话时间、看电视、上网及抑郁症状等不存在相关性。

(2)使用计算机上网等与抑郁的关系。有研究表明，存在抑郁症状的女性比轻度抑郁症状或无抑郁的女性更容易每天上网 3 小时以上，但在青春期男性中无此研究结果。还有研究发现，与不上网者相比，每天上网 2 小时的被试者抑郁症状水平也较高，并且一旦达到 2 小时便会出现急速增长的趋势，当上网时间达到 3 小时或更长时会明显加剧抑郁症状。还有报告说，随着互联网使用的增加，抑郁症状的风险也增加了。另有研究发现,在社交网站上花费的时间与抑郁分数之间呈显著相关。

杜肯和巴伯(Durkin,Barber,2002)的研究报告表明,玩电脑游戏少的青少年比玩电脑游戏多和完全不玩电脑游戏的青少年抑郁心境更低,

(3)看电视与抑郁的关系。有研究发现,有抑郁症状的女性自我报告的平均每周看电视的时间比没有抑郁症状的人多 168 分钟,且这种差异有显著性。阿特(Arat,2015)在一群美国青少年中则发现,看电视和抑郁症状之间无显著相关。

(4)视频游戏与抑郁的关系。卡西亚诺(Casiano,2012)研究了媒介使用 3 个月与抑郁之间的关系,结果显示,在控制了家庭收入和性别之后,与很少玩电子游戏的人相比,经常玩电子游戏的青少年抑郁较少。

2. 焦虑症状

有 3 项研究报告了久坐行为与焦虑症状之间存在相关,现简述如下:

(1)每日久坐行为、屏幕使用时间与焦虑症状之间的关系。在控制了潜在变量(如性别、收入、体重状况及饮食、其他相关行为)之后,有 2 项研究发现,与报告每天使用屏幕时间较低的青少年相比,使用屏幕时间平均较高的青少年的焦虑症状更高,另有 1 项研究未发现两者之间的显著相关。

(2)计算机使用、上网、看电视和视频游戏与焦虑症状之间的关系。目前没有研究考察焦虑症状与计算机使用、上网、看电视和视频游戏之间的关系,它们之间的关系还不明确。

3. 自尊

有 5 项横向研究考察了久坐行为和自尊之间的关系,现简述如下:

(1)每日久坐行为、屏幕使用时间与自尊之间的关系。在控制青少年的年龄、社会经济地位、体重指数和身体活动水平之后,发现使用屏幕的休闲娱乐时间与自尊呈显著负相关。如果将使用屏幕的时间一分为二(规定时间之上和之下),结果显示每天达到 2 小时的青少年体验到了自卑感,这一结果在男性和女性中均得到了检验。

(2)计算机使用和上网与自尊之间的关系。杜肯和巴伯(Durkin,Barber,2002)发现,使用计算机少的被试者报告的自尊水平比完全不使用的被试者高,但是两组均与高使用组无显著差异。有 1 项研究将时间按照上网活动类型进行了分类(分通信、娱乐和信息相关的活动),发现上网活动类型与自尊无显著差异。

(3)看电视与自尊之间的关系。目前没有研究考察自尊和看电视之间的关系,两者之间的关系还不明确。

(4)视频游戏与自尊之间的关系。杰克逊(Jackson,2010)的研究显示,与不玩游戏的人相比,频繁玩电子游戏的人自尊心较低。

4. 自杀意念

有5项研究考察了久坐行为与自杀意念之间的关系,现简述如下:

(1)每日久坐行为、屏幕使用时间与自杀意念之间的关系。有2项研究的结果显示,屏幕使用时间与自杀意念之间没有显著关系。

(2)计算机、上网行为与自杀意念之间的关系。梅萨斯(Messias,2011)研究发现,在排除了年龄、性别、吸烟和自我报告的最近两周的悲伤之后,青少年每天玩视频游戏、上网5小时以上者更可能比报告不玩视频游戏和上网的青少年有自杀意念。对韩国青少年($n=136589$)进行的调查显示,每天上网少于2小时的青少年比上网多于2个小时的青少年自杀意念更低。

(3)看电视与自杀意念之间的关系。阿特(Arat,2015)侧重于与种族有关(非洲青少年)的特定调查,发现与那些花较少时间看电视的人相比,花更多时间看电视的人自杀意念较低。

(4)视频游戏与自杀意念之间的关系。目前没有研究考察自杀意念与视频游戏之间的关系,两者之间的关系还不明确。

5. 其他心理健康指标

研究人员还检验了其他心理健康指标,如心理困扰、孤独、悲伤、应激、整体自评心理健康状况,以及由父母报告的孩子的心理健康状况等,现简述如下:

(1)每日久坐行为、屏幕使用时间与心理困扰的关系。2项以加拿大青少年为被试者的研究表明,每天屏幕使用时间超过2小时的被试者比少于2小时的被试者有更多的心理困扰,在男性被试者中尤为明显,并且这种关系不受身体活动水平的影响。另有研究发现,每天花费在打电话、看电视和上网上的平均时间与孤独感无显著相关,每天屏幕使用的总时间与感知到的压力呈正相关。在报告每天使用屏幕时间超过2小时的青少年被试者中,每天屏幕使用的总时间与自评心理健康水平呈负相关,其中30%~50%的被试者可能比他们报告的心理健康水平更差。在以父母报告的心理健康状况为指标的研究中也显示出了类似的趋势:在控制了身体活动水平后,与每天使用屏幕少于2小时的被试者相比,多于2小时的青少年心理健康状况较差。

(2)电脑使用、上网与心理困扰的关系。玛斯(Mathers,2009)发现,与报告不使用电脑的青少年相比,报告使用电脑的青少年(无论多还是少)体验到的心理困扰水平更低。另有研究显示孤独与上网时间无显著相关。与不玩游戏或上网多的青少年相比,每天玩不超过1小时游戏的青少年报告的悲伤更少。此外,每天平均玩5小时以上视频游戏或上网的青少年比不玩视频游戏或不上网的青少年更容易体验到悲伤。

(3)看电视与心理困扰的关系。没有研究检验看电视和其他心理健康指标之间的关系。

(4)视频游戏与心理困扰的关系。有人以澳大利亚青少年为被试者进行了研究，在控制了性别、年龄、社会经济地位和BMI标准分数后，发现玩视频游戏多的被试者比不玩游戏的被试者会体验到更多的心理困扰。

**(二)纵向研究结果**

1.抑郁症状

有5项纵向研究检验了久坐行为与抑郁之间的联系，现简述如下：

(1)久坐行为、屏幕使用时间与抑郁之间的联系。桑德(Sund，2011)发现根据男性青少年的久坐时间能预测其抑郁症状。

(2)使用电脑、上网与抑郁之间的联系。罗姆(Romer，2013)研究发现，在控制了基线抑郁分数和其他媒体的使用后，美国青少年的上网和玩视频游戏时间与抑郁症状相关。

(3)看电视与抑郁之间的联系。贝克汉姆(Bickham，2015)经过1年的追踪发现，在控制了基线抑郁分数后，看电视和用手机较多的被试者能显著预测抑郁分数，而在调整了性别、种族和父母教育程度之后，这种关系依然显著。普里马克(Primack，2009)经过7年的追踪也报告了类似的结果：每天多看1小时电视，患抑郁症的概率增加；看电视时间与性别存在交互作用，在看电视时间相同的基础上，男性比女性更容易发展为抑郁症。胡姆(Hume，2011)以澳大利亚社区青少年为样本发现，抑郁症状和久坐行为、看电视之间没有显著的纵向关系。

(4)视频游戏与抑郁之间的联系。目前尚没有纵向研究考察视频游戏和抑郁症状之间的关系。

2.自尊

有2项研究考察了久坐行为和自尊之间的关系，现简述如下：

(1)久坐行为、屏幕使用时间和自尊之间的关系。有研究人员按照活动水平把青少年分为活动组和久坐组，经过1年的追踪发现，久坐组的自尊水平更低。

(2)电脑使用、上网和自尊之间的关系。目前尚没有纵向研究考察电脑使用、上网与自尊的关系。

(3)视频游戏和自尊之间的关系。有研究发现，基线自尊与3年内玩视频游戏的时间呈负相关，与电脑使用呈正相关。

**(三)干预结果**

2012年，研究者在澳大利亚一所中学中进行了为期20周的干预研究，主要针对有肥胖风险的青少年男性的健康行为，尤其关注避免过多使用屏幕。与久坐行为和心理健康有关的干预活动主要侧重于使用屏幕进行娱乐的时间，以及通过组会传递健康行为信息。其中一个干预项目是智能电话应用和上网。经过8个月的追踪发现，干预对日常屏幕使用时间有积极效果，在显著降低屏幕使用时间的同时提高了心理幸福感，心理幸福感的测量使用了迪纳(Diener)等在2010年编制的《幸福感量表》。在控制了被试者的学校情况、基线值和身体活动水平之后，结果仍然显著。

**(四)小结**

该领域研究的总体质量较好，其中12项研究的研究方法质量高，17项研究的研究方法质量中等，3项研究的研究方法质量差强人意。有一半以上的研究没有报告心理健康、久坐行为测量的效度和信度，近2/3的研究没有随机取样，许多研究缺少被试者有效率、退出率等关键信息。

抑郁症状和青少年久坐行为的总体研究结果是7个强相关、7个中等相关和2个弱相关。在心理健康的所有指标中，青少年抑郁症状和久坐行为的正相关关系是最强的。

在焦虑症状和青少年久坐行为的研究结果中，1个强相关和1项中度相关均表明，青少年焦虑和久坐行为呈正相关。因为研究的数量不足，研究结果需要由75％的研究来决定，因此该方面结果得出的证据还是不足的。

在自尊和青少年久坐行为的研究结果中，1个强相关和4个中度相关表明低自尊与久坐行为之间有关系，这一结果的强度可以接受。

在自杀意念和久坐行为的研究结果中，5项研究中有3项(60％)得出了自杀意念和久坐行为之间的关系，因此研究的数量、证据仍显不足。

这心理困扰和久坐行为的研究中，2项研究得出了强正相关，1项研究得出了中等正相关，由此无法得出孤独、应激、心理幸福感和悲伤等心理健康问题是否与久坐行为相关。

**(五)结果解释**

1.主要研究结果

研究人员开展了大量横向研究，但是缺乏检验心理健康和久坐行为之间关系的纵向研究。心理健康的指标主要选用了抑郁症状、焦虑症状、自尊、自杀意念和心理困扰等，还有一些研究考察了孤独感、应激、心理幸福感和悲伤。青少年群体最常见的久坐行为主要是以娱乐为目的使用电子屏幕，尤其是用电脑、上网和看电视等。

青少年抑郁和久坐行为之间的正相关关系已得到强有力的支撑。抑郁和久坐行为之间有一定相关，如每天看电视、上网等超过3个小时，则出现较强相关。

青少年心理困扰和久坐行为之间关系的研究尽管较少，但证据却较强，即屏幕使用时间越长则心理困扰水平就越高。

青少年自尊和久坐行为之间关系的证据适中，屏幕使用时间越多，自尊水平越低。

2. 机制解释

虽然有关行为方式和心理健康关系的研究越来越多，但是对这种关系机制的揭示仍显不足。研究者通常先考察两者之间的关系，然后再对结果进行讨论来探讨结果产生的机制，而非一开始实施研究时就有明确的理论概念驱动。也就是说，该领域的研究主要是数据驱动的。由于驱动生活方式的原因很复杂，因此在推断相关影响因素时存在困难。

虽然也有证据支持久坐行为对健康能产生独立影响，但人们还是认为久坐不动与身体活动有关。研究已证明，身体活动与心理健康之间存在交互作用，锻炼对心理健康治疗有积极作用。因此，久坐时可能缺失了由运动带来的病理生理、社会和一般健康等效益，因此会给心理健康带来负面影响。心理健康状况较差的青少年可能由于缺乏体育锻炼的动机而转向以屏幕为基础的各项活动，由于这些活动只需很少的努力就能实现，因此会导致失去身体活动带来的效益。

尽管在控制了身体活动之后，6 项研究中的心理健康和久坐行为之间仍然存在显著相关，但只有 2 项研究对身体活动的测量采用了客观的方法，因此这种关系仍需进一步研究。以前的研究结果表明，儿童和青少年的久坐行为和身体活动呈低的负相关，这也表明这两种行为之间不能彼此取代，亦即久坐行为是一种区别于身体活动的独立行为。

此外，对 1 个有着高水平身体活动的青少年而言，如果久坐行为也较高，那么也会导致心理健康状况不佳。身体活动是否调节久坐行为和身体健康之间的关系不属于本书要探讨的范畴，但应是未来研究的一个重要课题。

像身体活动一样，久坐行为和超重/肥胖以及其他相关的肥胖风险行为之间有复杂的关系，这些都可能显著地负性影响青少年的心理健康。青少年的不良身体成分、体重和久坐行为之间的关系已得到检验。尤其是，超重和肥胖青少年的心理健康状况普遍较差，基于体重的讥笑和欺负、侮辱、较低的身体意象和自尊反过来又将影响久坐行为和心理健康之间的关系。

在 9 项研究中已将体重状况或身体成分作为协变量纳入，在此也建议未来的研究在探讨久坐行为和心理健康之间的关系时继续将体重相关指标作为协变量纳入。

已有研究表明青少年时期的饮食对心理健康有作用和影响，这个年龄人群的饮食和久坐行为之间的关系也有研究报道过。有研究表明，青少年久坐行为与不健康的饮食有关，如水果和蔬菜摄入少，高能量、高糖食品摄入多等。营养缺陷会对情绪产生影响，因此个体在心理健康状况欠佳的情况下对甜品和过度加工食品的需求或食欲会上升，这也会影响屏幕使用时间和心理健康之间的关系。与测量体重相似，已有 4 项研究测量了饮食对心理健康的影响，因此也建议未来的研究在探讨久坐行为和心理健康之间的关系时继续将饮食指标作为协变量纳入。

青少年在闲暇时间使用屏幕进行的活动类型可能会对心理健康产生重要影响。也有人认为，久坐不动使用屏幕可能会增加青少年在社交媒体平台与同伴联系、交流的依赖度，而这种体验可能会对心理健康起保护作用，并且需要通过久坐的实践来确定可能的潜在机制。同样，也有人认为，网络可以提供更多的健康信息，包括心理健康支持等，而这种关系仍需进一步调查。与单纯测量久坐的时间相比，考察久坐行为的类型与心理健康之间的关系可能更合适。此外，屏幕使用与久坐的代谢不等同，这也进一步支持在考察心理健康时需对久坐行为进一步进行区分。

**（六）方法学方面的思考**

该领域的研究主要以横向研究为主，很少有纵向研究和干预研究，这也使得研究者们无法得出关于因果关系的推论。除此之外，很多研究在研究方法方面也存在问题。

心理健康和久坐行为的测量存在异质性，研究中往往没有报告久坐行为测量的效度和信度。屏幕使用时间通常是由被试者使用极少或单个条目来进行自我报告，这会影响测量的效度和信度。此外，在久坐行为对健康的负面影响方面也存在一些争论，目前尚没有明确的结果。

心理健康的连续测量和分类测量也限制了不同研究结果之间的比较。有些研究虽然使用了相同的测量工具，但在进行水平划分时标准存在差异，从而影响了对心理健康测量结果的解释。虽然心理健康症状测量的效度和效度已被广泛承认，但是还是缺乏对心理健康症状的客观临床诊断。另外，有研究对一些潜在变量做出了调整，因此统计分析上的差异也限制了不同研究结果之间的比较。还有一个研究方法的问题，目前该领域仅有的干预设计中，干预措施中使用了智能手机和网络来测量身体活动及监测屏幕使用时间，而这些测量举措会影响久坐行为和身体健康之间的关系。

综上所述，尽管该领域的研究质量参差不齐，但是已有证据表明，随着青少年使用屏幕进行娱乐的时间的增加，心理健康状况会变差。在该领域未来的研究中，除单纯研究久坐行为与心理健康状况之间的关系外，还应考虑身体活动、饮食状况等诸多混杂因素。该领域面临的挑战依然是梳理各种久坐行为之间的复杂关系，尤其是久坐不动过程中对青少年的生理和认知影响以及影响心理健康的路径。当下，久坐行为正在迅速增加，对老年人群体领域的研究只限于很少种类的久坐不动行为(如看电视等)，而对青少年群体的研究应侧重于如何利用这种行为来提升其心理健康。

# 第二章　青少年身体活动行为促进理论

## 第一节　健康信念模型

健康信念(health belief)是个体所持有的关于疾病预防、健康维护、努力实现生命最佳状态的观念系统，即人们坚持相信的健康生活观念。它包括个人在关于什么是健康、健康的重要性、个人健康水平的影响因素以及改善健康的方法等问题上所持的观点。健康信念是信念的一个组成部分，信念是人们坚定相信的观念，个体能够充分认识到其合理性、正确性。和所有的信念一样，健康信念包含强烈的情感，可影响个体对信息的理解并引导个体的行为，指引人们的生活方式及对环境的适应。信念的基础是个体对世界、自然和社会的各种看法，这些看法来自特定的社会文化，是动态的。个体的健康信念是在与社会环境的互动中形成的，而稳定的健康信念是人格特质的组成部分。健康信念的含义是什么？具有什么样的心理结构？它是怎么形成的？这些都是心理学家关心的问题。

健康信念模型(health belief model，HBM)是第一个用于解释个体健康行为的理论模型，在国内外被广泛使用，并且已相对成熟。健康信念模型最初是由美国心理学家罗森斯托克(Rosenstock)在20世纪50年代提出的，后来贝克尔(Becker)和梅曼(Maiman)对其进行了修改。该模型能够解释为什么有些人拒绝接受某些健康行为。该理论认为，健康信念是人们养成健康行为的基础，具有疾病但持有健康信念的人会通过采取健康的行为、放弃原先危险的行为等途径来改变当前的危险处境。健康信念模型是指运用社会心理学方法，从人们的健康观念出发，解释影响人们健康行为的重要理论模型，由3个部分组成：个体的健康信念，行动的线索或意图，对行为的约束。健康信念模型认为，如果当前不良行为的个体相信改变不良行为的成果超过了障碍，那么个体将通过长期努力来改变不良行为，从而感受到信心和能力。在临床护理工作中，当照护者希望个体放弃当前的不良行为并采取健康行为时，他们可以运用健康信念模型来帮助个体实现他们的目标。健康信念模型遵循以下步骤：

(1)使人们对他们当前的不良行为感到不满(意识到威胁和严重性)。

(2)让人们相信一旦他们改变了不良行为，后果将是非常有价值的(被认为是有益的)，并且对在困难之中可能发生的行为变化有清晰的认识(被察觉的障碍)。

(3)通过长期的努力使人们有信心和能力改变不良行为(自我效能感)。

随着健康信念模型的不断完善，理论模型中包含的一些提示因素成了健康行为的诱发因素(见图 2-1)，如疾病预防和控制运动、医生建议等。提示因素越多，个体实施健康行为的可能性就越大；社会人口学因素包括个体特征，如年龄、性别、种族、个性特征、社会阶层、同伴影响及个人对疾病和健康的认知等。健康信念模型可帮助人们产生健康的行为，抛弃有害的行为，从而预测健康。健康信念模型从社会心理学的角度分析影响健康行为的各种因素，强调个体的主观心理过程，如期望、态度、推理、思维、信念等，根据健康信念模型，人们将根据与行为变化密切相关的 4 个关键因素对每个因素的感知来决定他们的未来行为。这 4 个因素为：

(1)对疾病易感性的感知(感知到疾病或受伤的容易性)，即个体遭受疾病的痛苦或产生某些健康问题的可能性。

(2)感知到的疾病的严重程度(感知到的疾病或伤害)，即个体对疾病的生理、心理和社会影响的判断。

(3)感知健康行为的益处，即个体主观判断采用健康行为的潜在益处，包括改善健康的益处和其他边际效益。

(4)感知健康行为的障碍，即个体对采取健康行为的可能成本的判断，包括时间花费、不良反应、财务负担以及社会可接受性等。

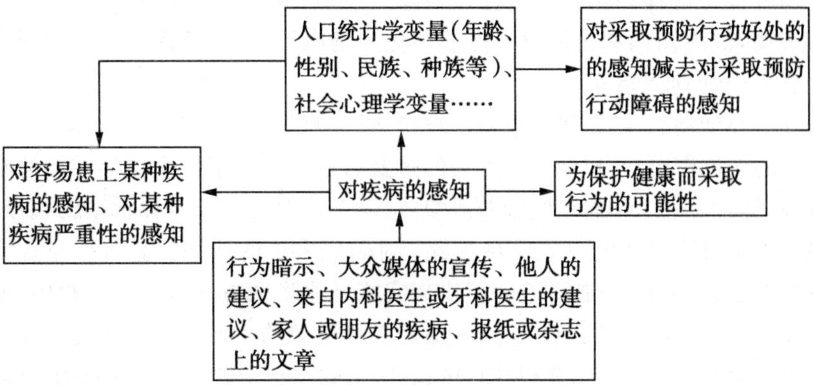


图 2-1 健康信念模型

健康信念模型最初用于解释人们的身体健康及先决条件。半个世纪以来，人们一直在医疗合规和健康筛查等领域使用健康信念模型，以此来解释行为变化或指导改变人们的行为。目前，该理论已被广泛应用于对各种短期和长期健康行为的解释、预测和干预，如戒烟、戒毒、不健康的饮食、性安全、锻炼等。近几十年来，健康信念模型也被用作公共卫生系统中健康教育和行为干预理论框架，许多发展中国家的学者通过大量实证研究检验了其实用性和可操作性。健康信念模型也随着实践应用而发展，近几年研究者们将注意力集中到了理论研究上。首先，一些研究发现，感知到的疾病的严重程度与健康信念模型的理论假设相矛盾。例如，在艾滋病患者中，个体感知到的严重性越高，接受 HIV 抗体检测的意愿反而越低，因此，感知到的疾病的严重程度在行为改变中的作用受到了质疑。其次，健康信念模型假设所有个体在一定的应用范围内有自由选择特定行为的机会。有研究者指出，健康信念模型的理论建构中如果不考虑社会环境因素，就不能全面、综合地研究行为变化，从而导致无法有效地促进健康行为的形成和维护。越来越多的研究人员已经意识到了健康信念模型的局限性。

健康信念模型的应用已逐步扩大到医疗和健康筛查等领域。该理论对健康行为的内在解释机制为：对潜在疾病威胁严重性及行为益处的感知促使健康行为发生改变。近年来，随着全面健身事业的不断发展，体质健康研究也与健康信念模型相结合，使得健康信念模型的应用领域进一步得到了拓展与延伸，形成了新的体质健康信念，进而丰富了健康信念模型解释行为机制的内涵。

健康信念模型的结构包括对疾病威胁的认识、对行为结果的期望、自我效能、社会人口因素以及促使健康行为发生的因素等。健康信念模型和后面讲到的计划行为理论既有相似之处，又各有特点。在健康相关行为的研究中，若将这两个理论相互补充则对行为的解释水平会更高。饮食和营养领域的许多研究应用这两种理论解释和预测健康行为，但大多数研究仅应用其中一个模型。研究结果表明，健康知识和技能不一定能转化为健康行为，但信念是个体健康行为的一个强有力的预测指标。

在身体活动领域，健康信念对个体身体活动行为意向和建立身体活动的习惯有很大的促进作用，是推动健康行为的重要力量。它能指导个体形成与健康有关的行为意向，促进个体建立健康的习惯，帮助个体增加参与身体活动的积极性，是预测青少年身体活动的一个重要变量。对健康方式的认知信念包括与身体活动有关的态度和预期的选择。在对青少年实施健康生活方式改变的过程中，要实施一些策略来加强他们的认知信念，使他们选择健康的生活方式。强化认知信念有利于减少他们对这些行为难以执行的认知，消除不利于健康行为执行的障碍。

近几年的实证研究表明，具有不同健康信念的群体也会有不同的健康行为，具有相同健康信念的群体健康行为也会有所不同。由知信行为理论得知，人们的行为和认知、价值观以及信念相关，且与社会环境也有一定的联系，建立健康信念是促进青少年进行积极身体活动行为的关键。在青少年身心发育的关键时期加强健康信念教育，是促进青少年形成健康的生活态度的重要途径。从健康信念的角度出发，寻求有效途径以促进青少年参与身体活动，提升青少年的身心健康也是学校体育研究与实践中的一个重要且十分有意义的主题。

## 第二节 合理行动理论与计划行为理论

合理行动理论（Theory of Reasoned Action，TRA）是由美国学者菲斯本(Fishbein)和阿杰恩(Ajzen)在1975年提出的。这个理论的假设前提是：人们的行为是理性的，所有的行为发生之前都必须进行信息处理、分析和理性思考，一系列的理性程序决定了人们是否实施行为的动机。合理行动理论中阐述的行为信念、行为态度和主观规范之间的因果关系主要发生在人的认知系统中。个体信念对个体的行为有积极作用，如果一个人觉得他人认为他应该实施某种行为，并且现实中有动力去满足他们的期望，那么他将会形成积极的主观规范。此外，行为信念是个体对行为结果的信念，行为态度是个体一般和稳定的行为倾向，主观规范是行为主体感知到的他人期望以及根据他人期望做出某一特定行为的趋势。行为意向是行为倾向的意图，人的行为既与动机有关，也与个体的控制能力有关。而且，行为的发生不是随机的，而是在意志的控制下进行的。行为是行为意向的函数，而行为意向又是行为态度、主观规范的函数。这些主要的关系可以用下面的公式来表达：

$$B=\alpha_1+\beta_1 I+e_1$$

$$I=\alpha_2+\beta_2 A_{act}+\beta_3 SN$$

式中，$B$ 为行为或行动，$I$ 为行为意向，$A_{act}$ 指对于该行为的态度，$SN$ 为主观规范，$\alpha$、$\beta$ 和 $e$ 分别为截距、回归和误差。

该理论模型已应用于健康相关行为和卫生保健的研究中，如饮食行为、艾滋病预防行为、身体活动、吸烟、饮酒和其他与健康相关的行为等。

菲斯本认为，个人行为的态度最终决定了一个人的具体行为意向，而行为意图将直接导致预期的行为结果和评价。在菲斯本研究的基础上，阿杰恩提出了合理行动理论。该理论认为：个体的行为意向主要受个体行为态度和主观规范的影响，行为意向是决定个体行为最直接的因素。该理论假设，人的行为是有意图的、被控制的。作为一种认知理论，该理论被广泛应用于许多领域的研究中，并已被证明能够成功地预测和解释人类行为意向。

合理行动理论(见图 2-2)是健康信念模型的扩展,而与健康信念模型不同的是,合理行动理论强调行为目的是决定行为的基本元素,行为意向受以下因素的影响:对行为的态度(个人对行为进行积极或消极的情感评价、对行为结果和导致这种结果的可能性进行的评价)和主观规范(社会态度和行为观)。

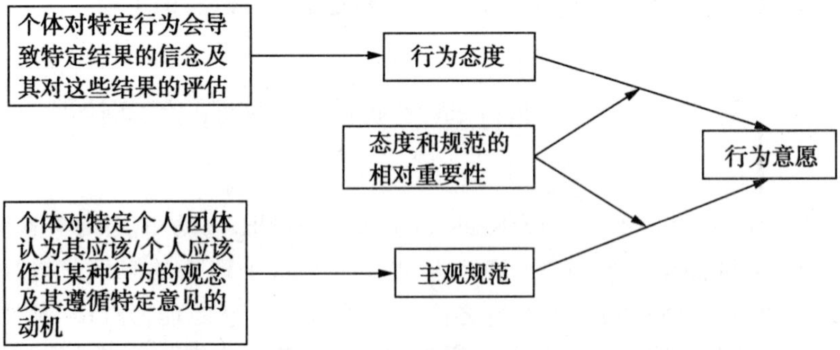


图 2-2 合理行动理论

合理行动理论的研究结果表明,身体活动参与者对身体活动结果的信念是确定个人参与运动和锻炼行为的一个主要因素,这为帮助参与者积极了解和感受运动的生理和心理作用提供了一定的理论基础。从上面的公式可以看出,行为与意向相似,都是态度和主观规范作用的结果。如果态度和主观规范不一致,那么意向取决于它们的相对强度,或者占主导地位的变量。该理论提出之后,许多学者在生活的各个方面(如政治、健康、消费和就业等)对这一理论进行了实证研究,并验证了其正确性,研究内容涉及家庭生育行为(Fishbein,1980)、消费行为(Fishbein & Ajzen,1980)等。

不过,对该理论仍存在一些质疑。有研究者提出,合理行动理论更像是一种行为目标而非目标实现模型,因为该理论更多的是在阐明态度、主观规范与行为控制这些变量对形成健康行为意向的预测作用,但健康行为意向不等于健康行为本身,这些变量对健康行为变化的作用不明确。也有相关研究表明,合理行动理论中的态度能够预测未来健康行为的意向,但不能够预测健康行为的发生及保持,因此这一理论应进一步完善。如施纳特和泰斯勒(Schnarts,Tessler,1992)提出,合理行动理论中应该加入"道德责任感";格拉斯堡(Gransberg,1990)认为,自我一致性的行为态度和主观规范可以决定他们的意图和行为;礼萨卡(Liska,1984)指出,这一理论只适用于自主行为,不适用于习惯性行为和需要控制资源的行为。

阿杰恩(Ajzen,1985)在合理行动理论的基础上增加了主观行为控制感,提出了另一个关于态度和行为之间关系的理论，即计划行为理论（Theory of Planned Behavior，TPB）。阿杰恩在 1991 年发表的《计划行为理论》一文标志着计划行为理论的诞生。计划行为理论是社会心理学中最著名的态度行为关系理论，该理论以合理行动理论为基础，从信息处理的角度出发，以期望价值理论为出发点来解释个体行为的一般决策过程（段文婷，江光荣，2008），其基础观点是：绝大多数人是理性的，行为意向是影响人们行为是否发生的最重要因素。行为意向由两个因素决定，其中一个因素就是个体对行为的态度和主观行为的标准，包括行为信念和对行为结果的评价。根据计划行为理论，在特定情境下的行为是基于观察特定目标行为的反应，共有以下 3 个主要变量影响着人的行为模式：

（1）个体行为态度：即个体对所要执行行为结果的积极或消极的评价，个体态度与行为意向之间呈相关关系，一般情况下，若个体对行为的态度是肯定的或积极的，个体的行为意向会更强。

（2）主观规范：其反映了个体对是否执行某项行为所感受到的社会压力。在预测个体行为时，对个体行为决策具有影响力的个体或团体对个体行为意向和行为执行产生的影响、态度和主观规范越一致，知觉行为越强烈，个体的行为意图就越强。

（3）主观行为控制感：这主要指个体对一些现实条件的认识，如时间、精力和金钱等。当个体认识到自己掌握的资源越多、障碍越少时，对行为知觉到的控制就越强。

计划行为理论认为，行为主要受行为意向的影响，而行为意向则是由个人对行为的态度、主观规范和主观行为控制感等共同决定的。在计划行为理论中，实际的行为控制是个体拥有的技能、资源及其他执行行为所需的条件，成功的行为执行不仅取决于行为意向，也取决于个体对行为足够的控制。在某种程度上，主观行为控制感可以取代实际的行为控制并预测人们的实际行为，其框架如图 2-3 所示：

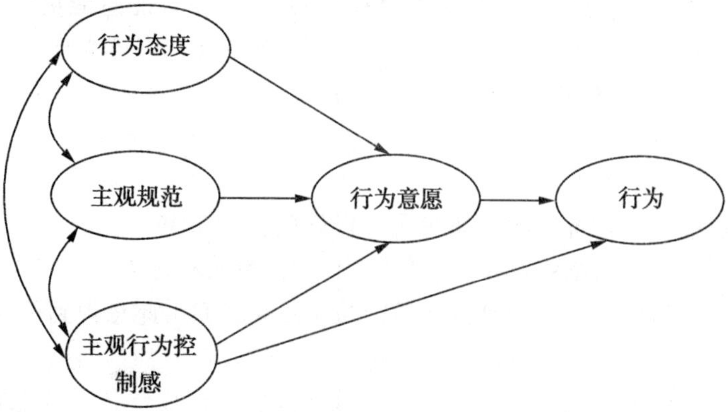


图 2-3　计划行为理论框架（Ajzen，1991）

计划行为理论结合了影响行为和态度的各种因素，并显示了各因素的内部相关，主观规范反映了外部环境的作用，主观行为控制感表达了对行为特征的个体知觉。所以，计划行为理论能够很好地解释和预测个体的行为意向、自我效能感和控制感，而且也能够很好地提高人们对行为起解释作用的具体行为的态度。计划行为理论中基于合理行动理论添加的主观行为控制感是一个人对行为执行程度的感觉，其核心成分是“控制的信念”，即“人们拥有完成行动或实现目标的资源和机会”。虽然行为极有可能被无法控制的外部因素打断，但也有一些行为是个体自身所无法控制的。主观行为控制感的一个前因变量是个体对自己能够执行这种行为的能力的信心。主观行为控制感通过两种方式影响行为：影响行为执行的意向或直接影响行为。

与合理的行动理论相比，计划行为理论更加全面，但也存在一定的缺陷。埃格里和查肯(Eagly，Chaiken，1993)的研究指出，计划行为理论在以下 3 个方面存在缺陷：

(1)主观行为控制感无法对一些负性行为做出合理的解释，例如，人们对盗窃的主观行为控制感有了更高的意识，但这并非因为主观控制感的主观程度更高。

(2)没有考虑其他因素，如行为习惯和道德责任等对行为的影响。

(3)理论模型是不准确的，计划行为理论未能阐明计划、执行和主观行为控制感对计划的影响，计划也没能提高主观行为控制感。

计划行为理论在国内外许多领域得到了广泛的应用，并已被证明对行为有重要的解释和预测作用。在身体活动领域，人们以合理行动理论和计划行为理论为基础进行了大量研究。国内学者李京城(1999)检验了合理行动理论、计划行为理论和社会认知理论对身体活动的预测作用，结果表明这 3 个理论对身体活动意向、身体活动行为的预测能力较强，并且自我效能感能更好地解释、预测身体活动行为。毛志雄(2001)使用合理行动理论和计划行为理论检验了中国部分项目运动员使用兴奋剂的态度和意向，结果表明合理行动理论和计划行为力理论均可有效解释中国运动员对兴奋剂的态度和行为倾向间的关系，其中计划行为理论 8 因素模型拟合度最好。

计划行为理论对身体活动意向有很好的预测解释率(40％～50％)，但对身体活动行为的解释率相对较弱(20％～40％)，意向和行为之间存在不符，身体活动意向不能很好地转化为身体活动行为。研究者们由此意识到行为意向和行为之间存在一些中介变量，也就是说，这两者之间存在一种认知机制——行为的执行意向。行为有两个阶段，第一个是动机阶段，即形成整体行为意向，并受行为态度、主观规范和主观行为控制感的影响；第二阶段是实施阶段，制定具体的行为计划执行行为是这个阶段的典型特征。

在身体活动意向和身体活动行为之间引入其他变量、提高对行为的解释率、促进身体活动意向转化为身体活动行为已成为身体活动领域研究的热点。当前,引入的变量主要有计划、自我效能感、自我认同、身体活动承诺、社会支持、生活事件等,个别研究引入了情感。考纳(Conner,2010)引入了计划,对意向方差和行为方差的解释率分别由46%、34%提高到了64%、38%。李业敏(2010)引入了计划、自我效能和社会支持,对意向方差和行为方差的解释率分别由47.3%、28.3%提高到了60%、41.3%。方敏(2012)引入了计划和自我效能感,解释了行为方差的47%。董文博(2013)引入了自我认同和身体活动承诺,对意向方差和行为方差的解释率分别由53.1%、17.8%提高到了57.4%、26.9%。另外几项研究引入了身体活动习惯、预期结果、自我控制、自我激励以及生活事件等变量,其均在意向和行为之间起中介作用,对身体活动行为都有直接或间预测作用。计划、自我效能感等新变量的引入弥合了身体活动意向与行为之间的部分鸿沟,对计划行为理论的发展和完善起到了促进作用。

研究显示,情感体验和情绪可对身体活动行为产生影响,积极的情感状态、情感体验不仅对身体活动有直接的预测作用,还可以通过对情感状态和情绪的干预实施来增加对运动的依从性。道顿(Dunton,2009)和杨辽(Yang,2015)的研究发现,身体活动还受到消极情感体验的影响。张文娟等(2016)以中学生为测试对象,在意向和行为之间引入了情绪和行为控制,对意向方差和行为方差的解释率分别由80%、58%提高到了84%、67%,但该研究没有区分积极情绪和消极情绪。戈麦斯(Gomes,2017)以15~61岁、在健身房规律身体活动者为测试对象,引入了计划和情感体验,发现计划在意向和行为之间没有起到中介作用,情感对行为的预测解释率只有1%。

## 第三节 社会认知理论

20世纪80年代中期,美国心理学家班杜拉(Bandura)提出了解释人类心理功能的社会认知理论(Social Cognitive Theory,SCT)。在这一理论中,班杜拉认为行为、环境和个人因素之间存在相互作用,包括理论之间和个人之间的相互作用,个人行为和环境的相互影响、相互依存和相互决定,具体体现在3个方面(见图2-4):个人与其行为受个人思想及思维变化的影响;环境与行为之间的相互作用,即个体行为决定了环境中的社会形态以及环境的改变;个体与环境的相互作用,即个体的意识和认知能力不是固定的,而是受社会对环境影响的作用的。其中,个体因素有两个基本要素:自我效能感与结果期望。自我效能感是个体对自己能否胜任某一工作的判断,是对自己能力的状态自信心,受成功或替代经验(行为的)、榜样作用(认知的)、言语劝说(社会的)和情绪或生理唤醒(生理的)这 4 个主要因素的影响;结果期望是个体对他人行为结果的期望,包括生理的、社会的和自我评价 3 个方面。

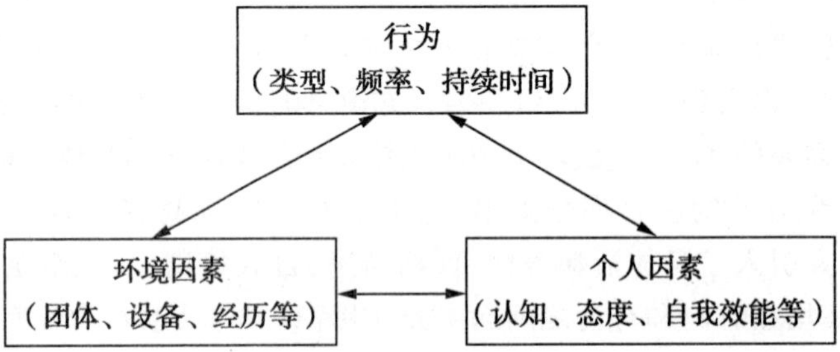


图 2-4 社会认知理论中 3 个因素的关系(Bandura,1997)

社会认知理论是一个基于个人因素的概念模型,强调个人的主观能动性,认为社会认知因素通过个人的环境知觉影响对行为的期望和判断,从而调整和预测个人行为。社会认知是指人们如何看待自己和社会,或者人们对如何选择、解释、记忆和使用社会信息所做出判断和决策,亦即对社会信息的处理,其范围非常广泛。社会认知理论指出,个体、行为和环境相互作用、相互影响,其中个体包括认知、情感和生理。在个体的认知成分中,自我效能是最关键的因素,反映了人类的计算能力,个体的活动选择受自我效能感的影响,对行为具有极其重要的作用。社会自我效能是基于个人对行为能力的认知评估,它来自于个人成就活动中成功或失败的经验。

班杜拉的社会认知理论摒弃了心理动力学和心理特质论的内因决定论和行为主义的外因决定论的思维模式,采用了认知、个体因素、行为和环境事件"三种互利互动"的思维模式来解释人类的行为和功能。班杜拉的社会认知理论还包括相互决定论与观察学习。其中,相互决定论认为行为既由外部力量决定,又由内部动机决定,并且两者相互作用。心理学家长期以来都专注于单向决定论,其中个体决定论认为行为是由内在的心理因素决定的,强调个人内部因素对行为的控制;环境决定论则强调外部环境因素对行为的控制。班杜拉通过对个人决定论和环境决定论的综合分析提出了相互决定论,即在社会学习中行为、认知和环境三者相互联系、相互决定,三者"你中有我,我中有你",具体表现为以下几点:

(1)行为和环境相互依存、相互依赖,环境可以决定哪些潜在的行为倾向成为实际行为，而行为也可以决定哪些环境成为影响行为的环境。

(2)认知因素(即人的内在因素)也是相互依存、相互决定的，个体对行为结果的期望影响着其行为方式，行为的结果同时也改变了其期望，个体对自己能力的评估决定了其追求的目标及追求目标的方式，反过来又会改变其自身的价值。

(3)人的因素和环境是相互依存、相互决定的，个体通过自己的人格特征来激活不同的社会环境反应，而不同的环境反应反过来又会影响个体的认知，从而产生行为或行为倾向。

班杜拉发现，人们不仅可以通过直接经验产生学习，而且可以通过观察等所获得的间接经验引发学习，后者是一种更常见的“观察学习”，也称“替代学习”，是指人们通过观察别人的行为来获得行为的象征性表现，从而引导学习者做出相应的行为反应的过程。从行为的模拟到语言的掌握及态度的形成都可以通过观察来完成。观察学习不仅可以使学习的过程缩短，而且可以帮助个体很快掌握很多行为模式，同时还能够避免由于直接尝试导致的错误和失败。观察学习由 4 个相互关联的过程组成，分别是注意过程、保持过程、运动复现过程和动机过程。注意过程是指在观察过程中开放心理资源的过程，决定了观察者选择的模型原型。保持过程即维护演示活动，是指为了维持演示过程必须以符号的形式保存在记忆中，观察和学习主要依赖两种表象系统：形象的表象和抽象的语言。运动复现的过程是将符号转化为正确行为的过程。动机过程即产生行为的动机。班杜拉对新反应的习得与操作进行了区分，他认为人们可以通过观察模式获得新的知识，也可以在这种模式下不进行这种操作，这取决于自我强化的动机效应。总而言之，观察学习只能在以上 4 个过程的基础上实现。社会认知理论认为环境在行为改变中起着重要的作用，环境为行为改变提供了榜样，观察学习实际上反映了榜样对行为变化的影响，这一过程又称“间接奖励”或“间接经验”。观察学习对于学习复杂的行为更有效，在观察学习中，个体不需要经过费时的反复试验就可以通过观察别人的行为来学习一些合理的经验。

社会认知理论解释了人类行为模式，并强调了社会环境类型对观察学习的效果和个体在与环境相互作用中的主动性。社会认知理论被广泛应用于理解和预测个体和群体的行为特征、制定改变个体或群体行为的策略等。除自我效能和结果期望外，社会认知理论还有另一个重要的因素：对结果和行为的自我评价。社会认知理论认为，个体拥有通过对行为结果的评价来控制自己的想法、情绪和行为的自我定向能力。班杜拉认为，在评价过程中，个体会观察与自我相关的方面，以及他们的实际行为和自我内部行为标准，并根据自我的内部标准来调节自己的行为。如果他们达到了标准，就会以自我满足来奖励自己；相反，会用一种自我批评的方式来惩罚自己。当期望的行为没有产生时，就会做出改变以确保成功。分享者也将专注于评估共享知识,这将增加对知识共享的渴望和理解。所以,在知识共享的认知过程中,应该包含对结果和行为进行自我评价的过程。当这种评估认为知识共享是值得的或令人满意的时,它将增加知识共享的自我效能,并继续分享知识;如果这种评估认为与其期望的结果或自我确立的内部标准有很大的差异,那么自我效能将会降低,知识共享的动机也会削弱。

社会认知理论提出之后被广泛接受,并用来验证个体行为,在20世纪90年代得到了迅速发展,成为重要的社会心理学理论之一。社会认知理论考虑到身体活动行为是一个复杂的过程,是由个人因素、行为因素及环境因素交互作用决定的,故强调行为发生于社会环境,自我效能是主要的身体活动行为的预测变量。有研究者认为社会认知理论可能是迄今为止最复杂的全民健身理论(张力为,毛志雄,2003),虽然能够对影响身体活动行为的因素做出解释,但在实践中不利于实施干预。

## 第四节　自我效能理论

自我效能感有许多不同的定义,下面简要列举几个:

(1)个体判断、相信或自我感觉是否具有在某一水平上进行某一活动的能力(Bandura,1986)。

(2)个体在面对某项活动任务时的感觉,以及其自信、自尊和其他方面的感受(Schultz,1990)。

(3)个体能够有效地与周围世界进行互动(Barfield,Burlingame,1974)。

(4)个体对某一特定环境的反应(Ashton,Webb,1986)。

(5)个体对其行为的影响是有效的还是无效的(Midgley,1990)。

(6)对一个人的工作能力的主观评估以及可能的工作程度(张春兴,1991)。

(7)个人对自己的行为能力的推测或判断,是否使他人能够相信其能带来一个成功的行为结果(周国韬,戚立夫,1993)。

(8)个人行为影响其行为的有效或无效的自我体验(杨心德,1993)。

(9)个人对自己的能力所持有信心的程度(董琦等,1996)。

从以上诸多针对自我效能感的定义中可以发现,研究人员对自我效能感的过程、功能、范围或作用等进行了定义,虽然每个定义是不同的,但其核心是相似的,都涉及对能力的自我评估,即自我意识。简而言之,自我效能指的是一个人对自己在某一特定情况下的行为能力的自信程度。班杜拉等人的研究表明,自我效能感对行为的影响体现在下几个方面:影响行为目标的确定,影响思维模式或情感反应模式，制约新行为的习得，影响行为的努力程度，影响能力的调度。

班杜拉等西方学者认为，个体的自我效能感来源于以下 4 个方面的经验（见图 2-5）：

（1）过去成功的实践经验。这是自我效能感形成的充分条件，也是个体判断的充分条件，它构成了自我效能感的行为信息。相关的研究结果表明，个体在具有挑战性任务中的成功对自我效能感的形成和改变有很大影响，当个体坚持完成了一个困难的目标时，其在获得积极自我效能感的同时，在未来的任务中自我效能也会提供更多的能力，并使个体在失败时保持自信。然而，容易获得的成功会导致个体在以后的活动中，特别是在遇到困难时很快地失去信心，但这并不代表行为直接导致了自我效能感的形成和改变，而是因为个体行为所给出的反馈信息导致了自我效能感的变化，这种变化取决于个体对之前的行为接受的分析处理。

（2）模仿或替代经验。这指的是在学习和社会生活中通过观察和模仿他人行为而获得的许多知识经验，而不仅限于在实践中。例如，书中英雄的智慧激发人们模仿，也传达了这样一种信念：只有通过个人奋斗才能成功。这些替代信息将在促进观察者的能力增长方面发挥重要作用。尤其是，观察者对同一任务的信念是由观察者强烈感受到的，所以对于新手来说模仿和观察熟练的员工是至关重要的。

（3）言语或社会劝说对提高个体智力和技能水平的作用较小，但可以通过针对自我效能感的评价让个体产生积极的信念，促使他们发挥现有的能力，同时不会过量消耗自己的能力。研究表明，当员工有人格障碍、怀疑自己的自我效能和自尊时，会产生皮格马利翁效应。与此同时，在员工技能发展的早期阶段，口头劝说也很有用，当员工被信任并被认为有能力胜任这份工作时，就会产生良好的效果。

（4）生理与情绪的唤醒状态，即身体和精神状态的主观感觉会影响个体对自我效能感的判断，在组织情境中减少压力源、改善周围环境，是提升自我效能感的有效方法之一。

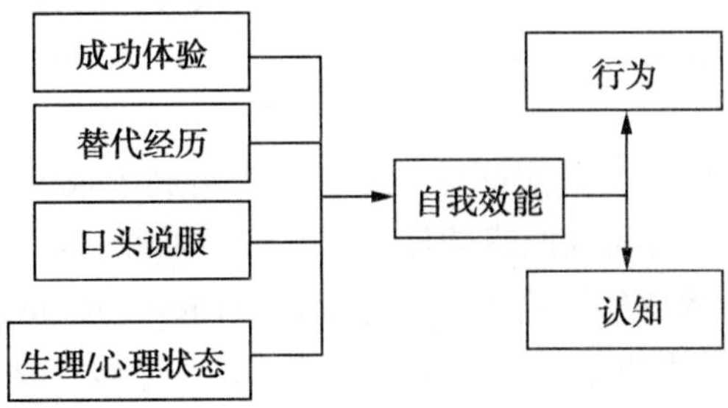


图 2-5　影响自我效能的 4 个方面

自我效能感在对个人能力进行评价和判断后可成功控制内在和外在因素并获得期望的结果。自我效能感高的个体更倾向于采用他人积极的关于健康行为的建议。班杜拉建立了自我效能理论，强调了认知和行为之间的相互作用，即个体在执行某种程度的行为时可以表现出是否可完成行为的自我判断。自我效能感是个体自我调节行为和动机的关键因素，它的作用与计划行为理论中的主观行为控制感相似。自我效能感通过 4 种机制来调节人的行为：认知、动机、情绪和选择。

(1)认知过程。自我效能信念会以多种方式影响认知过程。例如，行为方案的类型受效能信念和个体目标设定的影响。

(2)动机过程。多数人的动机是由认知因素引起的，自我效能信念在激励的调节中起关键作用。班杜拉认为，无论归因理论、期望、价值理论还是目标理论，每一种动机都受到自我效能信念的影响。

(3)情感过程。控制压力的效能在焦虑的激发中起着重要作用，效能信念会影响个体对潜在威胁的警觉以及如何感知和处理它们，从而影响焦虑的唤醒和向抑郁的转换。

(4)选择过程。个体效能信念通过影响人们对其活动类型和环境的选择来构建他们的生活轨迹。

研究自我效能感在理论和实践上具有重要意义，自从班杜拉提出自我效能感理论以来，研究者们便探索了它在不同领域中的作用，包括教育、商业、体育、健康等。研究人员调查了不同发展水平和文化的个体之间的自我效能感，结果表明，自我效能感对个人动机、成就和自我调节具有强大影响。在教育方面，它影响着学生们的活动、坚持、兴趣和成就。与那些怀疑自己学习能力或表现一般的学生相比，高自我效能感的学生更容易参与工作，工作过程更持续、更努力，兴趣也更高。自我效能感理论对学校教育具有一定的理论和现实意义，自我效能感会影响学生的学业成就、道德教育及心理健康水平。通过培养和提高学生的自我效能感，可以促进他们的健康成长。教师应该为不同层次的学生提供榜样，建立良好和谐的教育环境，鼓励他们努力取得成功，学生的成功反过来也能增强教师的自我效能感。

在身体活动领域，自我效能感理论也是一个得到了成功应用的理论。塞利斯(Sallis，2006)指出，自我效能感是与身体活动行为密切相关的重要变量，当解释身体活动时，自我效能的影响比预期要大；王君俏(2008)的研究结果也表明自我效能与身体活动呈正相关，且多元回归分析表明，自我效能对身体活动行为有决定性的影响；李京诚(2011)的研究结果也表明，自我效能是身体活动的主要预测变量。自我效能感能可靠地预测身体活动的持久性，与身体活动的坚持性呈正相关。

自我效能感是身体活动的一个重要决定因素，威廉姆斯（Williams，2010）的元分析结果显示，干预策略可有效提高健康成年人的自我效能感（效果量为 0.16，95%置信区间 0.08～0.24，$p<0.001$）、增加身体活动（效果量为 0.21，95%置信区间 0.11～0.31，$p<0.001$），且自我效能感和身体活动变化之间呈显著相关性（斯皮尔曼相关系数为 0.69，$p<0.001$）。奥兰德（Olander，2013）对 61 项研究实施了元分析，对有关肥胖人群的研究结果显示，干预策略有效提升了自我效能感（效果量为 0.23，95%置信区间 0.16～0.29，$p<0.001$），增加了中等强度的身体活动（效果量为 0.50，95%置信区间 0.38～0.63，$p<0.001$），但自我效能感和身体活动之间的关系不显著（斯皮尔曼相关系数为 0.18，$p=0.72$）。与一般被试者相比，自我效能更能增加肥胖个体的身体活动。

## 第五节　自我决定理论

2002 年，美国学者爱德华·黛西（Edward L. Deci）和理查德·雷恩（Richard M. Ryan）共同提出了自我决定理论（Self-Determination Theory，SDT）。这是一个表达人类的动机、情感及人格的宏观理论，为理解人类的动机和个性发展提供了一个连贯且全面的理论基础（Deci，Ryan，2002）。自我决定理论经过多年的发展，在研究中不断改进，并与新的观点不断整合，形成了 5 个相互联系的亚理论：认知评价理论、基本需求理论、因果定向理论、有机整合理论和目标内容理论，其理论框架如图 2-6 所示。自我决定理论作为一种动机理论，在预测身体活动和促进身体活动干预方面的作用受到了研究者们的关注。自我决定理论在体育运动领域的研究主要集中在个体参与身体活动的动机、成就动机与自我效能感等方面。

认知评价理论（Cognitive Evaluation Theory，CET）是自我效能理论最初形成的理论，主要阐述了外部社会情境中各种因素对个人内在动机的影响。在该理论体系中，黛西将动机分为内在动机和外在动机，两种动机的来源有本质的区别。内在动机的产生是由于行为本身所带来的满足感，外在动机是由于外部环境因素的激发，使个体在外部条件的驱动下产生的，并非出自个体的主观意愿。不同类型的动机将对个体产生不同的心理体验，黛西认为，内在动机是个体成长趋势中的标志，从行为理论上来说，内在动机行为本身就是一种满足感，行为活动的发生是根据个人的目的与利益而进行的。从归因理论的角度来说，这种行为表现出了内在的因果关系，人们感知到的他们的行为是源于自我意识而不是被强迫或控制的。与片面追求快乐的享乐主义相比,从内在动机中获得的快乐更加长久,而且更有利于个人的成长与幸福(Ryan,Huta,Deci,2008)。

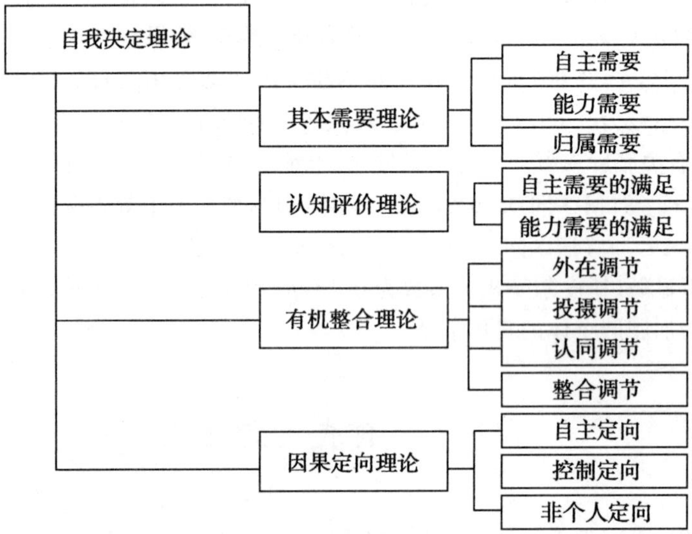


图 2-6 自我决定理论基本框架

认知评价理论检验了那些破坏和维护内在动机的因素。由于内在动机是自发的、有意识的,因此外在动机对行为控制的发生(如金钱奖励等)可以迫使人们用特殊的方式去感受、思考和行动,从而削弱内在动机。从理论上讲,这种情况会促使因果关系的轨迹从内在转为外在,从而削弱意志和兴趣。20 世纪 70～80 年代的多项研究证明了如惩罚、威胁、竞争和监督等外部事件对内在动机的破坏。不过,随着年龄的增长,人们所参与的行为与内在动机的相关性越来越低,当兴趣与乐趣缺乏时,人们的行为就需要外在动机了。在早期理论中,内在动机和外在动机被认为是对立的,内在动机被看作是完全由自我决定的,而外在动机是缺乏个人因素的。因此,能否够将外在动机转化为内在动机,或者让外在刺激与内在刺激产生相似的效果,就成了动机研究的重要任务。

有机整合理论(Organismic Integration Theory,OIT)的核心是外在动机的内化问题。雷恩(Ryan,1982)发现,人们对某项活动兴趣的减弱不仅由外部控制,也来自于内在的压力,根据内化程度的不同,可将外在动机分为以下 4 种形式:

(1)外部调节。人们的行为以获得奖励或逃避惩罚为动力,外部调节是一种非常有力的激励方式,但行为的价值并没有完全被表达出来。

(2)内摄调节。人们的行为动机是为了获得尊重或者避免内疚与羞愧,具有部分的内化现象。

(3)认同调节。人们理解并认同一种行为的意义和个人价值,因此可以在行为中获得一种自由的感觉。

(4)整合调节。完全内化的最后一步是价值观、目标和其他自我认同方面的同化,将多方面的认同综合起来,形成一个统一连贯的自我意识。内在化是一个发展的过程,即在社会环境中,价值观和规范的整合是一种自然倾向。值得一提的是,内在动机并不是动机内化的终点。

动机连续体上不同的动机类型对应的调节风格、控制点和调节过程如图2-7所示:

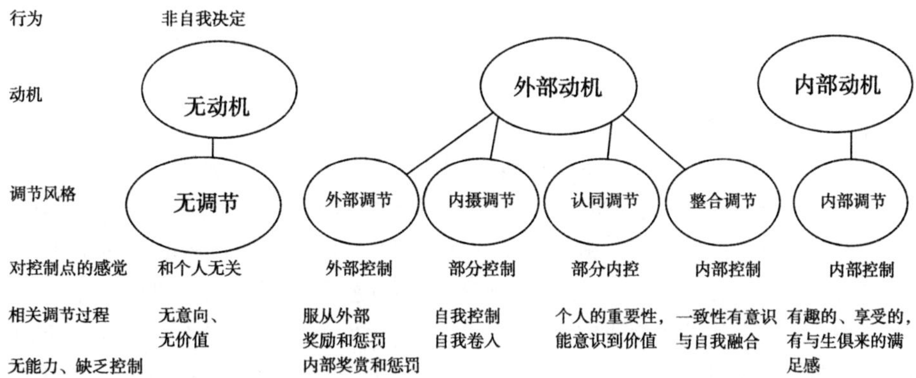


图 2-7 动机连续体上不同的动机类型对应的调节风格、控制点和调节过程

与认知评价理论和有机整合理论不同的是,因果定向理论(Causality Orientations Theory,COT)考察了特定生活情境下动机的产生机制。由于人们在如何认知行为方面存在个体差异,因此因果定向理论侧重于整体动机取向中的个体差异。因果定向理论将人们的动机取向分为3类:自主定向、控制定向和非个人定向。自主性高的个体更倾向于将显现出的个人利益与自我认同的价值观相联系,并在此基础上调节他们的行为;习惯于依靠外部控制的个体更倾向于在外部与内部一致的情况下进行活动,并将外部事件解释为压力,所以要通过外界的控制来调节个人行为;高度重视非个人因素的个体认为他们的生活经历超出了个人的控制,因此他们普遍存在无助感、低效率和被动感。霍金斯(Hodgins,2002)认为,由于自主定向的个体经历了更多的心理上的自由选择,所以他们更愿意去加工获得的信息,以开放的态度与他人互动,并抱有更大的宽容。相反,控制定向的个体通常会忙于满足外部需求和保持自我价值,因此更有可能会感受到来自内心的危机感和人际压力。

基本心理需求理论(Basic Psychological Needs Theory,BPNT)是自我决定理论的核心内容,贯穿于整个理论之中。该理论详细阐释了先天的心理需求是心理和生理健康及社会幸福的本源。基本需求理论有3个维度:自主需求、能力需求、关系需求。自主需求即意志和心理自由的体验,个体通过社会化提升自身的选择意愿,当他们的选择受限时会提出一个有意义且现实的依据,同时尝试去理解他人的想法并拥有了自主权、选择权和行为的所有权,这些都是自发的,并与个体稳定的价值观及利益相关。多项研究表明,自主需求与更高的幸福感、意志力、执行能力紧密相关。关系需求是指与他人和谐相处的能力与相互分享快乐的行为,以及对他人的不愉快表现出的移情与安慰。关系需要对于依恋理论及社会接纳-拒绝理论都具有重要意义。基本需求理论的存在有它自身的优势(Deci,1992),许多关于动机的理论只关注行为的方向,而自我决定理论认为基本心理需求是维持动机行为多样性的能量来源,这一理论还涉及行为激发的观点,行为导向也被当作动机的重要组成部分。

威尔逊和罗杰(Wilson,Rodger,2004)对232名经常参加锻炼的女性的研究发现,在锻炼过程中,朋友对锻炼者所做决定的理解和支持程度以及朋友对锻炼者所提供的信心支持等与锻炼行为的鉴别调节及内部调节有很强的正相关,而且和被试者未来4个月继续参加身体锻炼的意向有很强的正相关。徐梓轩(2015)在对大学生群体的研究中发现,大多数学生的身体活动行为仍处于准备阶段,而处于无意图阶段和维持阶段的人数较少。坚持性、锻炼兴趣、亲友锻炼等都是影响大学生体育锻炼行为的主要因素。唐启棋(2017)在研究中发现,他人支持、基本心理需要、自主动机可以直接影响青少年的体育锻炼行为;他人支持不仅可以通过自主动机影响锻炼行为,还可以直接影响锻炼行为。

除了对潜在的行为影响因素及心理需求的概念进行研究外,另一个关于自我决定理论的研究也在不断发展,该理论探讨了人们内在与外在的生活目标、人生追求、愿望之间的相互关系。目标内容理论(Goal Contents Theory,GCT)的核心原则认为,内在和外在的目标内容对幸福感的预测是不同的,对内在目标的追求连同内在动机与内化代表了有机体增长趋势的3种表现形式(Vansteenkiste,2006),也就是说,我们假设接近内在目标并远离外在目标是个体的自然趋势,虽然这些改变的发生不是无意识的;需求的满足需要环境的支持,目标内容的结构在不同的文化类型中都是相似的。

自我决定理论作为一种动机理论,在预测身体活动和促进身体活动干预的发展中受到了研究者们的关注。自我决定理论对体育与运动科学领域的指导研究主要集中在个体参与运动的动机、成就动机与自我效能感等方面。陈善平(2008)的研究显示,激发内在动机有利于大学生积极参与体育活动,而锻炼的外在动机可能会抑制学生的内在动机，不利于学生长期坚持体育锻炼。丁维维(2014)认为，促进个体规律地参与体育锻炼需要强调自主支持的锻炼环境因素，树立锻炼自主定向的人格特征和追求内部锻炼的目标。

## 第六节 柏林锻炼阶段理论

锻炼理论可以分为连续性理论和阶段理论，连续性理论是将锻炼行为看作一个相对静态的、具有整体性的过程；连续性理论在预测行为时不区分锻炼的阶段和行为的改变。阶段理论将锻炼行为变化看作是动态的、具有连续性的过程，锻炼行为的前进、后退、循环、回复原状、停止等在各个时期都有可能发生。研究者可以基于个体行为变化所处的阶段，根据其不同的认知和行为特点制定相应的干预方法。连续性理论主要有健康信念模型、社会认知理论、合理行动理论、计划行为理论等，阶段模型主要有柏林锻炼阶段理论、转换理论模型和健康行动过程取向理论。

柏林锻炼阶段理论(The Berlin Exercise Stage Model，BSM)是一个相当理论化的行为变化阶段模型，是专门针对身体锻炼问题而设计的，并广泛运用于不同的健康行为领域，如营养学、运动康复学(Lippke，Sniehotta，2003；Lippke，Sniehotta，Luszczynska，2005)。柏林锻炼阶段理论详细定义了各个阶段以及对具体阶段产生影响的社会认知影响因素。该理论根据个体从不运动到运动过程的意识、认知及行为变化特点，预测性地提出了个人身体活动行为的变化大致存在以下 7 个阶段：

(1)前思考期。个体不运动，没有锻炼的相关知识，也不考虑有关体育锻炼的事情。

(2)思考期。个体不运动，具备一些锻炼相关知识，考虑一些有关体育锻炼的事情，但是还没有下定决心参加体育锻炼。

(3)倾向期。个体不运动，有参加体育锻炼的意向和决心，但仍缺乏具体的锻炼计划。

(4)运动前期。个体不运动，对在近期内参加体育锻炼有详细的计划。

(5)习惯期。个体开始参加体育锻炼，但时间少于 6 个月。

(6)实施期。个体有规律地进行 6 个月以上的体育锻炼。

(7)重新恢复期。个体不运动，但在长期中断锻炼后有重新开始进行体育锻炼的意向。

柏林锻炼阶段理论中还纳入了两类社会认知变量，分别是锻炼的自我效能和锻炼的社会支持，并认为这两类社会认知变量是促进个体锻炼阶段转变的重要因素。

柏林锻炼阶段模型的每个阶段都有不同的社会认知变量在起推动作用，如自我效能贯穿于7个阶段中。段艳萍(2005)以我国银行员工为样本对柏林锻炼阶段理论的结构性进行了检验，结果显示柏林锻炼阶段模型的7个阶段结构具有描述性功能，能够反映人群体育锻炼的不同阶段类型，锻炼阶段的分布受主观体型知觉的影响，但研究结果并未充分支持阶段模型的阶段性假说，所以该理论还需要进一步的实证探索。

段艳萍、瓦格纳和布雷姆(Wagner，Brehm，2007)基于柏林锻炼阶段模型，将与锻炼阶段相匹配的干预措施应用于大学生身体活动促进中，结果显示干预措施对身体活动的调节变量具有显著作用。但该研究同时显示，与分类较少的3阶段、5阶段模型相比，阶段分类较多的BSM模型在对锻炼阶段的定性区分上并没有优势。总体而言，该模型与其他阶段模型相比，应用的广泛性较低。

## 第七节　转换理论模型

### 一、转换理论模型的相关概念

转换理论模型(Transtheoretical Model，TTM)由美国心理学教授普罗查斯卡(Prochaska)于1979年提出的，是一种研究行为改变的综合模式，重点描述了人们行为态度的改变，确定了行为变化的时间维度，改变了心理疗法中越来越多的理论多元化现象。转换理论模型根据每个阶段的特点，应用不同的行为转变策略帮助人们分类、改变和维持他们的行为。转换理论模型分为4部分内容：变化阶段、变化过程、自我效能和决策平衡。因其引入了对行为改变的认知、行为和时间方面的理论，所以能够成功地运用到体育锻炼行为变化干预中。

### 二、转换理论模型的结构

转换理论模型的一个关键特征是它包括变化阶段、变化过程、自我效能和决策平衡的多维度设计，常被应用于各种各样的行为变化环境中。当使用转换理论模型作为理论框架来干预行为时，需要对每个维度及其相互之间的作用有全面的认识。

#### (一)变化阶段

变化阶段是转换理论模型的核心，变化阶段在变化过程与身体活动之间及决策平衡与身体活动之间起中介作用(马勇占,2012)。转换理论模型将行为的改变为5个阶段:前意向阶段、意向阶段、准备阶段、行动阶段和保持阶段。各个阶段的运动是周期性的,而不是线性的,且每个阶段的障碍都是不同的。以锻炼为例,转换理论模型对人们锻炼行为5个阶段的描述如下:

(1)前意向阶段。该阶段个体处于沉思期,个体不锻炼,也不打算在接下来的6个月里锻炼。

(2)意向阶段。这个阶段的个体不锻炼,但计划在6个月内开始锻炼。

(3)准备阶段。这个阶段的个体处于准备工作阶段,计划在1个月内开始锻炼,并且已经准备好迎接改变。

(4)行动阶段。这个阶段的个体已经开始了锻炼,但少于6个月。

(5)保持阶段。即维护阶段,这个阶段的个体已经进行了6个月或更长时间的锻炼。

转换理论模型认为变化是一个连续、动态循环的过程,而每个人的动机和行为改变都是不同的,因此转换理论模型认识到,在发生显著的行为变化时,会产生故态复萌的现象,而这也是一种正常现象。方敏(2011)的研究表明,青少年锻炼水平有明显的阶段特点,变化过程因素存在显著的锻炼阶段特征;在相邻锻炼阶段转变过程中,不同的变化过程因素可以预测不同锻炼阶段的转变。江铁锋(2007)在研究中验证,大学生锻炼行为也符合这5个阶段特征,并根据转换理论模型制定了《变化阶段(连续性测量)量表》。胡炬波(2014)在对高职学生的研究中发现,学生体育锻炼行为主要集中在意向阶段和准备阶段,且其自信心会随着变化阶段的深入而增强。

**(二)变化过程**

转换理论模型认为,行为的改变是在一系列阶段中随着时间的推移而发生的,而改变的机制包括个人所处的不同变化阶段的认知和行为过程。变化过程为个体行为阶段改变的促进提供了重要策略,是确保行为改变进度的重要引导,也是阶段之间改变的自变量。变化过程包含10个有利于行为改变的认知和行为活动因素,分为认知过程和行为过程两大类。其中认知过程包括意识唤醒、生动解脱、自我再评价、环境再评价和社会解放,行为过程包括自我解放、反条件化、刺激控制、强化管理和帮助关系。

**(三)决策平衡**

决策平衡来自于贾尼斯和曼尼(Janis,Mann,2006)的决策制定模型,指的是权衡利弊的过程。它描述了个体行为改变发生与否的原因及重要性。随着益处的增加和坏处的减少,一个人的行为阶段将从意向阶段转为准备阶段和行动阶段。

**(四)自我效能/诱惑**

自我效能的理论依据是班杜拉的自我效能理论及席费尔曼(Shiffman)的对行为改变的故态复萌阶段与保持阶段的应对模型。自我效能理论反映了个体在维持他们期望的行为改变方面的信心程度,诱惑反映了在困难情境中改变特殊行为的强度要求,包括3个典型因素:消极情绪、情感抑郁和积极社会情境。

随着身体活动行为的改变,个体通常会获得更多的自我效能感。大量的研究表明自我效能是改善身体活动行为的有效因素。西田(Nishida,2014)的研究表明,具有较高自我效能的人在身体活动行为中可表现出显著优势。

目前,转换理论模型已经成为锻炼行为领域相关研究中使用最广的阶段理论模型。干预研究一直以来都是锻炼行为学相关研究的热点,以转换理论模型为基础的干预研究针对行为发展不同阶段的个体差异制定了不同的干预对策。高艳敏(2014)发现,基于体育锻炼的转换理论模型,较为长期的干预和多方监管与控制能够强化肥胖小学生的减肥意识和动机,使其参与并坚持锻炼的主动性增加,对其锻炼行为及体重控制有一定的效果。

回顾以往的研究可以发现,人们对基于转换理论模型的健康促进和身体活动干预的有效性存在质疑。亚当斯和怀特(Adams,White,2003)的研究表明,虽然基于转换理论模型的身体活动干预措施在促进身体活动方面是有效的,但对长期提高身体活动水平的作用微乎其微,因为大多数基于转换理论模型的身体活动干预措施未能准确地反映出模型的所有方面。斯宾塞(Spencer,2006)在运用转换理论模型制定干预措施实施干预时,对干预决策的制定者和实践者提出了一些建议:首先,在制定干预措施时,要包括整个转换理论模型,尤其是变化过程;其次,由于实证经验的限制,在将转换理论模型应用于青少年群体及康复患者等时要小心谨慎;最后,应明确定义"锻炼"这个术语以便准确地进行个体的分级。

## 第八节　健康行动过程取向理论

健康行动过程取向理论(Health Action Process Approach,HAPA)由施瓦泽(Schwarzer)通过对社会认知理论(Schwarzer,1986)、理性行动理论(Schwarzer,Kuhl,1975)及意志理论进行整合而提出的,并将其应用于健康行为改变领域,以了解健康行为的变化过程。该理论认为,健康行为的采纳、发起与维持等改变过程是由动机阶段和意志阶段推动的(见图2-8)。

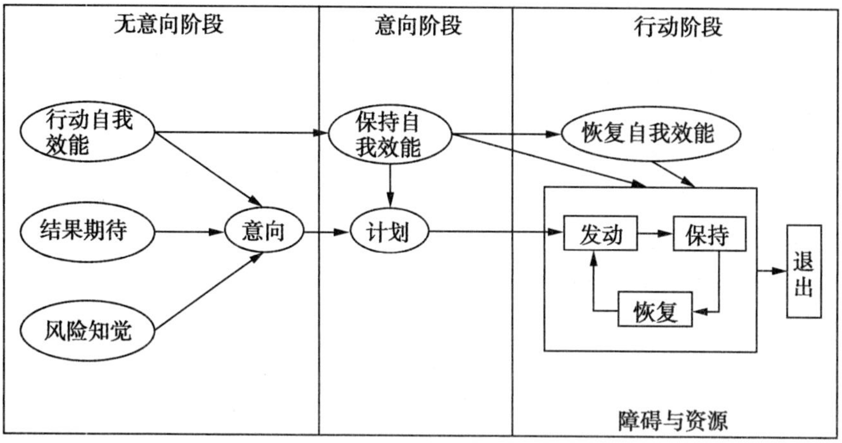


图 2-8　健康行动过程取向理论示意图(Schwarzer,1992)

## 一、健康行动过程取向理论的阶段划分

### (一)动机阶段

动机阶段指的是个体意志形成的过程,包括针对危险因素采取预防措施或改变风险行为。自我效能感被视为最具影响力的动机因素,也是行为意图的最强有力的预测因子。动机阶段类似于形成明确目标或行为意图的过程,意向一旦确定,个体就进入了意志力阶段。

### (二)意志力阶段

意志力阶段包含将意图转变为实际行为的过程,即启动、维护和恢复。一旦形成了改变健康行为的意图,就必须计划、启动和维护这一改变,并对可能产生的恢复原状的情况进行管理。意志包括一个人对目标或目标行为的动机和动机的强度。如果没有明确的意图,习惯行为模式的改变就难以发生。因此,行为意向是后续行为的最佳预测因素之一。然而,良好的意图不一定会保证行为的一致性,这也就解释了为什么许多人试图放弃不健康的习惯,将自己的生活方式变得更健康,尽管出发点是好的但却没能成功。在这一过程中,自我调节过程起着至关重要的作用,努力和坚持都强烈地依赖于自我效能。当产生改变或采用某种特定的健康行为的意图之后,必须将意向转化为具体的行动计划,包括何时、何地以及如何执行所期望的行动。

在改变行为习惯之前,人们需要有明确的动力,这是一个有明确的目标或意图的过程。在这一过程中有 3 个重要的概念:风险知觉、行为预期、自我效能。实际上,一个人健康行为的改变被认为是一个具有挑战性的自我调节过程。当人们确定一个目标后，需要去准备行动并在面对障碍和挫折时保持这些变化。因此，目标设定和目标追求可以被理解为两个截然不同的过程，需要自我调节。在形成意向后，就进入了意志阶段。

## 二、健康行动过程取向理论的构成要素

健康行动过程取向理论主要包括风险知觉、行为预期结果、自我效能、行为意向及执行意向等变量。

### (一)风险知觉

意识到健康威胁是发展动机最显著的先决条件，其由危险因素诱发保护动机从而引发健康行为的发生。通常情况下，人们会意识到某种程度的风险，尽管他们感知的准确性可能会有偏差。风险知觉包括两个方面：健康状况的严重程度和个体的脆弱性。健康状况的严重程度是指可能发生的伤害的数量，个体的脆弱性是指一个人可能产生健康问题的主观概率。然而，使人们陷入对健康风险的恐慌并不是有效的促进人们改变行为的方法。许多研究显示，风险知觉不能够解释行为及意向的方差，故认为风险知觉是一个可以忽略的变量。

一般而言，最初的风险知觉似乎有利于人们的动机发生转变，但在后期，其他变量在自我调节过程中变得更有影响力(如预期寿命、自我效能感和行为意向等)，而风险知觉本身不足以让一个人改变行为。

### (二)结果期待

结果期待分为积极结果期待和消极结果期待。人们不仅需要意识到健康威胁的存在，还需要知道怎样通过了解个体行为和未来结果之间的突发事件来调节自己的行为——这些结果将影响动机的改变。同样，当个体平衡了某些行为结果的利弊时，所得出的积极的预期结果在动机阶段十分重要。在健康行动过程取向理论中，结果期待主要在意向形成阶段对行为意向起显著预测作用，对行动阶段及行为维持阶段的预测作用不显著。

### (三)自我效能

自我效能是社会认知理论中的核心概念，取决于在健康行为变化过程中人们改进程度的具体情况。在自我效能是社会认知理论中，有 3 种自我效能感：行动自我效能感、保持自我效能和恢复自我效能感。

(1)行动自我效能(也称“任务自我效能”)指的是第一阶段的过程，在这个过程中，个体还没有行动，但已经具备了行动的动机，这是在前意向阶段中存在的一种乐观的信念。行动自我效能高的个体可以想象成功，并且预测各种对策的潜在结果，更有可能进行一项新的行为；而行动自我效能感低的个体会想象失败及自我怀疑，并且倾向于拖延。

(2)保持自我效能(也称“应对自我效能”)代表了一种乐观的信念,即在保持阶段,人们能够应对出现的困难。一种新的健康行为可能会比预期更难坚持,但自我效能感高的个体会自信地选择更好的策略、更多的努力和持久的坚持来克服这些障碍。一旦采取了行动,保持自我效能高的个体比那些自我效能较低的人会持续得更久。

(3)恢复自我效能可以解决在健康行动过程中所经历的挫折,并能从挫折中恢复。

鲍政栋(2012)的研究得出,积极结果期待和行动自我效能对锻炼意向的预测作用显著,恢复自我效能、锻炼意向和锻炼计划是体育锻炼行为的近轴预测因子;行动自我效能通过维持自我效能预测恢复自我效能,并验证了健康行动过程取向理论的连续性特征。王银晖(2016)在研究中发现,根据健康行动过程取向理论的阶段划分,中国大学生大部分处于健康锻炼行为无意向和意向阶段,锻炼自我效能作为社会认知变量在健康行为过程取向理论的各个阶段都发挥了重要的作用。

**(四)行为意向**

行为意向可明确地决定个体以某一种方式行动,动机可能来自个体自身,也可能来自外界。

**(五)执行意向**

施瓦泽(Schwarzer,2011)将执行意向整合进健康行动过程取向理论中,将其进一步分为行动计划与应对计划,并将执行意向作为由行为意向转变为行动的中介变量,弥补了锻炼阶段模型中行为意向与健康行为之间的鸿沟,促进了由意向到行为的转变。

菲斯本(Fishbein,1997)认为,一个好的健康行为改变的社会认知模型不仅能够预测行为,而且能够解释和促进行为的改变。健康行为过程取向理论的优点是提出了在不同的锻炼阶段有不同的变量发挥作用,可以更加有针对性地制定行为促进对策。目前,在健康行为领域已经针对健康行动过程取向理论进行了充分的检验和应用,具有极大的临床价值。该理论不仅可用于锻炼行为的促进,而且可用于生理疾病的康复、心理障碍的治疗及问题行为和不良习惯的矫正,为这些问题的解决提供了新的研究视角。

## 第九节 双加工理论

人们知道身体活动的好处,却未必会去参加身体活动。弗洛伊德在他的理论中早已阐述，人的行为既受以享乐为原则的本我的驱动，也受以理想为原则的超我的监督。经济学领域的研究也早已表明，人并非纯理性的，认知和情绪共同影响着人的行为。在解决“知而不行”这一问题时，也存在3条路径：一是增加人们有关行为的知识，为行为决策提供充足的信息；二是认为有一个以上的规则控制人们的行动；三是认为以生理需要引发的需求为行为的内驱力，这些内驱力会迫使人们不顾行为价值而快速决定行为。

“人的行为是理性的”这一观点仅部分成立。行为不仅由它所期望的结果决定，也由理性控制之外的力量驱动，仅关注任何一方面都不够。“人类的行为由两个过程驱动”的观点引发了许多研究，并出现了许多双加工理论。所有的模型都提出信息加工有两种方式，笼统而言即理性决策和非理性决策，这两种方式有着本质上的区别。

目前已有的身体活动行为理论均是沿着理性决策路线提出的，其共同点是假设健康行为是对行为价值期望和可能的应激反应进行认知评价的结果。在评价过程中，形成了以减轻健康损害为目的的行为决策。这些决策和目标定向的行为被看作是理性的、有意识的，需要个体的意志控制去执行。然而，如前所述，行为并非完全由理性决策控制，还受非理性决策的影响。

熟虑-冲动系统模型(Refelective and Impulsive Model，RIM)是针对社会行为提出的双加工模型，如图2-9所示。该模型整合了已有双加工理论的因素，并且对这些因素在加工的不同阶段如何相互作用进行了描述。该模型认为，双加工的两个过程是并列进行的，这两个过程同时激活并且竞相控制一个行为反应。该模型中还加入了动机成分，认为行为是图式的功能，由环境输入和高级注意共同控制，动机定向是行为趋避的刺激因素。该模型认为行为由几个因素共同决定，这些因素在执行时相互一致或产生冲突。如果两者是相容的(如渴了喝水)，没有自我控制冲突，行为就会被顺利执行。对许多健康行为而言，两种系统的行为涵义是不相容的，如节食者被邀请享受高热量的大餐，个体既体验到了诱惑刺激的冲动，同时又需要克制冲动。知道身体活动的益处，但是冲动系统中疲劳、单调等的情感联结又会激活规避身体活动的行为图式。

熟虑-冲动系统模型假定信息在两个分离的系统中并行加工，而这两个系统经过多种渠道相互联系。根据熟虑-冲动系统模型，只有熟虑过程权衡知识，包括个人的价值观或行为可能导致的后果。熟虑过程是一个加工速度相对较慢的过程，按照熟虑过程，要先进行行为选择，然后形成行为意图，之后启动行为计划并由行为意图来帮助实施。而冲动系统是将相联结的语义网络中的并行加工考虑在内，仅知觉到刺激就有可能激发冲动系统网络中的更多成分，行为图式也经由非熟虑的、自动的路线被激活。网络成分之间的联结被看作是学习的结果，并且可能很难去压制。

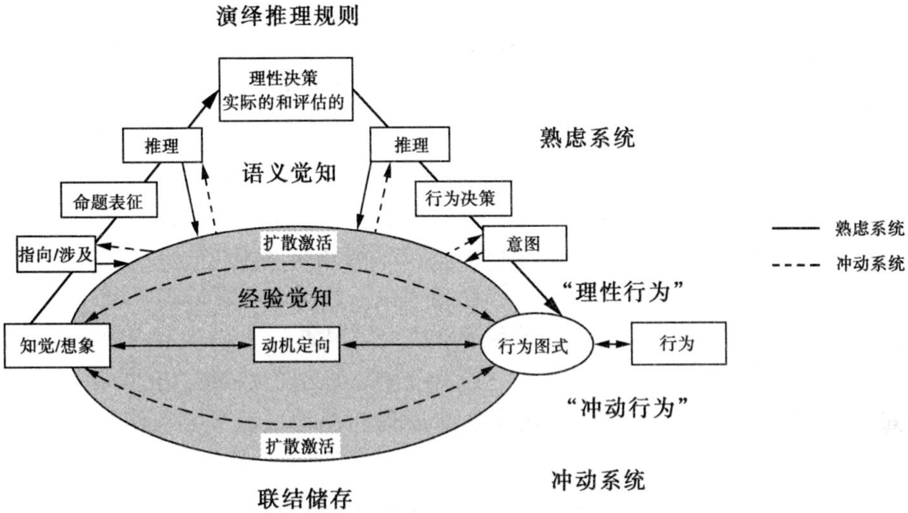


图 2-9 熟虑-冲动系统模型

环境频繁地与情感反应相联系会导致条件效应，而这种条件效应在熟虑系统中不能被表征，但是会存在于自动水平上。例如，那些把身体锻炼知觉为不快乐的人，会将身体锻炼与负性情感相联结，一旦这种联结在冲动系统中建立，就会影响后续行为的执行。积极的联结会增加个体实施这种行为的倾向，反之，消极的联结会降低这种倾向。

为什么身体锻炼心理学家关注冲动系统中的联结呢？霍夫曼、弗里斯和威尔斯(Hofmann，Friese，Wiers，2009)的研究结果显示，冲动加工和熟虑加工在与一些健康行为的联系上有差别，当人们有机会并且有精细加工的动机时，熟虑系统将会对行为起作用。另一方面，当动机较低以及精细加工的时间和能力较少时，冲动系统将会变得更加重要(Friese，Hofmann，Schmitt，2008；Friese，Hofmann，Wänke，2008)。因此，根据不同情况，这两种系统可能会引发行为冲突倾向。从一方面来讲，外显精细加工会产生参与身体锻炼的意图，这在某些身体锻炼活动中得到了很好的解释；另一方面，身体锻炼可能会在自动水平上与负性效价的情感相联结，从而使个体不愿意参加身体锻炼。把两个加工系统和对行为产生影响的潜在因素考虑在内，自动水平上的内隐联结可以解释在没有时间或空间去思考计划或意图时，个体如何选择进行或不进行身体锻炼。已经有研究检验了身体锻炼和其他领域中的自动加工是相关的(Hofmann，2009；Strack，Deutsch，2004)。

身体锻炼情境中，熟虑系统包括个人标准、对身体锻炼利弊的理性评估，熟虑系统中的身体锻炼计划是理性的、有意识的、有意图的，这些计划和决策激活相应的行为图式。身体锻炼情境中，冲动系统主要是与身体锻炼相关的联结线索，这些线索主要由时空相近的身体锻炼情感联结或身体锻炼相关刺激、对身体锻炼的情感反应、联结的身体锻炼行为倾向来形成或强化。一旦带有效价的身体锻炼联结在冲动系统中形成，一个小的知觉输入就能自动激发情感评价，从而导致对身体锻炼的冲动趋近或规避趋势。

熟虑-冲动系统模型认为，熟虑和冲动加工通过多种方式共同决定行为。目前引起广泛关注的有 2 种预测模式：相继模式和交互模式。相继模式假设行为要么是受纯粹的熟虑决定，要么是受纯粹的冲动决定。例如，一些俱乐部中的身体锻炼和运动主要是熟虑过程，与日常生活有关的身体锻炼组织性或形式化更弱，这些受冲动过程的影响更大。交互模式认为熟虑过程和冲动过程交互控制行为（见图 2-10）。

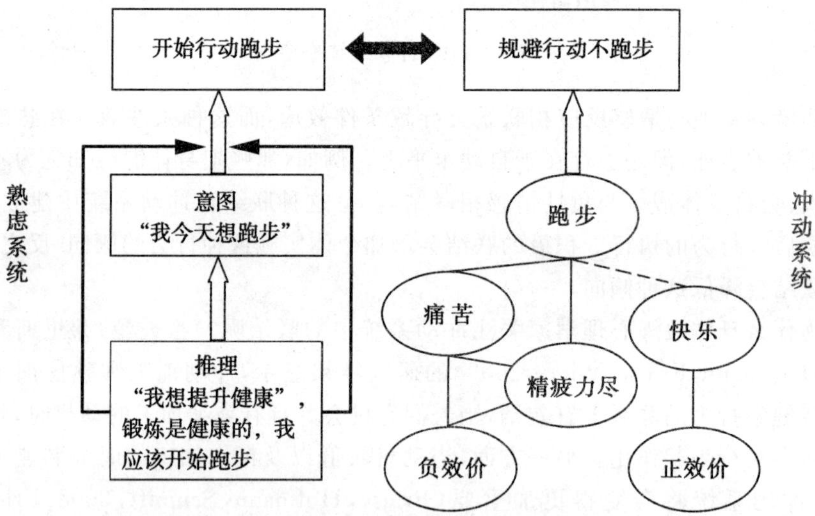


图 2-10　竞争的行为趋势：熟虑系统倾向于激发身体锻炼，而冲动系统倾向于规避身体锻炼 (Bluemke，Schweizer，Kahlert，2010)

许昭(2013)以双加工模型和熟虑-冲动系统模型为基本理论框架，构建了应用于身体活动领域的熟虑-冲动系统模型，并通过以下 3 个研究检验了模型，考察了改变熟虑冲动作用权重的调节变量，检验了基于该模型的身体活动干预效果：

(1)构建了身体活动领域的熟虑-冲动系统模型并进行检验。构建的模型包括熟虑前因、冲动前因、影响熟虑与冲动对身体活动作用权重的变量。共选择了1519名参与者，采用结构方程模型对模型进行检验，结果显示模型拟合优度可以接受。

(2)检验了意志品质对冲动系统与身体活动、熟虑系统与身体活动的调节作用。采用多群组结构方程模型对高、低两组意志品质的研究参与者进行检验，结果显示，冲动系统与熟虑系统对身体活动的影响受意志品质的调节，意志品质高的参与者熟虑系统对身体活动影响更大，意志品质低的参与者冲动系统(身体活动-情绪联结)起的作用更大。

(3)基于双加工模型和熟虑-冲动系统模型对身体活动实施干预。选取了160名低身体活动、低情感联结的参与者，根据意志品质特点、干预方式分为4组(联结干预匹配组、熟虑干预匹配组、不匹配组、对照组)，结果显示冲动系统干预与熟虑系统干预均能促进研究参与者的身体活动，但是4组身体活动的提高存在差异。

研究者由此认为，身体活动由熟虑系统和冲动系统共同决定，双加工模型和熟虑-冲动系统模型可以用来解释、预测个体的身体活动，冲动系统与熟虑系统对身体活动的影响受意志品质的调节。意志品质不同的个体熟虑系统对身体活动的影响不同。采用联结干预方式可以使联结改变并促进行为的执行；采用熟虑系统干预方式可以提高熟虑系统。熟虑系统对行为的影响取决于执行能力、意志品质、自我控制能力等，应根据个体的特点实施身体活动干预。

# 第三章　青少年身体活动行为的影响因素

个体的身体活动受多层次因素及其相互作用的影响，主要影响因素可以分为个体因素和社会因素两大部分。其中，个体因素包括行为因素、生物因素和心理因素，社会因素包括物理（如环境）因素、社会文化因素、社会经济因素和政策因素。

为了探索积极的生活方式，研究者已提出几种模式供人们选择，主要包括个体（生物、心理、行为等方面）、人际关系（与父母、亲戚、同事和社会文化网络等的关系）、环境（可用的工具/服务、近端/远端环境创设）和政策（组织和政府方面）等维度。在这些维度，无论是积极的、消极的，还是确定的、不确定的，或者没有关联的因素，都有可能是身体活动的决定因素。目前对身体活动及其决定因素的研究呈现多样化趋势，包括测量方法、被试者群体、测量的类型等，这也使得众多研究结果难以统一。

总体而言，"决定"关系主要用来解释因果变量，也包括相关变量（多因素干预的因果关系，自变量和因变量）、中介变量（即影响变量之间关系的变量）、调节变量（影响变量之间的关系强度的变量）以及混淆变量（与结果有关的变量，扭曲了观察变量之间的关系）等不同变量。

身体活动有不同的形式，包括非结构化的日常活动、职业运动、结构化的休闲运动（锻炼、群众体育和竞技体育），还有许多相关的参数，如频率（每天、每周、每月）、持续时间（总活动时间、休息间歇）和强度（低、中等强度、中高强度、高强度、最大努力强度）等。身体活动有多种概念形式，不同的因素可能影响个体的选择，其中心理因素是身体活动的最直接决定因素，因此，需要更深入地了解作为动机影响个体身体活动的因素。不同年龄群体的被试者，影响因素也不同。对年轻的被试者而言，运动的乐趣、技能发展、健身效果、成功和挑战等因素更为重要；对成人而言，挑战、技能发展和健身等因素更为重要；对老年人而言，健康、放松和娱乐等因素更为重要，自我效能、态度、意图和身体感知能力等也是身体活动的重要预测变量。此外，安全性问题和能力不足感常被认为是身体活动的障碍因素。

尽管研究者们试图去阐释身体活动的决定因素，但对如何和为什么采用干预措施来维持足够的身体活动水平依然缺乏正确的认识和理解。由于研究设计、理论框架、测量方法、被试者群体、决定因素调查、身体活动结果等跨研究呈现出的多样性，导致在推论身体活动的决定因素方面存在一定困难。

## 第一节 心理决定因素

心理决定因素有60余个，主要包括基本心理需要、情绪和情感、一般或特殊知觉、动机、人格特质、认知能力、人格特质、认知障碍或不良反应、觉察到的身体活动的益处、心理困扰和障碍以及奖励等。心理决定因素主要考察个体的性格特征，如认知、信念和动机等可能与身体活动有关的因素。对当前研究进行综述后发现，研究最多的心理决定因素是态度、自我效能、意图、身体活动习惯、体育价值观念、人格特质、情绪等。

### 一、研究结果

由于学业繁忙、体育锻炼时间不足等原因，我国青少年身体活动参与随着年龄的增长呈下降趋势。青少年在成长发育的过程中所表现出的个体差异反映出了个体健康水平的不同，从而影响了青少年参与身体活动。根据克劳福德、杰克逊和戈比（Crawford，Jackson，Godbey，1991）所构建的“休闲限制阶层模型”，个体的休闲参与制约因素可分为个人内在限制、人际限制和结构性限制3种。这3个因素是有层次结构的，个人内在限制是最基础的，进而延伸到人际限制与结构性限制。因此，个人内在因素对青少年的身体活动参与具有重要的影响。

#### （一）人口统计学因素

人口统计学因素包括年龄、职业、教育状况、性别、健康状况、收入、婚姻、种族等因素。在关于参与身体活动和年龄的研究中，一个普遍结论是身体活动的参与和青少年的年龄成反比（Ammouri，2007；Voorhees，2005）。王瑞霞（2005）在对中学生群体进行研究时发现，年龄较低者从事规律性身体活动的比例较高，且更容易从事激烈的身体活动，这一特点在中国更为明显，可能与我国的教育体制有一定的联系。随着年龄的增长，青少年的升学问题带来了更为繁重的学业压力，随着学业压力的增长，青少年闲暇时间缩短，身体活动水平也随之呈下降趋势。

我国青少年的身体活动量远未达到国家的指导标准，不同性别青少年的身体活动存在一定区别，其中女生身体活动不足的问题尤为明显。许多研究也显示，男、女生在运动技能的学习上存在差异，女生对待体育的态度较男生更为消极。男生身体活动的总量与强度从4岁开始就明显高于女生，女生的身体活动量从儿童后期到青春期早期有明显的减少，这与男、女生不同的个人需求及内部动机密切相关。从中学时期开始，青少年便进入了快速发育的时期，女生的发育速度早于男生1～2年。在身体素质方面，男生的肌肉力量平均比女生多出约1/5，在反应速度、肌肉组织、最大耗氧量上也较女性多出约1/4，因此导致男生选择了不同的身体活动方式。女生更倾向于选择温和的活动形式，且选择的大多数项目都具有一定的塑身性，而男生在身体活动内容选择上具有更加鲜明的开放性与外显性，且更倾向于对抗性的身体活动方式。因此，如何提高女生的身体活动在当前研究中就受到了更多的关注。

**(二)生物因素，如力量、速度、柔韧及灵敏性等个人身体素质指标**

我国青少年体质健康监测数据显示，近年来青少年的速度、力量、耐力等体能指标持续下降，超重与肥胖青少年比例增加，视力不良问题的比例居高不下，部分农村青少年营养状况有待改善。这些个人身体素质方面存在的不足与青少年身体活动参与不足密切相关。女大学生身体活动参与动机的强弱与她们的自身体型之间也有密切的关联，其身体活动动机中42%的变化是由克托莱指数的改变引起的。

**(三)青少年身体活动参与的心理因素**

德弗彻(Deforche，2006)在对青少年身体活动行为的决定因素进行研究时，探索了社会心理学因素对身体活动的影响，发现了身体活动益处、觉察到的身体活动障碍、自我效能等因素。摩特尔(Motl，2007)等学者在分析个体社会认知因素与身体活动水平关系的基础上，建立了“个体社会认知水平测量量表”，分别从态度、个体信念、价值观、感知行为控制以及自我效能等多个方面进行了社会认知因素测量。

在心理学中，许多因素已被验证与青少年的身体活动参与有关。比如，在锻炼心理学领域，自尊常被用来检测关于锻炼后心理效益的假设，同时自尊又可作为预测群体参与身体活动的指标。早在1989年就有研究者发现，在运动归因方式与身体自尊之间存在着中等程度的相关关系。自尊作为行为效益的一部分，对于行为主体是否持续、自觉地参与身体活动行为起着至关重要的作用。

此外，自我评估与自我效能感也对青少年身体活动行为起着重要影响。自我评估是个体进行某种特定活动的信心的表现，有助于对健康行为的改变和坚持，健康行为包括吸烟、控制体重、酗酒以及身体活动等。有研究使用因子分析将自我评估量表分为克服障碍和寻求支持两个方面，发现青少年在参加体育活动的自我评估中，克服障碍的自信心间接地影响着其对参加身体活动的结果预期。个人行动理论认为，个体在进行身体活动之前，要不断评价身体活动的生活方式所能产生的效益，并在身体活动行为参与结束之后将所产生的效益反馈到行为主体，行为主体再根据事先评价的效益和参与后的效益，对个体的需要和行为动机进行修正，以决定是否中断或延续身体活动行为。

埃克尔斯(Eccles,2011)以期望-价值理论为基础进行了分析。他们假设个体是否参与某种行为主要受个体对活动的成功期望以及个体对该活动的主观价值两种信念的影响。成功期望是个体对自己在从事某项活动时所取得成功的可能性的预估，个体对自己的成功期望预测越高，进行该行为的可能性越大，在该行为中成功的概率也越高。该理论中影响身体活动行为的另一个因素是活动本身对个人的主观价值，活动的主观价值是指个人完成这项活动所得到的个体需要的满足。一项活动越能满足个体需求，则其价值越高，个体参与该行动的可能性也越大。大量国内外研究还揭示了自我效能感对青少年身体活动参与的影响，即自我效能感作为最重要的心理因素影响因子，可以通过障碍感知及利益感知直接预测青少年的身体活动水平。

**(四)青少年身体活动参与的兴趣**

美国心理学家拉扎勒斯(Lazarus 2006)在其研究中验证了兴趣的重要性，认为兴趣对青少年行为的影响力比智力更为重要，由参与兴趣而引起的身体活动可以使个体获得更多的运动与健康知识，提高青少年的身体活动技能，促进身心的健康发展，同时也可以产生愉快的情感体验，加强对活动行为的维持。将我国影响青少年身体活动的心理因素与国外研究对比后发现，在诸多影响因素中，身体活动兴趣与学业压力是我国所独有的，而随着年级上升，我国青少年的学习压力增加也是导致身体活动时间减少的重要原因，因此兴趣及压力作为重要影响因素也受到了更多专家学者的关注。

美国学者雷恩和黛西提出的“自我决定理论”认为，个体面对一项行为时会进行成功期望的预判，以感知自身在活动中获得成功的概率，结果预期越好，则参与活动的可能性就越大。有研究发现，青少年对自身参与身体活动的自我评估和结果预期(尤其是对克服障碍的自信心)与青少年是否参加身体活动有密切的影响。

**(五)青少年身体活动参与的动机**

自我决定理论将个体行为发生的动机分为内部动机、外部动机和无动机，在预测身体活动和促进身体活动干预的发展中受到了研究者们的关注。在自我决定理论中，外部动机是由外界压力所引发的行为，依靠外界诱因而进行，具有一定的外部强制性，相对来说持久性低；而内部动机所引起的行为是由个体的内部需求引发的，个体愿意在自发的情况下去进行活动，更容易坚持行为。

付道领(2012)在自我决定动机理论和价值期望理论的基础上研究发现,锻炼动机水平(动机的自我决定程度)直接影响初中生的锻炼行为,动机水平越高其所处的锻炼行为阶段和实际锻炼水平也越高,且锻炼动机水平会影响青少年对锻炼行为的整体价值认知,从而影响其锻炼行为的发生。刘新兰(2010)在研究中指出,身体活动的动机不仅是青少年参加身体活动的内在动力,也是青少年能否维持现有身体活动行为的关键因素。陈善平(2008)研究指出,激发内在动机有利于大学生积极参与体育活动,而锻炼的外在动机过强可能会抑制学生的内在动机,不利于学生长期坚持体育锻炼。因此,如何提高青少年参与身体活动的内部动机及对身体活动的个人需求是研究者应关注的重点。

**(六)青少年的体育价值观念**

价值观念是主体意识的重要组成部分,主体意识的不断发展形成了个体的身体活动生活方式,主体意识缺失将难以形成身体活动的生活方式。活动行为改变的发生是由个体的体育价值观所决定的,因此青少年的体育价值观与身体活动水平存在某种必然的联系。我国青少年的体育价值观念是影响身体活动参与的核心心理因素,一直是学者们研究的重点。青少年的体育价值观对其身体活动与动机、自我效能感具有重要影响,决定着个体是否参与身体活动及参与何种身体活动。加强青少年对体育功能的理解和价值观的教育对于其活动行为的发生和活动动机至关重要,并决定着青少年是否参与身体活动以及选择何种身体活动方式。

个体对身体活动行为的好恶及关于身体活动的观念不是与生俱来的,而是在不同的特定场合(社会化机构)受他人(社会化执行者)影响的结果。青少年的体育价值观大致分为 6 个维度:身体健康价值观、社会交往价值观、挑战自我价值观、自我娱乐价值观、健身健美价值观和技术学习价值观。调查发现,学生对体育在生活、学习中的价值认同和对身体活动的喜欢程度具有一致性,90%以上的学生对于身体活动在学习和生活中存在的重要价值表示赞成,但目前青少年学生在身体活动参与这一问题上却存在明显的"知行冲突"现象。如何克服这一现象,是社会、家庭及学校教育工作者所面临的一个重要课题。

另外,青少年在体育价值观念上存在显著的性别差异:男生对身体活动的态度、动机及价值认同高于女生,这与不同性别群体的心理特征差异有一定的关系。体育价值观在青少年群体中的体现也存在年龄的差异,通常来说,我们认为体育价值观与个体文化程度是成正比的,但是在青少年群体中这一观点存在"反论"。主要原因是随着年级的升高,青少年面临着越来越高的来自家庭和学校的升学期望,进而对其参与身体活动的价值取向产生了一定的影响。同时,由于课业压力的加重,使青少年缺少闲暇时间参与身体活动,行为的内部动机发生了一定的转变。

体育价值观影响因子的另一方面体现在公共媒体的体育宣传力度、国际重大体育赛事、体育明星效应、社会体育价值观和社区所在锻炼场所的空间布局等上。现如今体育娱乐化的势头高涨，由体育明星掀起的体育风尚势头正劲，媒体所带来的体育明星效应也是青少年体育价值观的重要影响因素。毕忠旋(2008)在研究中表示，面对体育娱乐潮流，绝大多数青少年能够正确地对待和欣赏体育明星表现出来的美感与价值，受体育明星影响的青少年普遍对体育功能有更好的认识。

美国康奈尔大学教授布朗芬·布伦纳(Brownfin Brenner)于 1979 年发表了《人类发展生态学》一书，提出了生态系统理论。该理论认为人的发展是人与环境的复合函数，牵一发而动全身，需要各个方面相互配合，共同作用，由各因素组成的环境系统直接或间接地通过各种方式与途径影响人的行为发展。根据社会生态模型的解释，个体层面的影响因素只是生态模型的最基础层面，未来还应进一步对人际间、组织、社区、环境和政策层面进行更进一步的探讨。

## 二、不同年龄群体的研究结果

### (一)儿童

在对 13 岁以下儿童身体活动心理决定因素的研究中，意图、有关身体活动益处的知识和自我效能的研究结果最一致，均与身体活动的总体水平呈正相关，但只有自我效能的作用最明确，另 2 个因素的作用还需进一步考察。其他因素的研究结果均不一致。

### (二)青少年

在对 14～18 岁青少年身体活动决定因素的研究中，目标设置的研究结果最一致，与身体活动呈正相关；知觉到的行为控制与身体活动呈正相关，但研究的证据稍弱；动机和自我价值与身体活动呈正相关，但证据有限；自我效能与身体活动呈正相关，证据可以接受。其他决定因素的研究结果不一致。

### (三)儿童和青少年

在对 18 岁以下少年儿童的研究中，觉察到的能力、觉察到的外表、觉察到的健康和身体自我观念、自主动机、情感判断等均与身体活动呈正相关。缺乏动机与身体活动呈负相关。其他决定因素的研究结果不一致。

### (四)成人

在对成人的研究中，自我效能、态度、信念与身体活动呈正相关，身体活动的障碍、身体活动知识和益处的缺乏、疼痛/疲劳、不愿单独外出、害怕受伤、缺少支持、情绪困扰等与身体活动呈负相关。自主、期望改变、自我决定、心理健康、满意等的研究结果不一致。

**(五)所有年龄**

在对 7 岁以上个体身体活动心理决定因素的研究中，意图与行为呈正相关；能力、内在动机、认同调节、自主动机、气候条件、意图、责任心、人格外倾性、开放性和自我效能等的研究结果也较一致，均与身体活动呈正相关；神经质与身体活动呈负相关；态度、身心健康观念、体重控制、享受等与身体活动呈正相关；缺乏动机、疲劳/疼痛、知识缺乏、觉察到的弱势等与身体活动呈负相关。其他决定因素的研究结果不一致。

## 三、结果解释

少年儿童时期是教育和健康生活方式形成的关键时期，此时期形成的生活方式将在成年时一直维持，了解这一时期身体活动的决定因素并实施干预具有重要的意义。因此，关注这一时期的研究也比对成人和老年人群体的多。

在基本需要、情绪和感觉、一般/特殊认知、动机、个体性格、认知技能、心理困扰和障碍以及奖励等类别的影响因素的研究中，人们发现了心理决定因素令人信服的证据，但在认知障碍、认知益处等因素上的研究结果不一致。

目前研究中的大多数心理决定因素为个人性格特质和认知技能，也有些研究注意到了个体执行某一行为的意图。在对所有年龄群体的研究中，两者均与身体活动呈正相关。目标设置仅在青少年群体中与身体活动呈正相关。因为青春期的特殊性，这个群体出现这一结果并不令人惊讶。目标设置是一种认知技能，强烈依赖于更高层次的认知作为计划，在青春期始终发展，甚至延续到青春期后期。

前文讲到了涉及心理过程的各身体活动理论，如合理行动理论和计划行为理论等。根据计划行为理论，人的行为是由对其后果的信念(如行为信念)、规范期望(如规范性信念)引导的，行为被看作是在自己的控制下或依赖于外部因素的程度。考察信念、态度、意图和行为之间的联系可发现，态度和觉察到的行为控制感能很好地预测意图，但主观规范不能很好地预测意图。此外，觉察到的行为控制感在多大程度上直接影响行为(而非间接通过意图)，依赖于对行为的控制程度。这表明，如果该行为在意志控制下，则意图代表着人们对实际行为的控制。

在所有年龄的群体中，与身体活动呈正相关的人格特质有责任心、外倾性、开放性，呈呈负相关的有神经质和意图。神经质得分高的个体表现出高度的焦虑、脆弱、苦恼、抑郁和自我意识等，这可能会导致身体活动的减少。因此，对于神经质得分高的个体，实施增加情绪稳定性水平的干预可能会促进其身体活动。

也有研究者认为，行为不是直接由人格产生或导致的，而人格通过影响对行为的看法、期望和认知等来影响行为。在身体活动意图和特定人格特质之间关系的强度和一致性方面，我们可以推测，这些特质既可以通过影响人们的态度和意识来控制行为，也可以通过意图来影响行为。未来需要研究计划行为理论和具体人格理论之间的作用，探索人格特质在意图和身体活动之间可能起到的中介作用，并设计身体活动干预策略。

身体活动决定因素的研究还探讨了一般/特定认知，其中包括自我效能。研究表明，在少年儿童群体中，自我效能与身体活动呈正相关；在成人中，意图与身体活动呈正相关。另外已有研究表明，提高对行为的效能感知能有效地预测和促进身体活动参与。觉察到的行为控制是与自我效能相类似的变量，在青少年群体中的研究发现，其与身体活动呈正相关。当决定行为时，对行为执行能力的感知是至关重要的。然而，效能感知和行为之间的关系也需要考虑，因为除非效能充分，否则行为可能不会被执行。基于上述证据的强度和一致性，未来需要考察计划行为理论与自我效能之间的关系，以提高行为的自我效能和行为控制知觉，从而促进行为的执行。

在动机和基本心理需要类别中，内在动机、规则识别和能力与所有年龄群体的身体活动呈正相关。自主动机与少年儿童及成人的身体活动呈正相关。依据自我决定理论，与生俱来的心理需求形成了能力、关联性和自主性，这些对促进行为执行、积极心理社会发展和幸福观起着至关重要的作用。

研究表明，如果行动的选择是由自我决定的，则行为的执行将更有利。基于这些对动机研究结果的表述，未来研究在身体活动和运动干预中，通过形成能力、自主支持的动机来满足基本心理需要，可能会促进个体形成积极的生活方式、优化心理幸福感。

在心理困扰和失调类别的决定因素中，压力与所有年龄群体的身体活动呈负相关，即较高的习惯性压力与低水平的身体活动有关，压力在身体活动行为的理论、实践和临床干预中均有重要作用。也有研究报告了不同的结果，认为身体活动受到压力的积极影响，因为有些个体会通过身体活动来应对或释放压力。未来在研究中需要进一步检验压力和身体活动之间的关系，发展减轻个人心理压力的策略。

在情绪和情感类别的决定因素中，少年儿童的情感判断（从活动中期望获得的快乐/不悦、喜悦和情感状态）与身体活动有着较高相关。身体活动的大多数理论都包括与情感判断相关的内容。在计划行为理论中，有人提出了社会结果判断（如规范信念）；在社会认知理论中，有人提出了身体和自我评价结果判断；在健康信念模型中，有人提出了积极结果判断和消极结果判断；在自我决定理论中，有人强调了情感判断在内部调节和自主动机中的重要作用。

此外，有研究表明身体活动参与能被之前身体活动中的情感预测，这再次表明情感是身体活动重要的决定因素，因为认知和情感的自我调节依赖于身体活动行为与外界的相互作用，在未来的研究中应考察这些心理决定因素在认知技能和情绪分类中的共同作用。

觉察到的身体活动的益处和障碍类别的决定因素中，研究结果有限且不一致，这表明特定行为潜在的积极或消极结果对促进持久、积极的生活方式不是至关重要的，或者说作用不够强大。

以上阐述了身体活动的心理学决定因素，虽然当前研究已得出了大量研究结果，但仍存在一定的局限性，主要表现为以下几点：

(1)对身体活动的界定还不明确。身体活动定义的核心内容是任何促使骨骼肌产生能量消耗的身体运动，包括非结构化的日常生活活动，也包括有计划的、经过策划的、重复的活动，以及群众体育和竞技体育等。身体活动的概念较为广泛，在使用过程中不能保证所有的研究都采用相同的概念范畴。

(2)研究者没对他们研究的决定因素进行清晰的界定，对身体活动相关信息(如频率、持续时间、活动类型等)的表述不够清晰。

(3)研究设计、测量技术、被试者群体的文化背景、调查的决定因素等种类多、跨度广，存在诸如文化偏见等问题，为了获得明确而普遍性的结果，在进行跨研究比较时存在一定困难，但这也是未来研究的一个方向。在以后的研究中，学者应该对身体活动的相关心理因素有明确的定义。由于横向研究是目前最常用的研究设计，因此限制了关于决定因素的因果关系的得出。大多数身体活动结果是通过非客观测量方法获得的，为身体活动的评估提供的数据不太准确。

依据现有的健康行为模型和理论，结合当前的研究结果，可以更好地理解这些决定因素对身体活动的预测作用。这不仅考虑到了心理机制对身体活动产生的影响，也强调了心理决定因素所包含类别的复杂性。在未来的研究中，需要检验这些决定因素和心理理论如何共同作用而影响身体活动，以便进行理论整合，进一步理解多个心理预测因素，并对这些因素和身体活动之间的调节和中介变量进行检验。

## 四、小结

总之，当使用解释人类行为的理论和模型时，身体活动的心理决定因素的作用是最有价值的。个人信念、价值、目标以及它们与行为执行之间的关系应该被认真考虑并相互整合，以便理解行为背后的机制，更好地帮助人们改变其行为，设计和提供合适的干预措施。在体育学习动机理论模型中，人们已进行了理论整合方面的尝试，提出了一种跨情境的动机模型，试图解释学生在体育课中自主活动动机对参与课外休闲活动的影响。该模型整合了自我决定理论和计划行为理论，是一个行为变化的综合模式。该模型认为行为的出发点包括内隐过程和意志的规划。

综上所述，未来的研究应该关注包含个体、人际或环境等多层级决定因素在内的框架，考察与身体活动心理决定因素相互作用的中介或调节变量等，最终帮助个体促成积极的生活方式和行为。

## 第二节　行为决定因素

个体层面的行为决定因素主要包括改变生活的事件（如妊娠和退休）、生活习惯（如吸烟和饮酒）、久坐行为（如看电视和玩视频游戏）、独立出行等。已有一些流行病学研究、综述和元分析等对这些因素进行了检验。然而，由于跨学科的研究设计、理论以及测量方法、被试者群体、决定因素和身体活动结果等的多样性，使得难以找到确凿的证据证明这些决定因素对身体活动的影响。

当前研究共发现了 50 余个行为决定因素，有些相似的因素可以合并为 1 个因素，如看电视、看电视/玩电子游戏、看电视/久坐、玩电脑游戏等可以合并为屏幕使用。但有些相似的决定因素不能合并，需独立标记，如退休、就业状况变化、职业转换等，但可以全部包含在工作变化的维度下。

### 一、研究结果

社会认知理论认为，个人因素和环境因素相互作用，共同决定人的身体活动。家庭作为青少年成长的重要场所，家庭氛围、父母的体育观念、对体育的态度、意识和行为习惯都会对孩子的身体活动产生潜移默化的影响。尤其是我国的家庭规模现在处于微型化时期，父母因素对孩子的影响效应日益凸显。

家庭是孩子的教育起点，家长是孩子的第一任老师，也是家庭身体活动参与的主体。家庭教育具有独特的基础性与长期性，是学校与社会教育所不可替代的。而作为一种教育手段，青少年身体活动的参与程度与家庭有着密不可分的联系。家庭因素的影响主要分内部因素与外部因素。内部因素主要来自家长的体育价值观念、体育态度、体育意识与教育观念等，外部因素主要包括家庭社会经济地位、周边社区环境等。

#### （一）父母支持

良好的家庭体育教育环境可以帮助青少年时期的孩子形成正确的体育价值

观念，培养身体活动参与意识，进而形成参与身体活动的内部动机。在研究者探讨父母对子女身体活动参与水平的影响时，社会支持一直被认为是影响青少年身体活动水平的重要因素。莱斯利(Leslie，2006)指出，来自家人或朋友的社会支持对个体身体活动的参与有重要影响。来自父母的社会支持类似于社会文化因素的影响，在美国，有大量研究表明青少年身体活动与社会文化环境之间有密切的联系。简单来说，如果青少年的家庭成员或亲友都对其参与身体活动的行为持支持态度，那么该个体参与身体活动的可能性将大大增加；反之，个体所获得的支持度较低则会相应减少对身体活动的参与。

研究者将来自父母的支持行为归类为有形支持(如提供场地、经济支持)和无形支持(如陪伴、赞扬和鼓励)两类。无形支持是指当孩子在进行身体活动时，无论其实际表现如何，父母都能给予适当的鼓励，孩子会通过父母的支持获得自我效能感，使其在身体活动参与的过程中体验到更多的自我价值，从而提高参与热情。克米尼克(Kimiecik，2011)使用家庭影响模型研究了父母的鼓励支持对子女身体活动参与程度的影响，结果发现孩子感知到父母对自己运动能力的肯定后会在潜意识中认为自己拥有了较强的运动能力，因此更加乐于参与身体活动，也更容易在活动过程中体验到乐趣。国内学者李建英等(2007)在研究中发现，父母对体育行为所持的态度是影响青少年参与身体活动与否的重要影响因素，父母的支持程度与子女身体活动参与的程度具有直接关联。也有研究发现，作为支持的重要方面，父母的陪伴也对儿童及青少年的身体活动参与有影响。根据格林、夏利普和杰堡(Green，Chalip，Jambor，2008)的研究，当孩子参与身体活动时，若父母能够亲自接送甚至在一旁陪孩子进行身体活动，则儿童可能会对身体活动行为产生较高的能力期望，觉得参与身体活动对自己是有价值的，进而提高了参与活动的可能性。

社会支持能够使个人获得认同感、归属感和正向的自我评价。有研究显示，社会支持程度低的个体，身体活动不足的概率比社会支持度高的个体多25%，而青少年群体中的社会支持主要来源于家长、朋友、同学与教师，高度的社会支持能满足青少年的基本心理需求，并增进家庭气氛、亲子关系、师生关系、同学关系，增加对社团与社区活动的参与程度。

**(二)父母的运动习惯与体育观念**

对于家庭如何影响青少年身体活动参与的问题，布里奇伍德(Birchwood)提出了家庭影响子女体育参与的文化传递模型。该模型认为，青少年身体活动参与习惯的养成主要是由家庭文化因素决定的，个体身体活动行为的增加或减少可能依赖于其早期成长阶段形成的习惯倾向。夏恩(Sharon)为了验证布里奇伍德的假设，采用半结构访谈的方式对子女积极参与身体活动的8个家庭进行了调查，研究结果显示，这些家庭中的父母对身体活动的参与持有明确的目的及鲜明的个人观念，并为实现这些目的采用了一系列专门的教育策略和行为，在这些家庭中存在着家庭体育文化的传承。董宏伟(2009)研究指出，家庭的体育态度、体育锻炼氛围及网络结构对青少年身体活动意识与行为的形成具有重要意义，同时青少年对身体活动行为的认知层次也有重要的影响。姜晓珍(2008)在对学生家长参加身体活动情况的调查中发现，父母身体活动参与和学生的身体活动参与习惯是相关的，有身体活动习惯的学生其家长参与体育活动的比率比无锻炼习惯的学生家长高 8.6%，无身体活动习惯的学生的家长不锻炼或极少锻炼的比率比有活动习惯学生的家长高 11%，这反映了家长的体育锻炼行为对学生体育锻炼习惯形成的影响是非常大的。克米尼克和舒恩(Kimiecik, Shurin, 1996)创建了“儿童中强度锻炼行为的家庭影响模型”。该模型除了考虑社区环境和家庭特征外，还强调父母对于中等强度锻炼的信念和行为将影响子女的信念和行为，从而影响子女的中等强度的锻炼行为。这一结论也得到了其他相关研究的支持，莫塔(Mota, 2008)对父母参与身体活动的频率与强度对子女身体活动参与的影响进行研究后发现，父母参与身体活动次数越多，其子女越有可能进行高水平的身体活动；身体活动强度较低的家庭，孩子们只参与自发水平的身体活动；相反，参与中等强度或高强度体育活动的父母，他们的孩子更有可能参与持续且规律的身体活动。

家长的身体活动也通过家庭体育器材的支持对青少年身体活动起着间接影响。在我国家庭中，呼啦圈、跳绳、哑铃与小球类体育器材的持有率还是比较高的，但是使用率却不理想。关于家用体育器材的影响效度，美国的一项研究显示，家中体育器材的数量和使用频率上升可以使青少年的身体活动量在原有基础上增加 20%，其中对女生的影响尤为明显。因此，家庭体育器材的数量、种类及使用频率对青少年身体活动量的影响作用是不容忽视的。

## 二、不同年龄群体的研究结果

### (一)学龄前儿童

对学龄前儿童(4～6 岁)行为决定因素的研究中，几乎所有的研究均显示屏幕使用与身体活动存在负相关，仅有 1 项研究显示参加有组织的体育活动和屏幕使用不存在相关。

### (二)儿童

对 10～13 岁儿童群体行为决定因素的研究较少，大多数研究显示，“之前的身体活动”作为身体活动的决定因素与当前的身体活动呈正相关。“参加校外运动队”和“喝酒”与儿童的身体活动无相关。有研究显示 8～14 岁儿童的“屏幕使用"与课后的身体活动呈负相关,"体育活动组织的成员"与课后的身体活动无相关。

**(三)青少年**

在14~18岁的青少年群体中,"学校体育活动"和"之前的身体活动"均与总体身体活动呈正相关,"剧烈身体活动"与总体身体活动呈负相关,"饮食习惯"与总体身体活动无相关。

**(四)儿童和青少年**

有10项综述考察了少年儿童(18岁以下)的行为决定因素和身体活动之间的相关性,结果显示"独立出行"与身体活动呈正相关,"作业"与身体活动呈正相关,效果量为0.014(95%置信区间0.043~0.095)。"上网""阅读"和"久坐行为"与身体活动呈负相关,3个因素的效果量分别为0.051(95%置信区间0.097~0.006)、0.009(95%置信区间0.039~0.021)和0.265(95%置信区间0.364~0.165)。"吸烟""屏幕使用"和"过去的身体活动"这3个因素的研究结果不明确。"体育活动""打球"和"身体冲突频率"呈正相关,"久坐活动"与身体活动呈负相关。

**(五)成人**

对40岁以上成人行为决定因素的研究结果显示,"基线活动水平"与身体活动呈正相关。"语言障碍"与身体活动呈负相关。"退休"和"终身参与身体活动"与身体活动的关系不明确。

**(六)老年人**

对70岁以上老年人行为决定因素的研究结果显示,"吸烟"和"之前的身体活动"与身体活动呈负相关。

**(七)所有年龄群体**

对被试者群体(不分年龄)行为决定因素的研究结果显示,"升学"与身体活动呈负相关。"怀孕、生孩子"和"升入大学"与身体活动呈负相关。"时间有限"与身体活动呈负相关。"婚姻状况""吸烟""职业转变"和"工作中遭遇骚扰、暴力、事故"等与身体活动的关系不明确。

总体而言,大多数影响因素与身体活动之间关系的证据有限或不确定,另外一些潜在的决定因素结论也不明确。这些研究结果促使研究者们考虑在该领域的研究中选择新的变量或创新研究方法。

## 三、结果解释

**(一)少年儿童**

目前关注18岁以下少年儿童的研究较多,因为在这个年龄段参与身体活动对其在成年时保持高水平的身体活动至关重要,且有助于减少罹患非传染性疾病的危险，对公共健康有有利的影响。然而，老年人也是一个值得关注的群体，因为他们更容易受到伤害，身体活动水平更容易偏低，久坐水平更容易偏高。

在对所有年轻被试者群体的研究中，7 个决定因素与身体活动呈正相关，6 个决定因素与身体活动呈负相关。“过去的身体活动”与儿童的整体身体活动呈显著正相关，提示了身体活动在儿童时期的重要性。“独立出行”与身体活动呈正相关，表明积极的活动者更倾向于在一天之内都保持活动。然而，其他因素（如社会经济地位）可能会影响独立出行，但在研究中没有被考察。此外，独立出行仅测量了去学校，没有测量从学校返回，可能会影响研究结果。研究还显示儿童从户外旅游等自由活动中获得的健康效益可能比学校组织活动中获得的更多。“校外运动”和“其他日常活动”相关的其他因素与身体活动呈正相关。学校体育活动和影响参与体育运动的相关因素（如学校身体活动项目、体育设施的便利性、身体活动效益的知识、小组室内及室外活动、参与有组织的体育活动、户外玩耍花费时间等）也需要被进一步关注。为了提高研究结果的强度，需要进一步实施纵向研究设计。在幼儿的运动技能方面，学校体育教育和青少年体育是影响少年儿童全面发展的重要方面，所以应加强研究人员和政策制定者之间的互动，来共同促进少年儿童健康生活方式的建立。

“久坐行为”“上网”“阅读”“久坐活动”和“剧烈运动”等决定因素均与身体活动呈负相关，其中“久坐行为”“上网”“阅读”的效果量小到中等。有研究者认为青少年时期下降的主要是剧烈运动，而非中等强度的身体活动。尽管低、中、高强度运动对心血管风险、代谢健康、骨质疏松、免疫功能和心理健康都有明确的效应，但身体活动强度（频率、持续时间和活动方式）与坚持性之间的关系仍有争议。为了进一步了解身体活动的质量以及提供科学的运动处方，建议以后的研究中对身体活动采用绝对强度指标（如摄氧量、摄氧量与体成分的比值、每分钟消耗的能量以及能量代谢当量等）和相对强度指标（如最大摄氧量百分比、氧储备、心率储备、最大心率和主观感觉等级等）。

**（二）成人**

针对成人决定因素的研究显示，有 6 个因素与身体活动呈正相关，1 个因素呈负相关。有些因素只有特定人群中才有，如“升入大学”“怀孕、生孩子”。有些因素虽然呈负相关，但是证据不充分，如“时间有限”“语言困难”“吸烟”“职业转变”等，因此可以认为这些因素与身体活动的关系仍不明确。然而，在 40 岁以上的被试者中，“基线活动水平”与身体活动呈正相关。对于关系不明确的因素，也提示我们这些具体的生活事件可能是身体活动的决定因素，在制定有效的干预措施时也应加以考虑。

我们需进一步了解这些具体生活事件的作用，不同生活事件本身具有时效性，如短期性（如怀孕、生孩子）或长期性（如退休），它们在被试者的不同年龄阶段可能会对身体活动产生不同的影响。不同生活事件在时间上叠加时，可能还会产生交互效应。此外，生活事件对身体活动的影响也可能受到其他行为因素的影响，如退休对身体活动的影响程度可能受过去身体活动习惯的调节，"时间限制"会调节大多数生活事件与身体活动之间的关系。

生活事件对各年龄段群体的身体活动均有影响，因此需要研究针对这些决定因素的健康促进干预措施。此外，还应该关注与工作（如失业、退休、就业状况变化的临时性/长期性）、婚姻（如开始同居、结婚、分离、离婚、丧偶等）有关的因素，这些因素在成人时期会频繁发生，而且会阻碍身体活动。

研究发现，有些决定因素只对某些年龄群体起作用，而有些决定因素如"屏幕使用"和"吸烟"对所有的年龄群体均起作用。

已有研究显示，"屏幕使用"所包含的几个因素（看电视、看电视/玩电子游戏、看电视/坐着、玩电脑游戏）与少年儿童的身体活动呈负相关，学龄前儿童"看电视"与身体活动呈负相关提示我们，在人生早期就应该实施干预以降低屏幕使用时间。针对儿童课后时间的研究中也发现了相似的结果，这可能是由于孩子们在家中时过多看电视而减少了身体活动时间所致，因此应鼓励孩子增加课后的身体活动。未来的研究中应采用纵向设计研究长期身体活动干预策略的有效性，包括体适能、健康、认知功能、参与、动机、心理幸福感和社会包容等。

当将儿童和青少年合在一起进行研究时，"屏幕使用"和身体活动之间没有一致和决定性的相关。然而，也有研究显示，"看电视""玩视频游戏"均与身体活动呈小到中等相关。调节效应分析显示，只有剧烈身体活动与"看电视"呈负相关，而中到高强度的身体活动没有此结果。这提示我们，在未来的研究中应考虑身体活动的不同变量（如强度、持续时间、频率等）对身体活动的影响。

此外，还应考虑新技术对年轻被试者身体活动的影响。尽管看电视仍然是年轻人久坐不动中最突出的休闲方式，但提供社交便利性和网络平台（如手机、平板电脑）的新技术对儿童和青少年也具有社会和教育作用。近年来，虚拟现实技术已在现实中创建了结合现实和虚拟物体的真实场景，也联系了身体活动（如有些智能手机游戏）。技术驱动了身体活动的进步，也吸引了决策者参与身体活动促进的创新战略，增加了身体活动的坚持性、享受性。然而，这些尝试还不能得出关于有效性的明确结论，其长期效果及在不同人群中的作用仍有待于检验。

吸烟被认为是公共卫生最大的威胁之一，每年全球约有 600 万人死于吸烟。吸烟还能引发多种疾病，包括各种癌症、冠心病、脑卒中和慢性阻塞性肺疾病等。有研究显示，70 岁以上老年人的吸烟和身体活动呈负相关，但是该研究质量不高，因此证据不足。在儿童和青少年群体中没有发现此结果。建议在以后的研究中使用有效和可靠的测量工具测量身体活动及其前因。也有其他研究报告了青少年及成人吸烟与身体活动的负相关。研究结果出现差异性可能与对吸烟者的定义、身体活动强度的描述存在多样性有关。虽然吸烟和身体活动之间的关系还不明确，但仍可以考虑将身体活动作为减少吸烟危害的一个策略，为青少年的身体活动设置一个阈值，以减少他们吸烟的机会。

**四、小结**

迄今为止，一些决定因素还未受到重视，在生命历程中有一些新的潜在因素也需要考虑。未来对身体活动决定因素的研究应该以长生命周期为框架（如从儿童到成年），以检验随着年龄的增长这些决定因素是否能预测积极的生活方式。在其他决定因素中，需要高度关注年轻群体的生活事件与身体活动的交互及调节作用。

对身体活动决定因素的了解还可以从对年轻到成年期运动参与的调查中获得，以及其他一些饮食习惯（如饮酒等）中获得。这些在整个生命历程中均需认真探索。还需要检验身体活动的某些决定因素与不健康行为（吸烟、饮酒、久坐和长时间使用电脑）之间的关系。

在未来研究中，应实施长期的、纵向的实验设计，以了解从童年到成年、从成年到老年各关键过渡阶段中不同决定因素的变化，以及不同行为因素对身体活动的交互作用和各因素的中介及调节作用，以帮助人们有效地促进身体活动。此外，还应考虑各类因素（如心理、社会、环境）的综合作用，这可能对实施身体活动干预策略是至关重要的。

## 第三节　物理环境决定因素

依据社会生态学模型，政策、环境、个体间、个体内部从远端到近端的因素都会对个体产生影响。身体活动的决定因素中，除个人层面的因素外，与个体生活相互作用的物理环境也已成为该领域关注的热点。

过去几年中，地理信息系统使用的增长、环境暴露测量方法的改进和空间分析方法的发展都促使评估环境属性对健康影响（如多层次分析、空间自相关分析、加权的地理模型等）的研究大量涌现。物理环境包括自然环境、建筑环境以及一些无形的因素，如交通或犯罪安全等，其能通过提供障碍或机会直接影响身体活动。身体活动的类型、频率、强度和持续时间已经与广泛的物理环境特性相连接，包括居住地的城市化程度、城市形态（土地混合使用、街道连接、路灯）、交通网络、身体活动设备和自然环境特征(如绿色空间、水、天气)等。因此,公共卫生工作者倡导通过实施城市规划干预,为促进身体活动提供积极友好的环境,这也反映出他们承认物理环境属性是增加群体身体活动的潜在因素。然而,要实施这种健康促进干预措施,就需要全面了解促进身体活动的物理环境因素,为公共卫生工作者制定合适的干预措施指导。

物理环境的决定因素目前有60余个,其中有些物理环境决定因素可以合并,如将“不适宜的天气”“恶劣的天气”“不利的天气/气候条件”和“坏天气”合并为“天气状况不利”,将“步行上学”和“骑自行车上学”合并为“积极方式上学”。这60余个因素按照微观和宏观,又可进一步分为家庭、学校、社区、城市因素。

## 一、研究结果

### (一)家庭环境因素的影响

家庭环境因素主要包括家庭社会经济地位、周边社区环境等。除了父母与子女间的互动支持对青少年身体活动参与的影响之外,研究者还发现许多其他家庭环境因素也对青少年的身体活动有重要影响。

在生态学模型中,个体的行为受到个体层面、人际层面、组织层面、社区层面及政策层面这5个因素的共同影响。这5个方面在干预青少年身体活动参与中是相互联系、相互配合的。也就是说,青少年对健康与身体活动的知识在不断增加,身体素质在不断加强,参与身体活动的意识也得到了增长(个体层面),并获得了父母与朋友的支持(人际层面),但如果青少年的经济状况等因素不允许或不能为其提供安全的活动场所(社区层面),那么他们就很难形成参与身体活动的生活方式。

大量研究显示,父母的职业、受教育水平及家庭经济水平在一定程度上对青少年的身体活动参与有影响,但究竟是产生何种影响仍存在争议。有研究认为,高家庭经济水平对青少年身体活动参与存在积极的影响,低社会经济发展水平不利于青少年进行身体活动。格贝特(Gerbert,2006)认为,经济水平高的家庭更容易让子女接触并从事高层次的体育运动项目。董宏伟(2005)研究发现,家庭经济收入情况对子女体育参与的影响具有较高的显著性意义,尤其是体现在对子女参加有偿体育活动的问题上,家庭经济水平所表现出的差异具有显著性意义。也有研究显示,青少年的身体活动水平与父母的学历水平、家庭的经济水平成反比,与低层次职业父母相比,高层次职业父母反而是影响青少年身体活动参与的不利因素。虽然研究结果存在一定的差异,但足以证明经济收入、教育水平这些客观的家庭环境因素都参与了少年儿童身体活动行为的养成过程。

阿米莫(Aamio,2011)指出,16岁孩子的体育参与主要由生活环境因素决定。约翰逊和艾斯布克斯(Johnson, Estabrooks,2008)还发现,人们参与体育活动的频率与距离周围体育设施的远近显著相关,父母经常带孩子到体育活动场所与孩子一起参加体育活动有助于提高孩子参与体育活动的积极性。赛里斯塔尔(Sallisetal,1992)研究指出,家庭所在的区域邻近安全的体育设施区域可以影响个体参与身体活动的程度。高家庭收入与积极运动俱乐部成员的孩子有关,家庭收入不同,青少年参与身体活动的类型也不同。

父母自身对身体活动规律性的参与能够促进、巩固孩子的身体活动参与,并产生持续的影响。孩子具有模仿的天性,年纪越小的孩子模仿行为越明显,青少年(尤其是儿童)在选择身体活动的时候会更加倾向于模仿同性别家长(父亲或母亲)的行为。

目前的研究表明,家长对孩子参与身体活动的支持程度存在一定的性别及年龄差异,相对于女孩来说,家长普遍更支持男孩参与身体活动。这与我国传统文化中对性别的潜意识有关,即家长更注重男孩的体格培养,而对女孩则大多是对其安静、温和的性格培养。在年龄差异方面,家长对孩子身体活动参与的重视程度往往随着孩子的学业要求而波动,对于面临升学的孩子,父母对其身体活动参与的支持会相对减少。黑特勒尔(Heitzler,2011)对美国青少年及其家长进行了调查,发现家长的5种积极认知和行为表现与青少年身体活动水平具有显著的相关性,这5种认识和行为表现包括:对于孩子参与团队运动的重要性有积极认识,对于孩子课余时间进行运动锻炼的重要性有积极的认识,自身对身体活动有深入的理解和坚定的信念,能够陪伴孩子一起进行体育运动,能够提供给孩子参与运动锻炼的便利条件。

在青春期,父母在孩子社会规范行为的行程中扮演着不可或缺的角色。随着孩子年龄的增长,父母的影响力相对降低,父母和孩子之间的联系逐渐分化,彼此之间相对独立。但在任何情况下,研究结果都表明了在青春期早期家庭对青少年行为活动干预的重要性。

斯彭斯和李(Spence, Lee,2010)在环境结构模型的基础上构建了体育行为生态模型。该模型根据与个体关系的远近程度将各个层面的影响因素分为4个不同水平:宏观系统维度(如体育价值观念、安全的社区环境等)、外围系统维度(如工作学习场所对身体活动参与的支持、大众媒体等)、中间系统维度(父母对活动的支持、在学校的体育活动机会)、微观系统(高质量的运动设施、老师和朋友的言语鼓励)。该理论假设,离个体较远的系统因素需经过较近系统因素的“缓冲”才能对个体的身体活动参与产生影响。例如,如果学校能提供好的体育课及活动机会,父母对孩子参与身体活动也能提供相应的支持,那么家庭经济地位的好坏将不会对青少年参与身体活动的情况产生影响。同样,即使是生活在经济水平相对较好的家庭里，若家长不支持孩子参加身体活动或学校没有良好的活动参与环境，那么学生也很难积极地参与身体活动并坚持下来。

许多研究将家庭成员间的主体互动认为是解释家庭中“价值观和行为模式”代际传递的关键所在。因此，将家庭成员间的主体互动被视为家庭影响青少年身体活动参与的核心，通过青少年的体育参与信念和行为可促进青少年主动参与体育锻炼。从家庭方面来看，需要进行人才与教育观的树立，特别是在体育习惯养成方面，父母应当对孩子参与体育锻炼的行为予以鼓励和支持，以思想引导至最终实践。

青少年时期是个体社会化的重要时期，学校是个体进行社会化行为的重要场所，在这一时期，青少年的生理、心理及行为方面都会出现一定的波动，再加上外界各种因素的作用，导致青少年的行为难以形成一种稳定的状态。青少年时期是身体活动习惯养成的重要阶段，学校教育作为促进青少年行为习惯养成的重要方式，可以进一步培养学生的身体活动行为，并形成具有一定稳定性及规律性的体育生活方式，为终身体育打下基础。莱韦斯克（Levesqu，2006）基于学校环境对青少年身体活动的影响，进一步设计了学校体育环境测量量表，从学校物理环境（体育设备、体育设施等）和社会环境（教师的鼓励、体育课程设置等）方面测量了影响学生身体活动的环境因素。此外，尤其是在我国，政府及学校针对体育与青少年身体活动所制定的相关政策与规章制度也是影响青少年身体活动的重要因素。因此，在以学校为影响因素对青少年身体活动行为进行的研究中，主要因素可归纳为学校物理环境、学校社会环境和学校体育政策 3 个方面。

**（二）学校的物理环境**

学校的物理环境主要是指学校的体育基础设施、校园绿化条件、校园建筑设计 3 个方面。在已有的关于学校因素对青少年身体活动行为影响的研究中，很多都提到过学校基础设施缺失及不完善的问题。

教学设施是有效实施课程与教学任务的物质保障，是直接影响学生参与身体活动的硬件条件。据调查，我国有近半数的中学生将学校操场与体育场馆作为日常身体活动的地点。在体育教学过程中，学校的体育场地设施情况作为教学环境直接影响着课堂氛围，场地与设施的不足也会对青少年身体活动参与的选择产生不良影响。例如，学生中喜欢足球运动的比较多，但当场地少、设施不足时，一些学生就被迫需要等候观望，久而久之，由于身体活动的需求无法得到满足，会使青少年的身体活动兴趣逐渐淡化，从而影响体育课的学习，进而影响青少年的体育活动参与行为。有研究表明，学生对学校体育场地设施的满意程度与参与身体活动行为的动机之间有密切的联系，当学校体育场地或器材充足时，学生参与身体活动的人数将显著高于场地或器材不充足时的人数。在场地设施较好的学校中,学生的体育需求可以及时得到满足,在学校中参与身体活动能够让学生产生愉快感,更有利于青少年身体活动习惯的培养。张雨婷(2006)在对青少年进行身体活动参与的阻碍因素的调查中发现,有72.7%的学生认为学校中的体育硬件设施对他们参与身体活动具有重要影响,具体的影响方面主要有场地设施、器材种类、器材新旧及器材数量。不同学校间的调查结果显示,在体育设施充足、种类较多、更新及时的学校中,学生参与身体活动的积极性也相对较高,而在一些设施器材无法满足学生需求的学校中,则严重影响了学生参与身体活动的积极性。塞利斯(Sailis,2011)等曾以学校环境(如学校活动区域的类型、大小和固定设施等)为影响因素,对青少年身体活动的影响进行了研究,发现学校环境因素与男女生参与身体活动的积极性都存在相关关系。李(Lee,2008)对青少年学生参与身体活动的调查发现,校园风景(如绿树、草地)也会对身体活动行为产生影响,这一研究结果与国内相关研究基本一致。例如,缺少植被可能会使青少年参与身体活动时不得不暴露在烈日或寒风中,对学生们参与活动的积极性必然会产生一定的不良影响,甚至致使其放弃参与身体活动。因此,在出现这类问题时,学校应加强管理,以提升校园环境质量和提供更多的体育设施,保障学生们的身体活动参与要求得到满足。

**(三)学校的社会环境**

布顿(Button,2015)通过对学校物理环境及学校社会资本与青少年身体活动行为的相关性进行研究,发现学校的物理环境、社会环境与学生在校期间的身体活动行为之间存在显著相关性,但学校社会环境对学生身体活动的促进效果更加显著。与青少年身体活动相关的学校社会环境因素主要是指学生在校园内与老师、同学之间的人际关系,以及由人际关系所带来的参与身体活动的有利资源。此外,教师行为与校园活动文化氛围也是影响学生身体活动的学校社会环境因素,而且对学生身体活动的影响也是十分显著的。

1.学校环境中的人际关系影响因素

有研究指出,通过长时间的校园生活,处于青春期的孩子对父母的依赖逐渐减少,开始在周围环境中寻求自己的伙伴。青少年与同学们一起学习、一起生活,并在兴趣、爱好等方面互相影响。社会学家认为在青少年之间更容易发生文化间的传递。在心理学上,青少年时期被称为“结帮时期”,在这一时期,青少年的行为极易受到同伴的影响,在群体中受欢迎的身体活动方式也很快会成为整个群体的活动方式,对体育的态度与价值观念也会在群体中蔓延。

此外,体育教师在青少年身体活动过程中起着至关重要的作用,教师的行为及态度是提高青少年身体健康水平的关键。姜晓珍等(2006)的研究表明,67.9%的学生认为体育教师对他们体育锻炼习惯的形成起着重要作用。毫无疑问，体育教学对学生参与身体活动习惯的养成有着重要影响，身体活动习惯对学生对体育课、体育教学内容、体育教程的满意程度均有显著相关。苏晓红(2006)在其研究中指出，教师对学生的教育评价方式也会对学生的体育行为产生影响，新教育理念提倡多元化的评价方式，如开展学生自评、学生互评、教师综合评价等。由于评价是主观性极强的活动，因此评价的客观性和科学性就显得尤为重要了，评价的方式更倾向于心理学方面，即正面评价可使青少年获得自尊及自我价值的满足，从而促进其对身体活动行为的参与。

要让每一位教师都充分认识到体育对强身健体、培养情操、发展智力、弘扬民族精神方面的重要价值，要使体育教师树立正确的教育观、人才观、健康观，将“健康第一”的指导思想在学校教育中真正落实。同时，还应强化教师关注青少年体质健康的意识。

2.校园文化氛围的影响

通过检验比较可以发现，学校的地理位置对青少年参加体育锻炼的价值取向影响较小，但学校的体育特色对学生体育价值观念的影响是很大的。这一发现进一步揭示出学校内在体育文化氛围比外在的地理位置更能影响学生参与体育锻炼的价值取向。

通过分析已有研究发现，体育老师真正关心青少年体质健康时就会通过教学渗透到教育的全过程中，从而辐射到全社会，进而形成社会、学校、家庭和教师共同关注青少年体质健康的良好氛围，促进青少年体质健康水平的不断提高。陈秀琴等(2006)在研究中指出，高中生课余体育锻炼的项目主要是慢跑、球类等对场地器材要求较低的健身项目，学生们表示不参加体育锻炼的首要因素是没时间、学业重。韩春英(2006)研究指出，青少年群体对体育锻炼增强体质的本质功能普遍有充分的认识，但锻炼的时间和频度上总体偏少。张琪秋等(2006)在研究中指出，目前初中生中有良好身体活动习惯者的比例较低，这主要与此阶段学生学习压力大、家长和学校支持力度不够、体育设施和场地缺乏、课外休闲活动不足以及学生缺乏体育健康知识等有关，创建良好的学习氛围可以促进体育课堂情境兴趣的发展。在技能掌握的学习氛围中，学生更倾向于认为成功来自努力与合作。在这种学习氛围中，教师应该更多地强调努力的程度和学习的改善，而不是强调表现。不论男生还是女生，不论他们先前的技能如何，均可以通过对学习技能的掌握而得到教师的肯定，而在这种氛围中，学习兴趣的培养更容易实现。

## 二、对不同年龄群体的研究结果

### (一)对学龄前儿童的研究结果

在家庭层面上,后院空间可用性及大小与身体活动呈正相关。在社区层面上,户外健身设施的可用性与身体活动呈正相关,到学校的距离与中等到剧烈强度的身体活动呈负相关。到学校的距离(800 米之内)和积极出行呈正相关,消极的街道特征(包括缺乏路灯、道路障碍等)与积极出行呈负相关。附近有公园/游乐场/开放空间与身体活动呈正相关,在郊区上幼儿园与身体活动呈正相关。

### (二)对儿童的研究结果

在家庭层面上,家庭体育设备、去学校的方式与儿童身体活动的关系不明确。学校体育设施与儿童的身体活动不相关。在社区层面上,到公园等的距离与儿童的身体活动呈负相关,但与步行呈正相关。社区体育设施与休闲时间的步行、骑自行车呈正相关。

### (三)对青少年的研究结果

在家庭层面上,家中体育设备与青少年身体活动的关系不明确。学校体育设施与青少年身体活动呈正相关,去学校的方式与青少年身体活动呈正相关。在社区层面上,社区体育设施与青少年身体活动呈正相关。其他因素的研究结果不一致。

### (四)对儿童和青少年的研究结果

在对儿童和青少年物理环境决定因素的研究中,父母提供的出行帮助与身体活动呈正相关,学校体育设施与身体活动呈正相关,去学校方式的研究结果不一致。学校身体活动项目数和健身房的可用性与课后的身体活动呈正相关。在社区层面上,街道的劣势特征(陡峭的地形、交通堵塞、靠近交叉路口)等与身体活动呈负相关。季节和温度与身体活动的关系不明确。环境美化与身体活动呈正相关。

### (五)对成人和老年人的研究结果

在对成人和老年人物理环境决定因素的研究中,在社区层面上,街道的劣势特征(如没有人行道和路灯)与身体活动呈负相关。道路是否适合步行与身体活动呈正相关。在宏观层面上,环境评分、环境障碍和住宅坐落城市/乡村与身体活动呈正相关。在成人群体中,街道的连通性、规划的多样性与积极出行方式呈正相关。街道的连通性、公共交通便利性与步行和骑自行车呈正相关。季节/温度和闲暇时间的身体活动呈正相关。大多数物理决定因素和步行、骑自行车、闲暇时间的身体活动、积极出行方式之间的关系不一致。

### (六)对整个群体的研究结果

城市化水平与身体活动之间的关系在少年儿童中不明确,在成人中呈正相关。也有研究表明,物理决定因素与被试者的年龄不相关。房屋位置、步行的便利性、周围开放空间的可利用性、交通便利性等与身体活动之间的关系不明确。城市形态和规划的多样性与身体活动之间的关系也不明确。

## 三、结果解释

### (一)少年儿童

在当前的研究中,影响身体活动的物理环境决定因素有 60 余个,大多数研究关注学龄前儿童到青少年年龄段的被试者。后院空间可用性及大小与学龄前儿童的身体活动呈正相关,街道的劣势特征与积极出行方式呈负相关。街道的劣势特征也与青少年的身体活动呈负相关。在学校层面,身体活动项目数和健身房的可用性与青少年课后的身体活动呈正相关。在成人中,街道的连通性、规划的多样性与积极出行方式呈正相关。家庭水平的物理决定因素仅在 18 岁以下的少年儿童被试者中进行了探讨,家庭环境是影响这一阶段生命历程的关键因素,特别对于学龄前儿童来说,他们的自主流动能力有限,大部分时间都在家庭环境中度过。在家庭层面上,在年龄较大的儿童和青少年中所观察到的正相关关系表明,家庭给予的工具性支持(如为儿童参加学校和社区的身体活动提供出行方式)比在家中为他们提供健身设施更有助于促进其身体活动。

在学校层面上,健身设备的可用性与学龄前儿童、青少年的身体活动呈正相关。相关研究结果均表明了在学校为他们提供身体活动便利性的重要作用。在青少年时期,身体活动水平随着年龄下降,学校通过提供器械及资源为他们设置身体活动环境,或许能促进他们的身体活动。

街道的劣势特征(路上没有灯光或者交通堵塞)与积极出行呈负相关,这表明有些物理环境特征需要修改以促进身体活动。提供出行帮助有助于年轻被试者身体活动习惯的养成。有研究显示,提供出行帮助与女性中等到剧烈强度的身体活动呈正相关,这表明提供出行帮助对低身体活动水平的女性尤为重要。因为学校环境是身体活动提升的重要决定因素,所以在未来的研究中还需进一步考察。

社区环境通过提供结构化、有计划的身体活动机会而影响整个童年期的身体活动。社区健身设施与身体活动呈正相关,这表明游乐场(操场)可影响少年儿童的身体活动,故在社区设计建设时应加以考虑。尽管公园等与儿童身体活动的关系不明确,但是社区建设设施与青少年的身体活动呈正相关,这些结果进一步表明了学校和社区为青少年提供健身资源的重要性。

身体活动的娱乐作用在儿童的身体活动中占主导地位，因此政策制定者和城市规划者应确保在社区为儿童提供身体活动的机会。步行的便利性与少年儿童中等到剧烈程度的身体活动呈正相关，街道劣势特征和交通事故呈负相关，这表明社区特征能够促进和抑制少年儿童的身体活动，通过改善交通安全等可以提高少年儿童的身体活动水平。

家庭、学校和社区环境可在不同层次上对年轻人的身体活动产生影响，未来的干预目标既需要考虑这些因素，又需要考虑宏观环境因素，以便有效制定促进青少年身体活动的干预措施。

**(二)成人**

影响成年人身体活动的物理决定因素主要有社区因素和宏观因素。步行的便利性与身体活动呈正相关，但跨研究的结果不一致。步行便利性和其他研究结果也不一致，包括步行和骑自行车、闲暇时的身体活动和积极出行。步行便利性对身体活动的影响得到了大量研究的检验，结果表明，住在适合步行社区的居民比住在不适合步行社区的居民每周步行时间多 50 分钟。

当前的研究结果不一致或许是由于测量工具及概念的多样性导致的。此外，在社区层面上，其他因素(如安全和社会凝聚力)可能通过影响步行的便利性来影响身体活动，在未来的研究中应加以考虑。街道的连通性和规划的多样性与成人积极的出行方式、步行/骑自行车呈正相关。公共交通便利性也与步行/骑自行车呈正相关。

区分哪些物理环境因素影响成年人特定类型的身体活动是这一领域研究的重要内容，通过在准实验中检验，可以对这些决定因素进行修改。研究结果表明，旅行的成人比不旅行成人的身体活动水平高。因此，增加社区内的旅行机会或许能提高这一群体的身体活动。

季节/气温与成人的身体活动呈正相关，但也有研究表明恶劣天气情况与身体活动呈负相关。有鉴于此，在研究身体活动时应控制季节和天气等条件，但是很少有研究考察季节/天气条件和身体活动之间的关系。确定天气是否跨国家和地区，以及在高危人群中如何影响身体活动对未来干预措施的发展及克服对身体活动的认知障碍非常重要。一些宏观环境水平上的因素与身体活动呈正相关，如乡村居民比城市居民的身体活动水平似乎更高。

许多物理环境决定因素与成人的身体活动不相关，包括路灯、公共交通便利性、健身设施可利用性、空气噪音污染和区域位置等。大多数报告的物理决定因素和步行及骑自行车、闲暇时身体活动和积极出行的结果不一致，这些物理因素与成人身体活动之间关系的结论有限。

当前的研究尚未探索成人家庭和工作场所层面上的物理环境因素对身体活

动的影响。工作场所一直是为成人实施身体活动干预措施关注的焦点，但迄今为止，关于工作场所干预措施有效性的调查结果尚无定论，因此需要对此实施研究，确定工作场所中哪些物理因素对成人身体活动起作用，以便为实施干预提供帮助。

最后，身体活动环境因素研究结果的差异可能是由于对这些因素采用不同的测量方法（主观与客观测量）导致的，如地区的地理概念、不同研究之间的差异性、国家和城市的多样性等，在控制了无关变量后，这些问题仍可能会影响研究结果。

## 四、小结

除了各群体研究中存在的缺陷外，对该领域的总体研究也存在许多局限性。例如，大多数研究测量身体活动采用自我报告法，这可能会影响研究结果。

测量技术及身体活动结果的多样性导致了该领域研究结论的有限性。大多数研究依赖于自我报告法测量身体活动结果和决定因素，这可能影响了研究结果。不同研究中，除了身体活动测量呈现多样性以外，物理环境决定因素的定义和测量也存在差异，因此需要对决定因素统一定义。此外，当前大多数研究为横向研究，需要更多严格设计的纵向研究来探讨身体活动的物理环境决定因素。

物理环境决定因素主要研究了“可用的”环境因素，因此纳入的变量非常多，合并之前达到了250多个。为了便于综合分析及使研究结果更简洁，将相关变量进行了合并，虽然努力确保只有类似的变量分组在一起，但一些细节可能会丢失。由于研究中缺乏对一些变量的详细说明或解释，因此也限制了对研究结果做出合理的解释。例如，研究发现居住密度与身体活动相关，但是不能区分这种相关是否与高或低的居住密度有关。此外，不同年龄段调查的决定因素的范围广，在所有研究中同一组因素的研究结果可能不一致，这也限制了对结果的分析。

通过对各年龄段物理环境决定因素进行分析后发现，在年轻的被试者中，微观环境的各层面上确定了一些相关的决定因素，强调了政策和干预措施的重要性，这些干预措施涵盖了年轻人接触的所有方面的物理环境。

虽然针对成人群体的研究较少，但仍发现了一些关键的决定因素，如街道特征、步行的便利性和社区规划等，这些因素均与身体活动相关。由于大多数研究均为横向研究，因此未来的研究需实施纵向设计，以补充行为干预措施。在未来的研究中，还需要对身体活动、决定因素和物理环境进行统一定义，以便统筹和协调使用研究结果。此外，还需采用客观方法测量身体活动和物理环境，以提高研究质量。

## 第四节　社会文化决定因素

在过去的10年中，针对身体活动决定因素和相关因素的研究在逐渐增加，有些因素（包括社会文化因素）已被确定为与身体活动相关。身体活动的社会文化因素是指社区或社会与健康行为有关的态度、信念和价值，它们可能对社区团体的个体成员行为产生强大的影响。然而，对社会文化决定因素进行的系统概述很少，仅有的研究主要集中于特定的年龄群体中，忽略了评估社会文化对不同年龄群体身体活动的影响。

身体活动的社会文化决定因素分为微观环境因素和宏观环境因素两大类，其中微观环境因素包括与个体相互作用的家庭、学校、单位、社区等因素，宏观环境因素包括城市、国家等因素。

当前的研究中，针对影响身体活动的社会文化因素的有90余个，其中针对青少年的有45个，针对少年儿童的有22个，针对成人的有39个。在对相近因素进行合并后（如将“父母支持”“父母鼓励”合并为“来自重要他人的鼓励”），还剩29个因素。有些决定因素可分为更广泛的类别，如“重要他人的鼓励”“同伴支持”“父母榜样”和“父母观看”被归类到“重要他人的支持”，并单独测量。在剩下的29个因素中，微观环境包括家庭（18个）、学校（5个）、社区（4个），宏观环境包括城市/国家（2个）。家庭层面因素包括家庭成员、重要他人的健康状况、重要他人的支持行为、社会规范、重要他人的身体活动、参加有组织的运动、社会交往等；学校层面因素包括学校的支持行为、教师的教育水平、学校的身体活动水平（教师身体活动）；社区层面因素包括看到他人锻炼、社会组成、社会融入和文化适应、邻里满意度等；城市/国家层面因素包括文化氛围、宗教等。

### 一、对不同年龄群体的研究结果

大多数针对社会文化因素的研究在家庭层面，在城市/国家层面仅对成人进行了定性研究。研究结果显示，大多数社会文化因素与身体活动之间的关系不明确。

在家庭层面的决定因素中，父母的婚姻状况与少年儿童的身体活动不相关。在对成人群体的研究中，大多数研究表明婚姻状况与身体活动呈负相关。此外，“重要他人”方面有以下3个影响因素：

（1）重要他人的鼓励与少年儿童的身体活动呈正相关，在成人中研究结果不一致，但在文化亚群体中的研究显示，受到重要他人的鼓励能促进成人的身体活动。

(2)有锻炼同伴能促进少年儿童群体的身体活动,成人群体中大多数研究显示同伴与身体活动呈正相关,但证据不充分。

(3)在儿童群体中,教养方式不是身体活动的决定因素,在青少年和成人群体中的作用不明确。

研究结果还显示,微观环境中家庭、学校等其他决定因素对身体活动均无显著影响,如父母的BMI、腰围与儿童的身体活动不相关,社区满意度与成人的身体活动不相关。

## 二、结果解释

当前研究中的29项社会文化决定因素绝大多数(80%以上)是在少年儿童群体中检验微观环境家庭的作用。研究表明,锻炼同伴和来自重要他人的鼓励能促进少年儿童的身体活动,父母的婚姻状况和教养方式与儿童的身体活动不相关。针对成人群体的研究较少,无法得出明确的结论。

事实上,大量研究表明,社会文化是身体活动的重要决定因素,然而,社会文化因素中以年轻群体为被试者的大量研究结论都是基于对相同证据的综述。尽管基于相同的数据,但由于成人被试者群体中的数据重叠率低一些,故得出的研究结论并不一致。主要原因是报告和解释结果所采用的评分标准不统一。

目前该领域对少年儿童的研究较多,对成人的研究较少,这可能是由于人们认为年轻人比成年人更容易受到社会的影响所致,因此促进身体活动的干预策略涉及了家庭和同伴。事实上,这也与个体童年时期养成的身体活动能延续至成年期有关。身体活动的社会文化决定因素也能识别低身体活动人群,将这些因素作为有效策略能避免使年轻人过度不运动而成为晚年的危险因素。此外,成人的身体活动更根深蒂固,因此可变性低于年轻人。

在对少年儿童的研究中,大多数决定因素是家庭层面的,而宏观因素仅在成人中得到过检验。被试者群体由少年儿童到成人、研究因素由从微观向宏观转变,可能是由于随着被试者年龄的增长,重要个体(父母、朋友等)的影响也在逐渐减小,而群体的影响逐渐增加(如社会期望、社会责任等)。

研究显示,重要他人的鼓励与少年儿童的身体活动呈正相关,原因可能是父母和儿女身体活动之间相互作用,感知被鼓励、支持或赞扬能增加儿女身体活动的自我效能感和感知能力。根据社会认知理论,儿女的自我效能感是父母支持(重要他人的鼓励)和儿女身体活动之间的重要中介变量,因此接受鼓励可能有很强的长期效果,密切支持的来源在此可能很重要。然而,这种鼓励的影响不一定会被所有年龄的被试者都觉察到。特别是在青少年中,青春期和成长独立性中所固有的心理社会因素通常会削弱重要他人的影响力。此外，影响的来源可能会转移，同伴的价值观和行为会变得比家庭成员更重要。另外，对“鼓励”界定、评价和操作定义的差异可能会导致不一致的研究结果。有研究显示，父母行为测量方法的信度和效度不高，而且各研究中操作定义的差异较大。

研究显示，同伴支持与少年儿童的身体活动呈正相关，这一研究结果合乎情理，因为年轻被试者中相当一部分身体活动的实施需要队友的合作（如踢足球）。非结构化的身体活动（如自由游戏）在儿童中是习惯性的身体活动。因此，儿童的高身体活动应该与同伴支持有关。实际研究也显示，共同参与跟学龄前儿童的身体活动呈正相关。

不过，当单独研究少年儿童时，同伴支持与身体活动的相关呈现出了不一致的结果，这可能是由于同伴的作用还不够大所致。此外，性别差异、界定差异、评价不同、操作定义不同等也会导致研究结果的不一致。在成人群体中，73%的研究显示同伴与身体活动呈正相关，这表明，在成人群体中有一个同伴能激励和促进身体活动。

父母的婚姻状况不是儿童身体活动的决定因素，这一研究结果并不令人吃惊，因为父母的婚姻状况包含几个可能影响父母行为和态度的心理社会因素，这些因素可能反过来影响儿女的身体活动。例如，一些单身父母可能由于时间限制无法鼓励孩子进行身体活动，而另一些单身父母可能会通过付出更多的努力来补偿这一点，因此当综合来看时，研究最终可能会显示无结果。

同样有研究表明，父母教养方式不是儿童身体活动的决定因素。分析这些研究发现，父母教养方式描述的并不是父母行为本身，而是育儿的一般概念。因此，这种结果并不能代表父母行为是阻碍还是促进儿女的身体活动。未来的研究中需要对“教养方式”进行明确定义。父母教养方式对其他年龄段被试者身体活动的影响如何尚未得到研究，但父母教养方式不是所有年龄段被试者身体活动的决定因素。

大多数决定因素与身体活动的关系都不能得出明确结论，有些是由于研究数量不足导致的，有些是由于研究设计缺陷导致的。身体活动及社会文化决定因素之间的关系可能取决于其他因素（如个体、行为等），但目前还没有证据能进行推断。虽然在当前的研究中发现了有限的研究结果，但这不能质疑社会文化决定因素对身体活动的影响。例如，在成人中进行定性研究发现，有些文化中认为花费时间去健身是自私的，这也成了阻碍身体活动的因素；有些文化中的观点则相反，因此成了促进身体活动的因素。

有限的研究结果主要集中于少年儿童家庭层面的社会文化决定因素中，这表明微观环境对年轻被试者的身体活动产生了重要影响，限制了个体的独立决策、流动性和责任感，是促进年轻人身体活动的主要维度。基于这一研究结果，未来身体活动干预策略的实施应重点针对缺乏社会支持的年轻人，为其提供支持和合作活动机会。已有研究表明，父母的身体活动与父母支持相关，而当前研究显示，来自于重要他人的鼓励(包括父母对儿女身体活动的鼓励)与年轻被试者的身体活动相关。因此，通过促进父母参与身体活动来提高父母对儿女身体活动的支持也是一个提高儿女身体活动的策略。仅以青少年为被试者得出的研究结果有限，这可能与成熟因素有关，这些因素会影响身体活动及社会文化因素(如父母由于儿女成熟而减少社会支持行为)、他们的认知(父母的鼓励能增加儿童的动机，但是却让青少年感到尴尬)。青春期是社会文化影响个体的敏感时期，在这个时期身体活动水平会明显下降，因此值得关注。此外，对成人群体也需要进行研究。

### 三、小结

以上研究结果的得出主要基于横向研究，因此无法进行因果关系推断。例如，不能排除爱活动的青少年寻找爱活动的伙伴(而不是同伴增加了青少年的活动水平)的缘故。对身体活动、社会文化决定因素的测量、界定和操作性定义等也限制了研究结论的得出。此外，不同决定因素和身体活动结果综合在一起也会削弱决定因素和身体活动之间的关系。虽然决定因素的强度在客观测量和主观测量的身体活动之间存在差异，但是当评价社会文化决定因素时，不能将身体活动的测量考虑在内。进一步对身体活动和决定因素进行划分将导致结论更不明确。例如，当单独检验特定的身体活动时结果显示，少年儿童的身体活动与父母教养方式呈正相关，但在总体研究中显示父母的教养方式不是儿童身体活动的决定因素。因此，如果对亚群体进行综述，那么一个研究可能会被多次使用，从而影响研究的严谨性。这一领域的研究结果正在不断加强，因此研究结论也会不断更新。特别是社会文化决定因素变数较大，因为这些因素主要依赖个体和文化背景，最后结论的得出需谨慎，因为当前研究数量不多，所以无法进行性别差异检验。在成人群体中，研究数量更少，并且没有关于工作场所的研究。另外，老年群体中社会文化因素对身体活动影响的结果可能也会不同，但没有研究考察 65 岁以上老年人的情况。

在那 29 个社会文化决定因素中，“重要他人的鼓励”和“同伴”与少年儿童的身体活动呈正相关，而“父母婚姻状况”和“教养方式”不是少年儿童身体活动的决定因素。当前研究结果并不一致，而且无法分析社会文化因素在生命历程中对身体活动的影响。在未来的研究中需收集和分析来自流行病学的证据，识别身体活动不足的风险人群，帮助他们发展身体活动促进策略。为了进一步探索社会文化和身体活动之间的关系，需要加强对宏观因素的研究，尤其是需要分析微观和宏观因素的相互作用。

## 第五节　政策决定因素

世界卫生组织出版的《全球身体活动健康指南》中阐述了为什么身体活动有助于公共健康干预，以及什么原因会导致不运动等，从而为国家和地区层面的政策制定者确定预防非传染性疾病所需的身体活动频率、持续时间、强度和类型提供了依据。目前来看，有多个相互依存、多层次的因素(与身体活动有因果关系或相关关系)会影响身体活动，已有几个生态模型对个体和环境层面上的身体活动影响因素进行了分类和阐述。

费雷拉(Ferreira，2007)对环境变量进行了界定(个体外可以影响行为的任何事物)，并提出了促进身体活动的环境和政策干预策略，认为基于群体的策略既能对个人努力做出补充，也能产生广泛和持续的影响。

对环境政策决定因素进行研究能加强、维持或限制人们的身体活动，这一领域的研究在过去的 20 年中也在不断增加。然而，各项研究中研究目标、研究变量和测量方法的多样性限制了不同研究结果之间的比较，导致缺乏整体和结构化的证据，因此需要对身体活动的政策决定因素进行系统分析。

政治环境政策决定因素包括微观环境层面的因素，如家庭、单位、学校和社区等，以及宏观环境层面(省、自治区、直辖市)的因素，如法律、法规、政策(官方和非官方的)、制度规则等。当前的研究中共提出了 50 余个决定因素，有些相似的因素可以合并，如学校身体活动项目、学校类型、教师教育、工作时间、死板的工作环境、街道设计及规划政策、交通和旅游政策、教堂/社区活动的便利性、社区规模设计、大众传媒等。无法合并的因素则需单独考察，如每日休息时间、上课时间与休息、健身间隙与休息、早上和中午休息、体育和休息等。最终本研究确定了 27 个因素，将这些因素分为微观环境因素和宏观环境因素，并在特定层面上(家庭、学校、单位、社区和省、自治区、直辖市)进一步进行了划分。

### 一、学校的体育教育理念与政策

与学校物理环境及学校社会环境相比，学校的体育教育政策对青少年身体活动的参与具有一定的强制性。有关学校体育教育政策的影响主要分两个方面，一是学校有关身体活动的举措及对体育的态度，另一方面是国家层面针对学校体育发展及青少年身体活动发展所制定的政策。

为了切实解决青少年体质下降、身体活动不足等问题，国家先后出台了一系列教育政策、制度、法律和法规，旨在努力提高青少年的身体活动参与水平，改善青少年体质。2007年，中共中央、国务院下发了《关于加强青少年体育增强青少年体质的意见》（中央7号文件），在该文件中提出，要高度重视青少年体育工作，要求各省、市、自治区认真落实加强青少年体育、增强青少年体质的各项措施，确保学生每天锻炼1小时，切实减轻学生过重的课业负担，另外在学校体育设施建设、安全管理及环境等保障方面也提出了具体要求。新的体育与健康课程标准对体育教学理念、教学目标方面也提出了新要求。但从政策的执行效果看，还未达到预期的要求，我国青少年的身体素质仍处于较低水平。为了更好地对青少年体质健康进行检测，在各个大、中、小学正在推广每年一次的学生体质监测活动，这是学校"阳光体育"的重要内容之一。通过体质监测，一方面可以检验学生前期身体活动的成果，找出锻炼方法上的不足，另一方面可以对青少年的体质状态进行综合评估，使学校、家庭、社会对青少年的体质健康现状有一个整体的了解，有助于各方协同合作，有针对性地选择锻炼策略，制订切实可行的锻炼计划，更好地实现青少年身体活动与体质健康目标。

在校园生活中，学生学业任务繁重，闲暇时间有限，以至于身体活动时间被大大压缩。在教育政策实施的过程中也面临着资金、师资力量、场地设施、学生家庭等一系列复杂因素的制约，因此促进青少年身体活动参与的任务任重而道远。

学校所制定的相关体育规范更多地是通过行为规范、活动准则等制度性的规范设置和要求来维持学校内相关身体活动的开展，以保证学生能有效地获得身体活动相关知识，接受科学规范的身体训练。一项正确的学校体育教育政策可以在短时间内迅速改善青少年的身体活动水平，而且从长远来看，可以在学校中形成某种校园文化氛围，使身体活动的参与行为成为学校中的优良传统与特色，进而影响学生终身体育的价值观念，对学生身体活动的影响和促进作用有重大意义。

在学校中，体育教育政策制定者的体育观念、对体育的认识、对体育教育的重视程度以及体育经费的支持也是促进青少年身体活动行为的重要影响因素。学校领导的办学理念与学校的整体文化氛围息息相关，如果学校规范的理念中没有强化青少年体育教育的目标，或者说学校的领导层从根本上对体育教育的功能认识不到位，就会致使学校的政策导向无法积极发挥对学生身体活动参与的指导作用。周俊辉（2006）认为，学校领导对体育的态度、教师的工作态度和教学教育能力是影响学生体育锻炼的重要外部因素。姜晓珍（2012）的调查结果显示，60%的学生认为学校比较重视身体活动习惯的养成；而在认为学校不够重视身体活动习惯养成的学生中，无锻炼习惯学生的比例高于有锻炼习惯学生。

体育课程设置也对青少年身体活动行为产生了影响。有研究调查显示，初中生体育锻炼行为的最主要障碍来自学习或作业压力，75％的中学生认为影响他们参加体育活动的因素是学业负担和自助活动的闲暇时间缺失。根据我国教育部课程设置规定的要求，不同年级的课程设置、学业负担、体育课时和教学内容安排都有所不同：小学1～2年级每周4课时，小学3～6年级和初中每周3课时，高中每周2课时，体育课时呈递减趋势。在学校体育的课程设置上，霍岩、田玉昕等(2005)分析发现，学生对身体活动及体育学习不感兴趣的一条重要原因在于教学方式的滞后性。事实上，我国目前的学校体育教育确实存在课程内容落后的现象，体育课授课内容上缺乏更新，从初中到高中阶段的体育课程几乎都是低水平动作技能的循环往复，没有年级间体育技能提升的衔接，使学生们感到枯燥乏味，从而降低了学生参与身体活动的兴趣。基于体育课程的学校体育干预措施是提升学龄段青少年身体活动参与的重要手段，这一观点已经达成共识。体育课程是影响青少年动机与行为的特殊变量，一方面它作为诱因改变着青少年的行为与动机，另一方面它又是诱因产生和起作用的内部过程的最佳解释。课程内容可以作为青少年产生动机的驱动力，激发学生的兴趣、好奇和自我实现。在学校体育课程中所引起的情境兴趣(如用游戏等符合当前年龄段学生的手段进行兴趣教学)能积极地影响学生后续的身体活动。

同时，我国教育评价机制对学校、教师和学生的评价存在着明显的偏颇和不足。教育评价机制可以直接体现教育的价值观、质量观和人才观。我国的教育评价常常简化为升学率考试分数，这严重影响了青少年体质健康的发展，并已成为学校体育发展的瓶颈。同时，有研究发现，适当参加身体活动不仅不会影响学习，反而可以提高青少年的机体免疫力，使青少年以健康的身心参加到紧张的学习当中。青少年适当参加身体活动对学习效果有一定的促进作用。

目前，基于我国青少年的体质健康现状，增强身体活动水平的目标向学校体育提出了新要求，我国各地区中小学当下应当加强体育观念，提高认识，认真学习《学校体育工作条例》《国家学生体质健康标准》，扎实落实中央“7号文件”的精神。为了更好地实现这一目标，学校应建立一套完善的组织管理体系以加强对学生体育课程及身体活动的管理。同时，为了贯彻《学校体育工作条例》，学校体育工作制度中应把体育活动合理安排入课程表，并由专人负责执行、监督，做到有章可循、违章必究，禁止随意侵占体育活动时间，使学生每日的身体活动时间得到保障。

## 二、针对不同年龄群体的研究结果

### (一)学龄前儿童

针对4～6岁学龄前儿童身体活动政策决定因素的研究显示,在家庭层面,户外时间与总体身体活动呈正相关,但与中等到剧烈强度身体活动的关系不明确,身体活动相关的家庭政策与身体活动呈负相关。在学校层面,身体活动相关的学校政策与总的身体活动呈正相关,但与中等到剧烈强度身体活动之间的关系不明确,课间休息时间与身体活动呈负相关,教师教育程度与总的身体活动和中等到剧烈强度的身体活动呈正相关,班级规模和身体活动、学前质量和总的身体活动以及中等到剧烈强度的身体活动之间的关系不明确。

### (二)儿童

针对12岁儿童的政策决定因素研究显示,在家庭层面,户外时间与总体身体活动和剧烈活动呈正相关,家庭内身体活动相关政策与身体活动和中等到剧烈强度身体活动的结果不一致,父母教养方式与总体身体活动的关系也不确定。在学校层面,学校组织活动的相关政策与身体活动呈正相关。

### (三)儿童和青少年

针对5～12岁和7～18岁少年儿童的研究结果显示,学校身体活动政策与课间休息时的总体身体活动水平呈正相关,但休息时长与身体活动之间的关系不明确。上课时间和休息时间与身体活动呈正相关,健身间隙和休息时间与总体身体活动呈正相关。

### (四)青少年

针对身体活动的政策决定因素的研究表明,在家庭层面,父母教养方式和总体身体活动的关系不明确;在学校层面,学校类型与身体活动呈正相关。

### (五)成人

针对18岁以上非裔美国人及农村女性的研究结果显示,这两个群体的工作时长与总体身体活动呈负相关。在非裔美国人中还发现,死板的工作环境与总体身体活动呈负相关,教堂/社区的活动项目与整体身体活动呈正相关。

### (六)老年人

针对50岁以上非裔美国人群体的研究显示,与成人组结果相同,死板的工作环境与总体身体活动呈负相关,教堂/社区的活动项目与整体身体活动呈正相关。

### (七)全部人群

针对所有年龄人群的研究结果显示,城市设计的街道尺寸、社区规划和土地使用政策与总体身体活动呈正相关。交通运输、旅游政策和大众媒体宣传与身体活动不相关。

## 三、结果解释

目前为止，很少有研究单独讨论政策因素对身体活动的影响，都是把政策作为环境的一部分来讨论。

该领域的研究主要集中于儿童和青少年群体，究其原因，首先，少年儿童的身体活动水平往往会保持到成年，少年儿童时期促进其身体活动有助于成年期保持健康的习惯，并增强对其他危险因素的终生保护。其次，少年儿童行为选择的自主性小，故政策环境对他们的影响也更大。最后，少年儿童更容易受到家庭层面和学校层面政策的影响。

在家庭层面，玩耍要求（如玩的时候不能离家太远、不准在房间里玩等）与学龄前儿童的身体活动呈负相关，而室外玩耍时间与儿童身体活动呈正相关。这表明了户外非结构化游戏对 3～12 岁儿童的重要性，也提示家长应将室内结构化活动转变为室外活动。

在学校层面，室外自由玩耍对儿童也很重要，与身体活动相关的学校政策（如允许自由玩耍的时间、户外花费时间、玩耍场地的数量等）都与儿童的身体活动呈正相关。研究表明，允许在学校进行更多室外玩耍的儿童比不允许玩耍的儿童更活跃，这足以证明非结构化的自由时间对儿童的重要性。非学业时间（如课间休息、课后活动）为学生提供了校内活动的机会。课间休息时间越长，儿童的身体活动水平越低，这可能是因为儿童刚到室外会有新鲜感，但时间一长就容易疲劳而感觉厌烦的原因。此外，还需要对儿童课间活动进行管理，插入多个允许儿童自由玩耍的课间可能会更好一些。休息时间对儿童的影响是复杂的，需要进一步研究。职业高中青少年比单性别、单种族高中青少年的身体活动更多。普通高中应制定和实施方案，强调学生的风险行为，以增强其身体活动。研究发现，校本体育课程与少年儿童的身体活动相关。

到目前为止，调查环境因素对成人身体活动影响的研究还较少。仅有的 2 项研究显示，作为政策因素源，工作时长与非裔美国人和乡村女性的身体活动呈负相关，工作时长和死板的工作环境与非裔美国人和老年人的身体活动均呈负相关，社区/教堂活动项目也与身体活动呈负相关。由此来看，实施有针对性的职业政策，同时兼顾社会文化背景和工作环境能促进弱势群体的身体活动。

除了针对年龄、性别、族裔群体的个体健康促进政策外，在群体水平上提高身体活动还可以改善公共卫生状况。海斯（Heath，2006）系统回顾了有关环境设计、政策方针制定、支持性的环境和组织结构创造的研究，布朗（Brown，2012）系统回顾了大众传媒宣传对身体活动的促进作用，结果均表明城市设计的街道尺寸、社区规划和土地使用政策与总体身体活动呈正相关。这表明需要提供安全和有吸引力的社区环境，以促进人群的身体活动。

然而，交通和旅行政策对身体活动影响的研究较少，还无法得出明确的结论。改善环境促进步行和骑自行车的做法是否对促进身体活动有效目前还无法得知，需要更多的研究来提供证据。研究表明了大众传媒宣传的有效性，即通过大众媒体渠道向广大不活动的听众传播身体活动信息能促进其身体活动。

### 四、小结

当前，研究在个人层面和群体层面检验了身体活动的政策决定因素，但仍存在一些问题，主要表现为以下几点：

(1)研究设计、被试者群体、测量技术、决定因素调查、身体活动结果测量呈现多样性，导致跨研究的结果无法比较，并难以得出恰当的结论。此外，多数研究为横向研究，影响了研究结果的证明力。

(2)对年龄范围的划分在不同研究中存在差异，在少年儿童群体的研究中尤为突出，这限制了对年龄类别进行适当区分。

(3)对身体活动的测量采用非客观的测量方法，与客观测量方法相比数据的准确性存在缺陷。

(4)决定因素和身体活动结果的测量和操作定义在不同研究中也存在差异，这可能会导致在对变量进行分组时丢失一些信息。

尽管如此，该领域的研究还是得出了一些结论：在个人层面上，政策/规则限制了身体活动的时间，家长和学校应了解室外自由活动时间对儿童的重要性，重新设置工作时间，设置更多有利于成人身体活动的社会文化背景；在社区层面上，在规划、改善社区和市政时，政策制定者与城市规划者、建筑师、工程师、开发商和公共卫生专业人员应加强合作，共同促进群体的身体活动。总之，今后要重视对身体活动政策决定因素的调查，最好实施前瞻性研究设计，对身体活动进行规范定义、客观测量。

## 第六节　社会经济地位决定因素

社会经济地位及相关因素(如收入、教育和职业)可影响人们的态度、经验及贯穿生命历程中的若干健康风险因素，并已被确认为健康和幸福感的一个重要决定因素。与高社会经济地位家庭中的孩子相比，低社会经济地位家庭中的孩子在不健康生活方式、心血管疾病和全因死亡率方面有更高的风险。据斯汀尼

(Stringhini,2010)报告,一些不健康行为因素(如不活动、吸烟和不良的饮食习惯等)综合起来,能解释由社会经济地位导致的12%~54%的死亡率。社会经济地位与吸烟、饮酒和不良生活习惯之间的关系比社会经济地位与身体活动之间的关系更加一致,这可能是由于身体活动和社会经济地位的多维度特征造成了测量方法方面的问题而导致的。尚未有太多的研究试图将身体活动按照领域分类(如休闲身体活动、职业身体活动),并同时确定社会经济地位在生命历程中的关系。研究者需要关注单一成分,并让其代表整体身体活动和社会经济地位,或者使用社会经济地位的综合得分(如剥夺指数或社会经济位置)和身体活动的综合得分(如总体身体活动)来降低方法的不一致性。此外,已识别的影响身体活动的社会经济地位因素(如教育背景、职业和收入等)在未来干预措施和政策的制定与实施中应发挥重要作用。

在这里采用本尼克斯(Beenackers,2012)研究欧洲成人身体活动时划分社会经济地位的方式对社会经济因素进行分类,纳入的考察因素包括收入(个人或家庭收入)、教育(达到的最高教育程度)、职业(蓝领或白领)及其他社会经济预测指标(如居者有其屋、支付从事结构化身体活动所需的费用以及购买设备的能力等)。身体活动包括总的身体活动、中等到剧烈强度的身体活动、休闲身体活动和职业身体活动等。年龄分为学龄前儿童(2~5岁)、儿童(6~12岁)、青少年(13~18岁)、成人(19~65岁)和老年人(65岁以上)。此外,学龄前儿童和儿童的课间休息身体活动和课后身体活动也被考虑在内,成人对锻炼计划的遵守与执行也被考虑在内。在当前考察社会经济地位与身体活动关系的研究中,有12项研究考察了整体社会经济地位,5项研究考察了健身设备等的花费,6项研究考察了教育水平,6项研究考察了个人或家庭收入水平,2项研究考察了居民收入,2项研究考察了就业水平,2项研究考察了个人或父母的工作时数,2项研究考察了被试者父母职业和拥有住房对身体活动的影响。

## 一、不同年龄群体的研究结果

### (一)针对儿童和青少年(3~18岁)的研究结果

针对学龄前儿童的研究中一致发现,整体社会经济地位与总体身体活动无关,75%的研究也发现整体社会经济地位与中等到剧烈强度的身体活动水平无关。

在将儿童和青少年放在一起的研究中,社会经济地位也不总是与总体身体活动呈显著相关,75%的研究显示身体活动与社会经济地位无相关。然而,将儿童和青少年分开研究时,25%~75%的研究显示,社会经济地位能够影响总体身体活动水平。但由于该领域的研究结果不一致(一些研究显示社会经济地位与总体身体活动相关,而另一些研究显示不相关),所以目前仍无法得出明确结论。

针对儿童和青少年身体活动和社会经济地位的具体方面，研究结果也不一致。有些研究显示儿童和青少年群体中社会经济地位与课间休息时间的身体活动相关，但与课外身体活动不相关。

有10项研究考察了少年儿童父母教育水平和身体活动之间的关系，仅有不到25%的研究显示两者之间呈显著相关。只包括儿童或学龄前儿童的研究中，未发现父母教育水平和整体身体活动之间的相关。这一领域的研究全部是横向研究。

父母收入是社会经济地位的另一个衡量指标，有限的研究证据显示，父母收入与少年儿童的总体身体活动相关，父母拥有住房与总体身体活动不相关。父母职业和总体身体活动的研究结果不一致，25%～75%的研究显示父母职业是身体活动的决定因素，但在另一些研究中没得到此结果。

研究显示，父母工作时数对少年儿童的身体活动无影响。对健身设备等花费的研究结果不一致，没有区分儿童和青少年的研究显示，花费和整体身体活动相关，但是单独考察儿童的研究中没有发现此结果。

**(二)针对成人(18岁以上)的研究结果**

在针对18岁以上成人的研究中，社会经济地位与身体活动的相关最有说服力。75%以上的研究显示，总体身体活动、休闲身体活动和职业身体活动都与社会经济地位相关。有限的证据也显示，在65岁以上的老年人中，社会经济地位与总体身体活动和休闲身体活动相关。

对个人收入和总体身体活动的研究结果不一致，25%～75%的研究显示两者相关，而其他研究显示两者不相关。此外，有限的非决定性证据显示，收入与中等到剧烈程度的身体活动相关，这些研究结果都来自于横向研究。对40岁以上成人的研究显示，收入与锻炼计划的执行和坚持无关。也有一些证据表明，收入是影响锻炼方案选择的一个因素，但研究的样本较小，且均为横向研究。

有些研究还考察了亚群体的成年人。在农村女性亚群体中，教育水平、收入和健身设备花费等与身体活动无关。此外，有限的证据显示工作时数与身体活动相关。另一个被考察的亚群体是美国本地居民，在这个亚群体中，就业与总体身体活动无相关，而对教育水平和收入的研究结果不一致。还有研究考察了非裔美国人，在这个亚群体中，健身设备等的费用阻碍了身体活动(尤其是在女性中)，但研究证据有限。

## 二、结果解释

对该领域的研究结果显示，所有年龄组，尤其是成人群体中，整体社会经济地位、收入、健身设备费用等因素与身体活动存在一定的关系，但研究设计均为横向研究。

对成人而言，整体社会经济地位是当前唯一有足够证据能确定且对总体身体活动、休闲身体活动和职业身体活动产生影响的因素。这一因素在对 65 岁以上老年人的研究结果中也很明显，但证据的力度还不够。社会经济地位的特定因素（如教育、收入等）与身体活动关系的研究结果不一致，与总体身体活动和休闲时间身体活动的结果也不一致，这些可能是由于样本量小且呈现多样性、身体活动测量方法也呈现多样性而导致的。

虽然大多数相关没有统计显著性，但教育水平与不同类别身体活动之间的正向和负向关系都已被检验。例如，有研究发现，教育水平与休闲身体活动呈正相关，而与职业身体活动呈负相关。欧盟最新的身体活动数据也显示，与失业者、退休人员和居家工作的人相比，高社会职业类别（如经理、白领和自主经营者）个体的身体活动水平更高。

此外，大多数（68%）教育水平不高（10 年级以下，小于 15 岁）的欧洲公民报告不锻炼或身体活动不足。16～19 岁和 20 岁以上的群体中，47%和 27%的人报告的结果相反。这些结果表明，在研究身体活动时，除了准确评价身体活动和不同社会经济因素之间的关系外，还需要对身体活动进行准确区分。根据不同目的（如工作、休闲）、环境（如位置、社区类型、物理环境）、类型（如锻炼）和时间（如 1 天、1 个月或 1 年）等对身体活动进行区分可能更有助于确定身体活动的决定因素，减少研究结果的不一致性。

尽管社会经济地位对成人身体活动影响的研究结果比较明确，但对儿童和青少年的群体的研究结果却不明确：学龄前儿童（3～6 岁）的整体社会经济地位与整体身体活动似乎不相关，学龄儿童和青少年（6～17 岁）的研究结果不一致。当整体考察儿童和青少年时，社会经济指标与身体活动无相关。当将这两个年龄群体分开考察时，研究结果各不相同。一些研究表明社会经济地位与总体身体活动相关，而其他研究则显示不相关。由于儿童和青少年的年龄跨度较大（4～18 岁），以及身体活动在青春期会出现急剧下降，因此当将少年儿童视为一个群体时，很难准确识别社会经济地位与其身体活动之间的关系。身体发育和社会交往的许多变化发生在从童年到青少年的过渡中，这些变化可直接影响身体活动水平。例如，当孩子还小的时候，父母对他们的身体活动参与有很大影响，但随着年龄的增长，孩子获得了更多的独立性，并且越来越多地接触到其他环境（如学校环境、同辈影响等），因此父母的影响也会减少。身体活动花费对身体活动也有一定的影响，这取决于孩子的年龄：在年幼的儿童中，身体活动往往是游戏化、非结构式的，几乎不产生额外的费用；而在年龄较大的儿童和青少年中，参加俱乐部、购买设备等往往会产生一些费用，这可能会影响社会经济地位弱势青少年的身体活动。

在儿童和青少年群体中，导致社会经济地位和总体身体活动之间关系不一致的另一个原因可能是身体活动是一个多成分的复杂变量。有些研究将儿童和青少年的身体活动分为2个领域——课间身体活动和课外身体活动。斯坦利(Stanley,2012)研究表明，在少年儿童中，社会经济地位与课间身体活动存在相关，而与课外身体活动不相关，但该研究的被试者都是女生。在校期间，体育课和游戏能促进孩子们经常进行身体活动，但这些对日常整体身体活动的贡献较小。

基于当前的研究现状我们可以得出结论，青年时期社会经济地位对身体活动的重要性随着年龄的增长而增加，但仍需进一步的证据来检验。与成人相似，对身体活动进行分类考察更有助于了解社会经济地位对身体活动的影响。

身体活动影响因素的研究中只有2项研究对社会经济地位或其相关因素(收入、教育、就业等)的影响进行了综述，其余的综述研究主要集中于社会、生物和环境因素。此外，大多数独立研究只考察了社会经济地位的一个组成部分，如收入、教育或健身设备费用等，这些都影响了研究结论的得出。

上述研究还存在一些局限性。首先，社会经济地位是一个理论结构，涉及各个测量维度(如收入、职业、教育等)，这些维度构成了一个理论结构的不同组成部分。然而，当前研究中对社会经济地位的概念结构不统一，因此也使得测量的结构不相同。对社会经济地位的定义不一致可能导致研究得出的社会经济地位和身体活动之间的关系也不一致。尽管在研究中经常使用"社会经济地位"这一概念，但是考察的仅有教育水平、收入和职业等因素，其他因素未涉及。

该领域的研究主要是横向研究，只能确定相关关系，无法确定因果关系，即不能得出哪些是决定因素的结论。研究方法的缺陷也很明显，包括发表偏误等。大多数研究都是在发达国家地区(如欧洲、北美洲和澳大利亚)实施的，因此一些欠发达国家的社会经济决定因素的作用尚不确定。

### 三、小结

在成人群体中有一些明确的研究结论，但在少年儿童群体中却无法得出明确的结论。具体的社会经济地位测量(如整体社会经济地位、教育水平、收入和健身设备费用等)能应用于特定目标群体干预措施和方案的制订和实施。个体和群体相关的干预需要针对强烈影响行为并有可能导致行为改变的相关因素。

在今后的研究中，既要确保恰当的研究设计，又要使用一致、可靠和有效的测量方法来测量被试者的身体活动和社会经济地位。开展身体活动多维度测量时，需要对各维度与社会经济地位的相关逐一描述。有必要在成人群体中进一步了解社会经济地位各组成部分和身体活动的相关。此外，了解弱势群体社会经济地位与身体活动之间的相关也是很重要的。

# 第四章　青少年身体活动行为促进多元联动的理论基础

## 第一节　生态系统模型

伴随着现代文明的不断进步，人们的身体活动也在逐渐减少，健康问题变得日益显著，如心脑血管疾病等各类健康问题频发。如何增强居民体质、遏制身体活动水平下滑的趋势已成为公共健康领域急需解决的重大问题。基于个体水平的身体活动模型从个体层面来研究人的行为变化，对促进个体的身体活动产生了积极的效果，但它最多只能解释身体活动行为变化20%～40%的方差；随着干预的结束，干预效果通常仅能维持几周，随后原有的外界环境又使他们恢复到了不锻炼的状态。因此，需要一个全面的、多层次的理论来对健康行为进行解释、干预。斯彭斯(Spence，2003)在对前人研究总结的基础上，全面构建了锻炼行为生态学模型。

### 一、锻炼行为生态学模型理论来源

生态学模型属于群体健康行为理论。该理论建立在生态学理论基础之上，研究个体和环境对人的影响，认为个体的行为是由多种因素共同影响的。

社会生态模型最早是由库尔特·勒温(Kurt Lewin)在1936年提出的，他运用生态心理学描述外部环境对个体的影响。随后罗杰·巴克尔(Roger Baker)在对日常生活中儿童的行为进行长期观察后于1968年进一步发展了该模型，将行为背景扩展为社会环境和物质环境，并认为行为背景的特点与一系列心理状态和行为有紧密的联系。

1977年，布朗芬·布伦纳(Bronfen Brenner)将个体外在因素分为最接近个体的微观因素和远离个体的宏观因素。行为的影响因素和干预因素分为个体的内在因素(个人)和外在因素(环境)，内在因素即人的信仰、态度、行为等，外在因素包括政策、社会文化背景、自然环境等。

梅里洛(MeLeroy)在1988年提出，有5个层次的因素相互作用并共同影响个体健康，分别为个体因素、人际和团体因素、制度因素、社会因素和政策因素等。梅里洛深入挖掘了影响人身体活动行为的2个因素，即个体因素和社会因素。他认为，个体因素是社会生态学模型的最近端，包含自我观念、立场态度、行为做法、知识、技能等个体特征。社会因素包含人际、组织、社区、公共政策这4个影响人们身体活动行为的不同层次的因素。人际因素关注的是社会支持，分为正式与非正式的社会网络，如家庭、同学、同事等；组织因素关注组织，分为组织特征、正式与非正式规则；社区因素指有确定边界的组织机构，关注相关群体和组织间的关系对人们行为的影响，学校被认为是借助身体活动促进学生健康的最合理环境；公共政策因素是社会生态学模型的最远端，指地方及国家的法律制度。

苏瑟尔(Susser)在1996年提出，如果个体特征和环境特征能彼此促进、产生协同作用，两者将共同提升健康行为；如果个体与环境之间的联系不够紧密，就难以形成好的协同作用，从而会导致行为的执行出现问题。

埃蒙斯(Emmons)在2000年提出，在社会生态模型中，近端水平的健康行为会被远端水平影响，尽管远端水平距离个体较远，但其对行为产生的影响相对近端水平更为广泛。在对行为的干预中，可以将远端水平的干预与宏观系统结合改变群体水平行为，近端水平的主要干预目标为内部系统或微观系统。

温德尔-沃斯(Wendel-Vos)等在2007年进一步完善了社会生态模型，细分了模型中远端环境影响因素，将其划分为4个环境，分别是物理环境(客观的身体活动条件)、社会文化环境(健康行为的观念与态度)、经济环境(健康行为经济成本)和政治环境(影响健康行为的规则制度)。

完善后的社会生态模型基本框架如图4-1所示：

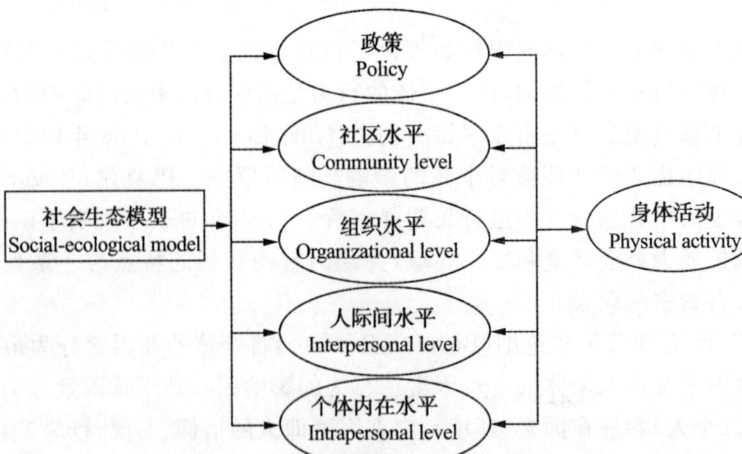


图4-1　社会生态模型基本框架

## 二、锻炼行为生态学模型演变

20 世纪 70 年代，美国发展心理学家布朗芬·布伦纳对传统发展心理学提出批判。他指出，传统的发展心理学研究脱离了情境，这种“去情境化的发展研究”带有明显的局限性。他主张在生活情境（人生活的真实环境）中研究发展，并于 1977 年首次提出了生态化系统理论，从生物生态的角度看待人类发展，在真实的情境中研究儿童行为的变化情况，论证了研究儿童、青少年心理发展的新方向。他于 1979 年发表的著作《人类发展生态学》完整地阐述了人的发展研究的生态化理论取向，强调了环境和人的相互作用关系，并将环境因素按照与个体行为之间的密切度分为层层相扣的不同等级。布朗芬·布伦纳和同事于 1994 年精确定义了“生物生态学模型”。他们认为个体成长受到生物特性及环境力量的双重作用，并提出了“最近过程”的概念。“最近过程”是对“最近发展区”的一种发展。“过程-人-环境-时间”的 PPCT 模型（Process-Person-Context-Time model，PPCT）成为了布朗芬·布伦纳理论的核心。其对 4 个组成生物生态学模型的核心概念界定如下：

（1）过程是人类发展的主要机制，过程建构了特殊形式，包含有机体和环境之间的相互作用，被称为“最近过程”，在 PPCT 模型中扮演着至关重要的角色。

（2）人的特征被划分为 3 种类型，即需要特征、资源特征和动力特征。人的特征既是发展的动力，又是发展的结果。

（3）环境与过程严格区分，是一个动态系统的嵌套结构，在微观系统中分为 3 个成分，即最近过程、人的特征以及环境。

（4）时间被划分成 3 个继时性水平，即微观时间、中间时间和宏观时间。过程构成了该模型的核心，时间维度贯穿人一生的发展。在时间维度下，我们不仅要考虑个体在发展中的环境和自身变化，还要考虑对个体发展起作用的其他所有因素。

以上 4 个核心成分互相作用、互相联系，构成了一个动态的系统。总之，发展生物生态学模型为揭示人发展的本质提供了一个新角度。

生物生态学模型基于生态系统理论，对传统发展心理学进行了批判，从生物生态角度看待人类的发展，属于环境多元系统理论。布朗芬·布伦纳提出，少儿发展所在的环境是存在结构的，是由多重关系组成的系统。环境层次分为 4 个系统，分别是微系统、中系统、外系统和宏系统，这 4 个环境系统通过相互作用，共同对个体行为施加作用：

（1）微系统是指直接与个体发生互动的环境系统，即对人产生最直接影响的环境，如儿童直接接触的生活环境（学校、家庭等）、日常接触的人群（父母、朋友、老师)等。

(2)中系统是指个体及其所在的微系统以及微系统之间的过程或联系,两个或多个微系统通过互相作用来影响个体的行为。如家庭支持和学校场地设施,这两个微系统都会影响学生的身体活动水平。

(3)外围系统是指发生在两个或多个环境之间的作用过程与联系,是个体并未直接参与但对其发展有间接影响的环境,由父母的工作环境、邻里社区、学校管理部门、网络类型等构成。这几个构成部分之间相互作用、相互影响,间接影响个体的发展。例如,父母教育子女的方式会因他们的工作单位不同而有所差异,因而父母的工作单位会间接影响子女的行为。

(5)宏系统是一个包括社会宏观层面的文化系统,如法律法规、价值取向、意识形态、风俗习惯、发展状况、生产实践等,它反映了某种社会文化与亚文化的立场和观点。微系统、中系统和外围系统都是宏系统的子系统,这 4 个环境系统相互作用,共同影响人类的发展。不过,布朗芬·布伦纳的理论仅分析了外界环境因素对行为的影响,却忽略了个体因素也会影响行为。

瓦奇斯(Wachs)于 1992 年在布朗芬·布伦纳生态系统理论的基础上添加了社会支持、物理特征和高水平调节 3 个变量,构建了对儿童发展具有重要作用的环境结构模型(Structural Model of the Environment,SME)。该模型用于描述环境对身体活动行为的影响,可帮助人们理解环境对儿童发展的作用。SME 认为环境因素是分等级的、多层次的、多维的,描述的是一个在空间和时间上运行的动态系统,认为各因素之间相互作用、相互影响,通过高水平调节变量间接影响个体行为。

维克是较早运用社会生态系统理论研究青少年身体活动影响因素的学者,他于 1999 年提出的"青少年锻炼促进模型"(YPAP)被称为"启发性模型"。该模型基于生态学理论框架,结合青少年生长发育中心理和行为的特点,弥补了理论与实践之间的差距,被用作体育活动推广计划的指南。YAPA 认识到了个体因素对儿童活动参与的影响,在个体认知水平上对个人能力做了有用的区分,如对能力的感知、自我效能感、快乐、信仰、态度等。该理论将影响未成年人身体活动行为的要素及相互关系分为倾向因素、促进因素、强化因素。

塞利斯和他的同事发现了指导环境和政策干预理论的缺乏,为此他们提出了新的假设用于利用宏观措施实施锻炼干预,推动了环境和政策对锻炼行为影响的研究,但其假设忽视了家庭环境对锻炼行为的作用,而且没有将宏观干预中的文化因素考虑在内。塞利斯和欧文(Owen)还在系统分析布朗芬·布伦纳生态学模型的基础上,系统论述了生态学模型对锻炼研究和身体活动促进的作用,并以阐述个人、环境、行为相互关系的社会认知理论为基础构建了倾向因素。倾向因素体现了社会认知理论的个体维度，与促成因素和强化因素的联系体现了个体与环境的关系。他们认为生态学模型是个人、社会和环境特征的类型学。

锻炼行为生态学模型最早由西蒙斯提出。该模型从 3 个水平(个人、组织、政府等)和 4 种场合(学校、工厂、疗养院、社区等)的影响因素来研究对锻炼行为的影响。与此同时，梅里洛也提出了与之相近的行为决定 5 要素，但是没有具体说明物质环境因素的行为决定性，以及在某些环境下哪些要素会影响运动方式和运动量。

2003 年，斯彭斯对瓦奇斯的环境结构模型进行了修订与补充，深入探究了环境结构模型的 4 个等级，并论述了高水平调节变量的定义及具体内容。他提出，高水平调节变量主要是由生物遗传因素和心理因素组成的。斯彭斯将该模型用于体育运动领域，以身体活动行为为研究内容，构建了全新的锻炼行为生态学模型。

不断演变的锻炼行为理论模型开启了锻炼心理学发展的新时代。伴随着研究的不断开展，锻炼行为理论的研究也从行为解释逐渐演变到行为干预，从影响行为的认知因素逐步扩展到环境因素，从对个体单方面的研究逐步扩展到对组织群体的研究。理论的发展历经了由健康信念模型至锻炼行为生态学模型的进程，强调了锻炼行为理论模型应用策略的变更，实现了理论与实践的结合，形成了研究视角从关注个体向关注群体的转变。

### 三、锻炼行为生态学模型内容

锻炼行为生态学模型认为，个体身体活动受环境因素、生理因素和心理因素的共同影响。环境因素根据与个体关系的远近及密切程度可分为以下 4 个不同的系统：

(1)微观系统：该系统与个体距离最近且直接发生相互作用。

(2)中间系统：该系统由 2 个或 2 个以上的微观系统相互作用。

(3)外围系统：该系统是一个较大的、可以通过多途径影响个人和环境的系统。

(4)宏观系统：该系统位于最远端并将前 3 个系统包含在内。

锻炼行为生态学模型为理解行为的发生提供了一个准则，即可以从不同的综合水平去定义环境，这对环境因素的鉴别和归类产生了重要的指导意义，现简述如下：

(1)微观系统主要指特定环境下与个体直接接触、相互影响的场所，如工作单位、家庭和学校等。这些场所通过其社会特征(如教练和朋友的言语鼓励)和物质特征(如高质量的运动设施、运动场)影响个体的身体活动。我们所认知的身体活动一般受多个微观系统的影响。

(2)中间系统围绕在微观系统周围，是由环境之间的联系组成的，通过 2 个或 2 个以上微观系统的相互作用影响身体活动行为。中间系统最重要的特点是环境间的"联系和运作"。例如，一个学生的家庭(微环境)和学校运动设施(微环境)会影响学生的身体活动水平，而家庭微观环境既可直接影响个体的身体活动，又能通过物质支持、社会支持影响学校的微观环境并影响个体的身体活动，学校微观环境也可以反过来通过影响家庭微观环境而影响个体的身体活动。所以中间系统不但呈现了环境因素的积极方面，同时还体现了环境间与环境内各因素的相互影响。

(3)外围系统是一个较大的社会系统，不直接影响行为的外部环境条件，如通过政治、文化、经济、道德规范来影响个人和环境，以及通过工作、大众传播媒介、学习场地对身体活动的支持等。外围系统由 2 个或 2 个以上微观系统的联系和过程组成，在这中间至少 1 个微观系统与体育活动是否积极没有关系。例如，家长工作地的健康促进计划和孩子学校体育活动之间的关系一般被划分为外围系统。

(4)宏观系统距个体行为最远，包含了外围系统、中间系统和微观系统，是个体所在环境的文化价值观念与社会等级结构等，具体是指安全的社区环境、信仰、场所、资源、社会交换、文化价值和生活方式模式等因素。宏观系统环境变化所造成的压力及物理生态环境仅能借助其他调节变量间接对个体锻炼行为发挥作用。

锻炼行为生态学模型不仅考虑了环境中的 4 个维度，还综合论述了影响行为的心理因素、生物遗传因素、物理生态因素和宏观系统变化压力。

物理生态环境和社会环境间接影响着个体锻炼行为，可分为宏观系统的调节作用和通过心理因素、生物遗传因素的间接作用 2 条途径。此外，各系统维度不仅可以直接影响个体的锻炼行为，还可以通过高水平的调节变量(即生物遗传因素和心理因素)发挥间接的影响。各维度间不单有一对一的直接作用，还有一对多的跨系统维度相互作用，各系统互相作用、共同影响，每一维度的变化均对其他维度产生影响。

要全面认识身体活动行为，就必须辨别个体因素、自然生态因素和环境因素在生态学模型中担当的角色。个体因素包括生物因素(体适能、体成分、性别、年龄等)和心理因素(如决策、态度、认知、自我效能、个性、爱好、社会支持等)，个体因素对行为的影响是毋庸置疑的，外在环境可直接影响个体的锻炼行为，或通过对个体产生某种效应而间接地影响个体的锻炼行为。研究显示，能量消耗在某种程度上会由"活动状态"或控制个体活动能力的"生物控制点"通过控制个体参与活动的数量来控制。戈兰、高尔和约翰逊(Goran,Gower,Johnson,1998)研究发现,当女孩开始经历青春期时,她们为了维持基础代谢、满足生长发育的需要,需减少50%的运动量,以便为青春期的成长和成熟做准备,这被认为是一个能量守恒机制的证据。如果没有这样的机制,那么青少年身体活动中性别差异的解释需要包含比通常的社会学(如角色)或文化解释更多的内容。此外,某些研究显示,部分身体健康指标(如身体成分、灵活性、速度、柔韧性)在某种程度上是由遗传决定的。

在瓦奇斯(Wachs,1992)的模型中,"高水平调节变量"包括生物遗传因素和心理因素。生理因素更可能成为影响个体外在因素与行为的调节变量而不是中介变量。也就是说,生理因素(如身体成分、身体健康、青春期状态)可能会影响活动的类型和程度,但不能被当成原因变量去解释身体活动的参与程度。个体外在因素对行为作用的中介变量更多的是心理因素,如认知能力和人格结构。有充分的证据表明身体活动与自我效能感、感知障碍、感知利益、活动享受和社会支持等概念之间存在关系(Sallis,1999),因此,研究人员基于认知或人格取向而构建了一些理论,并明确了介质,如社会认知理论(Bandura,1986)、计划行为理论(Ajzen,1991)、运动自尊模型(Sonstroem,1989)等,用以解释环境与行为之间的关系。物理环境对生物和心理因素都有直接的影响,而生物和心理因素又可能在物理环境和身体活动之间起着第三变量的效应,中介或调节物理环境与身体活动之间的关系。例如,热应激和空气污染会损害人们参与身体活动的生理状态,生理状态和环境可能会影响心理因素(例如态度)并限制身体活动的参与。恶劣的气候条件(如寒冷和结冰等)常常被认为是老年人参与户外活动的障碍。

锻炼行为受自然生态系统(气候、地理位置)和社会压力(社会化、现代化进程)的影响。加拿大因纽特人的活动内容和方式(如室内运动会、合作狩猎活动)在很大程度上由气候和地理位置决定。然而,不断发展的现代文明也改变了因纽特人世袭的文化规范和生活方式。此外,环境可通过个体因素间接影响人的身体活动,个体因素又分为生理因素和心理因素。例如,自然生态可能通过影响心理因素来限制身体活动参与(如气候改变人们对某项活动的态度)。物理环境通过个体因素和宏观系统间接地影响个体的身体活动。现代化、城市化的社会发展渐渐改变了人类的生活方式,从而间接地影响着人的身体活动。生活空间直接或间接地影响着个体的锻炼行为,如社区健身场所的建设会增加社区居民参与运动的可能性,如果健身场所设立在交通便利、环境幽雅之处,健身器械简单易懂、可操作性强,健身场所内提供完善的服务设施,那么这种环境就会使居民的锻炼态度变得积极。

从个体层面来看，在环境结构模型中的层次越高，对行为的影响就越大。个体行为受到各层次、各因素之间的相互作用、共同影响，因此，宏观系统维度和全体人群行为水平上的共同改变是上游系统干预的目标，而下游干预只针对中系统或微观系统2个层面。较高维度的系统干预可以改变较低维度内的系统环境和个体行为之间的关系模式。例如，在学校（中级系统）提供高质量的体育教育可以加强或减少父母对孩子在家（微系统）进行体育活动的支持。环境结构模型还存在双向性，较低维度的系统环境也可以对较高维度的系统环境发挥作用。例如，如果养老院的居民要求高质量的运动项目和设备支持，就可能会引发活动指导员为老年人制定的认证指南和此类项目政策的改变。瓦奇斯（Wachs，1999）的主要观点是，越接近个体的环境维度，对即时行为的影响就越大。因此，支持性的近端环境（如父母对活动的支持和积极的学校计划）可以缓冲有害的宏观系统的影响（如低社会经济状况）。

根据生态系统模型，环境因素对身体活动有直接和间接的影响。例如，假如楼梯是通向办公室的唯一途径，那么这个环境就会增加爬楼梯的可能性。如果楼梯被设计得巧妙，良好的环境对人有吸引力，那么就会使人们更加积极地爬楼梯。

单一的因素很难解释和改变行为，倾向因素、促成因素和强化因素3方面的共同作用改变了锻炼行为生态学模型对人类行为的理论建构。锻炼行为生态学模型将各类因素进行整合，分析了身体活动行为的社会环境因素与自然环境因素，对学校、社区、家庭、个体和政策多层次、多方位综合的锻炼行为研究具有指导作用。锻炼行为生态学模型认为锻炼行为是环境、生物、社会等因素动态交互作用于社区、家庭、个体的结果，相对于个体层面以及群体层面的理论模型，其对锻炼行为的解释更合理。该模型从理论上将行为和教育与社会文化、政策和物质环境结合在一起，用于干预个体锻炼行为的选择和坚持。多场合、多层次的共同干预将会使健康行为的改变更容易、维持更持久。

根据环境、个体和行为之间的关系，锻炼行为生态学模型提出了以下5个假设：

(1)更远端过程对身体活动的影响会受到近端因素的缓冲。例如，如果学校有一个高质量的体育教育项目，并且有一个支持体身体活动的家庭，那么即使家庭经济地位较低也不会影响孩子的身体活动。同样，如果没有家庭或学校环境的支持，那么即使家庭经济地位较为优越，孩子也很难活跃地参与身体活动。

(2)环境对身体活动有直接影响，这是生态模型中的一个关键命题。因此，即使个体的性格倾向（如认知结构）不起作用，个体外部因素与身体活动之间的关系仍然是存在的。

(3)心理因素在很大程度上调节了个体外部因素与身体活动之间的关系。

(4)生物和遗传因素影响着身体活动的参与。

(5)生物和遗传因素对身体活动的影响受外部环境因素的影响。

作为一个概念分析框架,锻炼行为生态学模型广泛地应用于对健康行为的研究中,为研究影响身体活动的各方面因素提供了一个新视角。但该模型在实际运用中依然面临许多挑战,需对该模型进行适当的修订后再设计干预计划,这样才能使其适用于不同人群和不同行为。此外,还需将其他理论整合到这一多水平框架中来。目前针对该模型的实证研究还很少。

## 四、生态系统模型的应用

生态系统模型的应用主要是在儿童发展领域。自 20 世纪 70 年代开始,布朗芬・布伦纳就在发展社会心理学中倡导生态心理学,在发展心理学传统研究模式的基础上,他开拓了新的研究视角,即在真实情境中研究发展。他提出的人类发展生态学理论扩展了心理学研究中环境的概念,将环境看作一个不断变化发展的动态过程。传统的发展心理学研究只关注影响儿童的即时环境(即仅局限于儿童周围随时发生的事件和情况),在实验中控制的也仅是明暗、噪声、温度等儿童身体附近的环境,这使“环境”的概念大大缩小了。生态系统模型把环境视为一系列相近的结构,将“环境”的范围拓展得更宽、更复杂,突破了已有研究中对环境定义的局限性。生态系统模型认为环境不仅包括儿童周围的环境,而且从家庭一直扩展到学校、街坊社区环境以及影响儿童发展的大的社会、文化环境。以此为基础,实验研究的内容更有实际意义,更强调人与环境的相互作用,实验的信度效度也随之提高。生态系统模型将行为系统定义为人生活在其中并与之相互作用、不断变化的环境,按照对儿童成长发展影响的直接与间接程度可划分为微观系统、中型系统、外围系统和宏观系统这 4 个系统。在对环境影响进行了细致分析后,通过对环境因素实施干预,便可促进儿童的发展。例如,父母工作单位这一微系统可以决定父母的工作压力,从而影响他们与子女的关

布朗芬・布伦纳将时间维度作为参照体系用于研究个体成长中的心理变化,强调了人的发展的动态性。过去心理学家关注的是伴随时间的改变,发育成熟在个体成长过程中对个体发展的影响,而布朗芬・布伦纳认为时间系统的最简单形式是关注人一生的过渡点,将影响发展的偶然性与必然性因素结合起来,从而推动了发展心理学的发展。

2004 年,席居哲、桑标、邓赐平发表的《儿童心理健康发展的家庭生态系统特点研究》一文中以生态系统理论为指导,借助统计学方法,研究了 746 名中小学生的家庭生态系统,筛选出了影响儿童心理发展的家庭生态系统关键变量,从

结构化、系统化的视角探究了儿童心理健康发展的家庭生态系统特点。

2007年，车广吉、丁艳辉、徐明发表的《论构建学校、家庭、社会教育一体化的德育体系——尤·布朗芬·布伦纳发展生态学理论的启示》一文基于布朗芬·布伦纳提出的发展生态学理论，探讨了我国青少年德育中学校、家庭、社会教育的概况，论述了发展生态学理论对于构建学校、家庭、社会“三位一体”的德育一体化体系的借鉴和启迪作用。

卢玲在2010年发表的《儿童心理健康发展的家庭生态系统观探析》一文以生态系统发展观为理论基础，进行了儿童心理健康的家庭生态分析，发现了其中存在的问题，如理论认识片面化、教育对象孤立化、目标定位简单化等，并提出了建构合理的家庭生态系统的方法。

马富成、马雪琴发表于2011年的《尤·布朗芬·布伦纳的发展生态学理论与幼儿亲社会行为的养成》一文中提出，亲社会行为形成和发展的关键期是幼儿期。文章基于布朗芬·布伦纳的发展生态学理论提出了4个帮助培养幼儿亲社会行为的建议，意在更好地帮助幼儿发展社会性，培育良好人格。

王海英2012年发表的《青少年心理健康发展的家庭生态系统研究》一文先是阐述了生态系统发展观，接着又探讨了青少年心理健康发展的家庭生态系统，分析了环境子系统内变量和环境子系统间变量。

杜宁娟2013年发表的《从布朗芬·布伦纳生态系统理论的外层系统看儿童发展》一文基于布朗芬·布伦纳的生态系统理论，探讨了外环境（父母的工作单位、家庭所处的邻里社区、学校管理部门、学生可以访问的网络站点）对儿童健康发展所产生的影响，有选择地接受和应用了生态系统理论，为看待和处理儿童心理健康问题提供了崭新的视角。

苏晓红、李炳光、田英于2017年发表的《基于社会生态学模型的青少年体育锻炼行为相关因素分析》一文基于健康行为生态学模型，借助问卷调查、访谈等研究方法，从个体、家庭、学校、社区和政策等层面分析了影响青少年体育锻炼行为的因素及其联系，为帮助青少年培养体育锻炼习惯提出了干预措施。

### 五、生态系统模型及锻炼行为生态学模型在身体活动领域的应用

锻炼行为生态学模型是锻炼心理学领域研究的新兴方向，现有研究从个体的不同层面和环境层面对身体活动行为进行了分析，意在全方位、多角度地实施身体活动干预。

锻炼行为生态学模型认为个体的身体活动受环境情境和生理心理因素的共同影响。相对于针对锻炼行为生态学模型自身的研究，人们更关注如何运用它促进身体活动，如美国的“健康国民2000计划”（Healthy People 2000）、澳大利

亚的“身体活动工作组”等。这些成功的身体活动促进计划说明，只有把政策的施行、可支持性环境的营造和健康教育结合起来，同时从生活空间各个系统进行针对性干预，才能在整体水平上提高人参与身体活动的积极性和持久度。伴随着我国全民健身计划的开展，研究者们逐渐认识到了发展生态学策略在促进身体活动行为方面的必要性。当前关于锻炼行为生态学模型的研究主要有 3 类，即行为三要素说、四维度观和五层次论。

**(一)三要素说相关研究**

埃文斯和马莫(Evans，Marmor，1994)把锻炼行为生态学模型中影响个体锻炼行为的因素归纳为 3 类，分别是倾向性因素、促成性因素和强化性因素。

1. 倾向性因素

倾向性因素一般先于行为，是一种先行因素，它为行为改变提供理由。倾向性因素通常是产生某种行为的愿望或动机，或者诱发产生某种行为的因素，如态度、信念、知识、自信心、价值观及现有技能、自我效能等。

2. 促成性因素

促成性因素包括服务、行为、干预项目和环境改变的必需资源，或行为改变所需的新技能。促成性因素是实现或达到某行为所必需的技术和资源，即允许行为动机、愿望得以实现的先行因素。

3. 强化性因素

强化性因素是在行为后为行为的持久或重复提供持续激励或奖赏的因素，如社会支持、同辈影响等。

格林和库特尔(Green，Kreutre，1999)在 PROCEED 模型的基础上，顺应锻炼行为生态学模型的发展提出了格林模型(又称“PRECEDE-PROCEED 模型”)。格林模型是一种综合性的计划制定体系，基于评价社区和人群的需要，其分为诊断、实施和评价 3 部分，并提出了满足目标人群和目标社区需求的步骤和措施。该模型的主要内容是各种行为、环境、机构的诊断，以及实施和评价。

徐娟等(2012)基于健康促进生态学理论，在健康促进医学领域对患者的寻医行为进行了探讨，从寻医行为、影响因素和干预措施三大层面构建了患者的寻医行为模式，并面向患者个体和医疗机构给出了切实可行的建议，较好地适应了现代健康促进研究与实践工作的需要。

张戈(2011)在体育锻炼行为领域对影响北大学生锻炼行为的 3 类因素展开了研究，促成因素的研究内容是学校对体育锻炼制定的相关政策，强化因素的研究内容以体育类社团为主，并将促成因素和强化因素总结为环境因素。研究显示，健康行为生态学模型不仅解释了大学生的体育锻炼行为，而且拓展了新的方向与途径，即体育锻炼行为研究的环境层面与社会层面。

陈培友等(2014)借鉴 PRECEDE-PROCEED 模型,从组织、诊断、实施、评价到最后的组织反馈,依次运作了青少年身体活动促进社会生态系统模式。结果显示,提高组织能力、实现组织变革与创新、加强项目的实施效果、改善身体活动环境、增强青少年的身体活动能力都离不开多阶段的组织流程模式。

我国学者在身体活动促进领域应用健康行为生态学模型的行为影响三要素理论,为个体行为干预策略的制定提供了指导意见,但研究多倾向于理论研究,实证研究相对较少。

**(二)四维度观相关研究**

锻炼行为生态学模型的四维度观即微观系统、中间系统、外围系统和宏观系统 4 个维度上的研究。

霍兴彦等(2012)在锻炼行为生态学模型四维度观的基础上构建了青少年健康促进的服务体系,提出政府应加强干预,形成系统观念,以政府领导、依托社会的布局共同促进青少年的体质健康。

李俊等(2013)简要介绍了锻炼行为生态学模型,论述了较低维度的系统环境和个体行为可以被较高维度的系统干预所改变,同时较低维度的系统环境也可以对较高维度的系统环境发挥作用,系统环境越接近个体,其对个体行为的影响就越直接。

锻炼行为生态学模型的四维度观常应用在行为学、心理学、社会学等领域。该理论不仅可解释各领域中不同群体的行为现象,而且从不同角度综合分析了影响各群体行为的因素。美中不足的是,宏观系统维度不容易具体化,各类观点纷繁复杂,并不统一。目前我国青少年体育锻炼中的理论应用研究多立足于生态学模型的微观和宏观系统,对外围系统和中间系统的影响及实践干预研究缺乏全面深入的探究。

**(三)五层次论相关研究**

生态学模型的 5 个层次包含个体层面、人际间层面、机构层面、社区层面和公共政策层面。生态学模型的最近端水平是个体层面,基于个体的身体活动理论主要围绕态度、动机、信念、个体特征、自我效能等变量对身体活动进行解释。人际间层面的重要变量是社会支持,它和人际关系是影响青少年身体活动参与的重要因素之一。学校被认为是机构层面最合适的通过身体活动促进青少年健康的环境。居住社区的设计、布局可影响青少年的身体活动程度,如果青少年所在的社区便利性较低,就更可能在家里进行身体活动。生态学模型的最远端水平是政策,相对于近端水平它对青少年身体活动的影响作用更大。梅里洛等在 1988 年提出,虽然行为决定的五层次模型没有指定环境因素,但是其仍是身体活动生态学模型的基本要素。身体活动发生在某一环境中,环境就会影响运动项目的选择及运动量。这一理论在身体活动领域的研究相对较多。

1. 个体因素

个体因素是社会生态模型中的最近端水平，包括生物因素和心理因素，基于个体的身体活动理论（如计划行为理论、社会认知力理论、转换理论模型、双加工理论等）都围绕这些变量进行。生物因素决定了青少年所选择的运动项目类型和运动过程中所能承受的负荷，体能状态较好的个体更愿意从事强度较大且富有挑战性的运动项目。在个体外的环境和行为之间生物因素更多地是起到一种调节作用，而心理因素主要起中介作用，社会认知理论、计划行为理论都检验了这种中介效应的存在。此外，还有不少研究表明身体锻炼与某些心理因素（觉察到的障碍、自我效能、乐趣、觉察到的利益和社会支持等）之间存在一定的相关性。影响个体行为的内在因素是心理因素，包括认知、动机、态度等。要想推动和长期维持青少年参与课外体育锻炼，必须致力于提高青少年的体育锻炼动机，尤其是他们的内部动机。个体渴望通过体育锻炼来改善自身形象会对体育锻炼产生一定的激励作用。对身体形象的认识受个体所在的社会文化环境的影响，包括对自身的外表、健康、体型、体质等方面的主观评价和态度。

2. 人际间层面的社会支持因素

影响青少年参与身体活动的重要因素之一是人际间层面的社会相互作用和人际关系，代表这种相互作用和人际关系的重要变量是社会支持，它对青少年参与身体活动有重要的影响。不同学者对社会支持的定位不同，科恩和塞米（Cohen，Syme，2006）认为社会支持是由他人提供的资源，卡普兰（Caplan，2012）认为社会支持是个体所拥有的能帮助个体期望目标行为的多方面资源，如家庭、教师、朋友和社会物质条件等。家庭是青少年生活的中心，青少年获得支持的一个重要来源是家庭，主要包括信息和情感支持、器械支持等。大量研究表明，父母对身体活动的认知水平与子女参与身体活动的发展方向显著相关。当前研究主要关注父母的支持对青少年身体活动的影响，对兄弟姐妹支持的相关研究较少。塞利斯认为，兄弟姐妹的支持对青少年身体活动也会产生部分影响。当然，当前我国青少年以独生子女居多，故对兄弟姐妹的研究价值不大。青少年维持长期锻炼行为的另一个重要社会支持来源是同伴和朋友，在锻炼过程中他们能够相互鼓励、相互协作，分享各种信息、运动设备和交通工具，共同享受体育锻炼带来的乐趣，发展相互之间的友谊；在遇到困难时可互相安慰，并通过合作完成期望的任务、克服各种困难、获得自尊自信，共同创造良好的锻炼氛围，维持青少年长期进行体育锻炼的动机。

3. 组织层面的学校因素

学校体育教学是系统中影响学生体育锻炼行为最重要的一个因素，大多数青少年的身体活动都发生在学校的体育课上。学校体育教学在学校规章制度、师资、体育场馆、体育设施、校园文化等环境因素及生态因素的共同作用下对学生的体育行为产生影响。为帮助青少年达到身体活动标准，需要通过体育教学来增加学生对体育的认识，提高学生的锻炼兴趣，教会学生体育锻炼的方法，在体育课之外开展丰富多彩的体育活动，充分利用课余时间帮助学生养成体育锻炼的习惯等。体育场馆和运动设施对学生的锻炼行为也有重要的影响，学校通过加强管理以及提供更多的固定设施能有效促进学生身体活动的积极性。一方面，学校的体育场馆设施为学生参加体育活动提供了物质条件；另一方面，学生参加体育锻炼的动机也受到运动场馆器材品质的影响。此外，气温、校园风景（绿树、草地）、放学时间、作业多少等都会影响青少年在学校参与身体活动。由于受升学压力等的影响，学校在实施体育锻炼活动方面也存在一定的难度，学校及教师更多关注的是学业成绩，对体育课与健康相关政策不如文化课那样有着严厉的管理，因此，学生的身体活动很容易被忽视。教育工作者在关注学生学习成绩的同时，更应该承担起促进学生体质健康的义务。

4.社区层面因素

青少年的身体活动水平也受社区层面因素的影响。如果社区的便利性较低、没有合适的场地可以参加体育锻炼，那么青少年在家锻炼的可能性就会加大。塞利斯(1997)提出，影响人们活动的因素主要有社区类型、是否具有优美的环境风景和安全的场地、空间是否充足等。社区中运动场地的大小影响着青少年身体活动的参与，如果所在的社区运动场地充裕，那么青少年的户外身体活动也会随之增加。安全性在个体从事身体活动中扮演着重要的角色，交通威胁、来自陌生人的威胁以及主观感知的不安全等都会使父母因担心社区安全性不足而限制儿童外出参与身体活动。社区里车流较少，人身安全有保障，人们才会更愿意走出家门锻炼。另外，如果所处环境位于高犯罪率区域，则女生从事户外活动就会较少。在空气质量较好的户外从事身体锻炼能促进身心健康，在被污染的环境中锻炼身体自然会对身体造成损伤，所以空气质量也会影响儿童和青少年的活动水平。

5.政策层面因素

政策层面属于上游策略，是社会生态学模型的最远端水平，可以通过下游策略间接地影响身体活动。相对于近端水平上的变量或者因素，政策层面对青少年身体活动的作用更大。有利的政策是国家运用行政手段对学校体育活动的开展实施干预，能有效促进地方政府、有关部门及学校制定相关政策。良好的外部条件及有利政策的保护可极大地促进学生的课外体育锻炼。例如，在2007年颁布了《中共中央国务院关于加强青少年体育增强青少年体质的意见》后，全国范围内开展了各类青少年体育活动。当然,不利的政策措施或指导意见也会对学生的体育锻炼行为产生不良的影响。例如,应试教育使中小学生背负了沉重的学业负担,面对升学压力,他们没有足够的时间参加体育运动。为阻止这一不良趋势,教育部门专门出台政策将体育这一学科列入升学考试的必考科目,通过体育考试来激励学生积极参与体育锻炼。虽然该政策在短时间内快速增加了青少年的体育锻炼行为,但学生参加体育锻炼是为了应对考试(外部动机),考试一结束,维持学生参加体育锻炼的动力就消失了,学生的锻炼行为又恢复到了原有水平。因此,必须培养学生的兴趣,建立长期有效的监管和实施制度,降低学业压力,让学校有时间去处理健康问题,这样才能保证学生体育锻炼行为的稳定性。

张戈(2011)以北大学生为研究对象,在健康行为生态学模型基础上编制了"北京大学学生体育锻炼影响因素问卷",探讨了体育社团和学校体育政策措施对学生体育锻炼行为的影响。研究显示,促进大学生体育锻炼行为的一条确切、有效的途径是以学校政策规定的形式实施的学生体育锻炼措施。为了让干预者的目标行为更具主动性,行为促进的政策应以加强奖赏和激励为主要手段。此外,体育类社团是促进大学生健康的有效途径,对大学生的体育锻炼行为和体质健康水平的提高具有良好的促进作用。

王淑康(2012)在社会生态学模型的基础上对健康行为的决定因素进行了构架,研究了老年人的社会资本、个体健康知识、慢性病、环境条件、健康状况、焦虑抑郁、社会支持、人口统计学等因素与规律性体育活动的关系。研究表明,多维的影响因素相互作用、共同影响干预城市老年人的规律性体育活动行为,其中部分因素既是体育活动行为的直接作用因素,又是某些因素间接作用的中间变量。

## 第二节 实现学校、家庭、社区合作的"十条成功步骤"理论

在现代教育中,家庭和社区的参与是必不可少的。教师和行政人员希望知道如何以积极有效的方式与家长展开合作,如何利用社区参与行为推动学生取得更大的成功;家长希望知道学校是否正在提供高质量的学校教育,希望知道如何帮助自己的子女发挥出巨大的潜能;同时学生们也需要家长、教师、亲友和社区有关人士的指导。所以,学生要想更好地学习和成长,需要在学校、家庭、社区这 3 个主要环境的共同作用下才能实现。

多年来,我国推行素质教育取得了一定的进展,但是许多问题和困难也随之而来。主要问题和困难主要表现在学校、家庭和社会协调不好,家长方面对学校的压力很大,广泛影响学生的还是应试教育。同时,随着素质教育的发展和推

进，学生在家的时间逐渐增多，家庭影响日益突出，所以在如何教育孩子方面就需要学校和家长之间建立良好的双向沟通。西方发达国家的经验告诉我们，必须要建立一个更大的教育系统，把家校合作纳入现代教育的内涵中，从战略的高度加强学校、家庭和社区之间的合作，从而促进学校制度的建设。

如何建立健全学校、家庭和社区的合作体系？美国霍普金斯大学"美国合作伙伴学校联盟"(NNPS)研究中心主任兼首席科学家爱泼斯坦(Epstein)在深入了解了美国小学和家庭、社区的关系后提出，必须要在学校、家庭和社区之间发展一种新型伙伴关系。这种合作伙伴关系不仅将家庭和学校看作家校关系中的平等成员，而且还强调了社区对儿童发展和成长的影响及作用；还将学生自身也看作家校关系中的重要一员，并强调了学生在家校关系中的主体地位和作用。爱泼斯坦认为，只有建立起这样的关系才能改善学校的教育实践活动，营造良好的教育气氛，增强父母培育子女的技能和领导能力，加强父母与学校及社区中他人的关系，帮助教师更好地工作。他指出，建立伙伴关系的核心理由在于它有助于所有的学生在学校和未来的生活中取得成功，因此必须重新调整学校、家庭和社区的新关系模型。为此，爱泼斯坦等提出了建立学校、家庭和社区的"交叠影响域理论"。该理论认为学校、家庭和社区这 3 个背景实际上对孩子以及三者的状况、之间的关系发生了交互叠加的影响，即学校、家庭和社区的活动单独或共同地影响着孩子的学习和发展。

## 一、学校、家庭和社区合作体系的基本内容

学校、家庭和社区合作体系是基于"十大成功步骤"而建立的，也可以说，"十大成功步骤"根植于学校、家庭和社区合作体系。"十大成功步骤"的具体内容如下：

### (一)组织建立合作行动团队

由学校领导负责组建多元联动体系的合作行动团队(ATP)。ATP 是学校和社区合作行动体系中一个不可或缺的基本组织结构，其宗旨是建立健全家庭和社区参与行为体系的具体实施方案并付诸实行。ATP 通过"六分框架"将学校、家庭和社会之间的所有联系行为整合成一个单一的合作方案和合作体系。

ATP 团队成员主要包括至少 3 位不同年级、不同部门、不同专业的教师，至少 3 位不同居民区、不同文化群体以及不同年级段子女的家长，至少一位学校行政人员。团队中还可以包括至少一位社会大众人士，如果在高中阶段还可以包括至少两名不同年级的学生。对于在学校-家庭关系中能发挥关键作用的其他人士也可以引进到团队中来，如社工、学校辅导员、学校心理医生、秘书和管理员等。多样化的成员构成有利于催生出多样化的观点、人脉、才干和各种资源，为

满足教师、家长、校方和学生多方面不同的需求和兴趣提供便利。

行动团队的主席应由能够受全体成员尊重的人士担任，同时也还应具备良好的沟通能力并擅长合作方面的事物，所以至少应引进一位服务于校理事会、校建设团队和其他咨询机构的成员。

ATP 团队各成员的主要任务有：检阅学校的发展目标，遴选、策划、实施与评估合作项目，完善家庭和社区参与项目。当然，除了以上 3 点之外，还要制定详细的学年合作方案，资金预测和资源勘测，每月一次的团队全体会议，解决好合作项目进展中遇到的各种问题等。要想不断推动优质学校、家庭和社区合作体系的持续前进，就必须在具体步骤的指导下开展各项工作。在这些活动开展的同时，ATP 能让每位学生都意识到学校正在积极明确地推行项目合作体系。另外，还要不断提升合作项目的数量和质量，力求取得更大的成果。

**（二）筹集资金，寻求官方支持**

ATP 要对学校合作行动团队策划的各种活动项目提供应有的支持和引导，所以需要具备适度的预算资金；学区合作事务负责人要为辖区各所学校的家庭和社区参与方案及参与体系提供扶持，因此也需要资金的支持；市一级合作事务领导工作的开展同样需要资金投入。

学校、学区和市教育部门可以从好几个渠道获取资金——省、市和地方上对应的各种事业工程都是合适的资金来源。此外，本地的学校-商家合作工程、学校的可支配资金以及专为校方合作体系而募捐的资金都可以为校方 ATP 活动项目和方案策划提供资金上的支持。同时，ATP 必须有足够的时间和社会支持才能顺利地开展工作，这就需要校长和学区负责人明确给予各方面的支持，包括团队培训、项目策划与评估会议以及将活动项目付诸实施所用的时间等。

**（三）为合作行动团队提供培训**

为合作行动团队提供的培训主要是以研讨会的形式开展的，为期一天，分两场进行。上午场主要是介绍活动项目，内容包括参与方式，如何处理在动员所有家庭时遇到的不可避免的问题和挑战，将合作项目与学校发展目标挂钩之后将带给学生哪些预期成果，合作行动团队的组织结构等。下午场则主要是让每组 ATP 团队通过上午学习的基础知识为学校草拟一份学年合作方案。

这种为期一天的 ATP 团队培训能够帮助教育工作者、家长和社区合作者学会相互协作、默契配合，并了解如何用新方法组织建立起有效的合作体系。

**（四）找准合作体系的起点**

有时某些教师和行政人员会和家长一起开办一些合作项目，这时就需要校方组织开展良好的合作项目并加以推广，以便使所有的教师都能做好家庭宣传和动员工作，为学生的学习活动提供支持，进而促进他们的成功。ATP 在策划活动和合作项目时应重点考虑的问题是这些工作该如何做,以及如何在所有的学生和家庭之间树立起社区意识。

对于当下各类参与行为杂乱无章的情况,ATP可以先摸清学校目前有哪些合作项目,同时向教师、家长、行政人员和学生咨询他们对合作项目的观点、经历和意向,并以此作为工作的起点。当然,也不是只有这一种寻找工作起点的方法,具体选择哪种方法取决于有哪些资源、时间和人才可用。例如,如果有足够的资金和专家资源来对调查数据进行分析处理并撰写报告,那么就可以采用正式调查问卷的形式或电话访谈的形式来对教师、行政人员、家长和学生展开调查;有组织的讨论可以安排在校长早餐会中进行,让教师、家长和学生选出代表人员组成代表团出席早餐会;也可以用电话访谈进行随机调查从而征询各方的意见和反馈等。

当找到了工作起点、制定了合作项目并要实行下一步行动规划时,应不断检测自己,充分了解自己团队目前的强项在哪里、弱点在哪里,面对这些问题需要做出哪些改变,以及如何满足各方的期望等。这是ATP工作内容必须涵盖的几个方面。

**(五)制定学年合作方案**

合作行动团队在摸清校方的工作起点并了解了行政人员、教师、家长和学生对合作行为目标的期望和建议之后,需要制定一份详细的学年合作方案。这种为期一年的行动方案的内容包括:预测发展目标、预期合作结果、成果的测评方式以及具体的参与项目;活动日期安排;所属参与类型;活动的准备;项目实施负责人及后勤人员;所需资金或资源;其他重要事项;等等。

ATP所制定的学年合作方案中包含的每一学业目标和品行目标都统领着若干家庭和社区参与项目,只有合作行动组织每年都在这些项目的改进工作上不断向前推进一步,才能使整个合作体系的质量保持持续不断的提升,同时使学生也能更好地发展。

简而言之,ATP要在外部信息输入的参考下着手制定一份详细的学年合作方案,在制定学年合作方案时要注意处理好实施细节、责任分工、用度开支和评估考核等问题。

**(六)活动项目要与学校发展目标挂钩,要将"六分框架"应用于活动项目**

"六分框架"是指六大参与类型构成的工作框架,是在多项研究结果及众多教育工作者多年工作经验的基础上开发出来的。"六分框架"不仅能帮助教育工作者开发出更全面、更综合的学校-家庭合作体系,而且有利于研究人员为他们提出的问题和研究结果找准定位,以便为合作项目提供多样化的信息并不断加以完善。其中,6类参与行为分别是抚养子女、沟通交流、志愿服务、在家学习、决策制定和社区协作。每种类型都代表了多种不同的合作项目，也都有其自身独特的困难和挑战。当遭遇这些困难和挑战时，每种类型都需要对参与行为的某些基本原则进行“重新定义”，这样就有可能为学生、家长、教学实践和学校气氛方面带来不同的成果。因此，校方必须将活动项目与学校发展目标挂钩，筛选出合适的合作项目来推动学校实现发展目标。

**（七）动员教职员工、家长、学生和社区有关人士联手做好项目实施工作**

ATP 在制定好项目和方针之后，需要教职工、家长、学生和社区有关人士联手做好项目的实施工作。只有各方力量各尽其能、各司其职、共同参与其中，才能确保项目的正常高效运行。

**（八）评估合作项目及其成果质量与覆盖范围**

“评估搞得好，成功少不了。”这句话也同样适用于学校、家庭与社区合作体系。为了使家庭和社区参与行为不断得到完善，对整个体系的策划、实施过程以及成果进行持续评估是必不可少的。对合作体系的评估主要分为以下 4 个方面：

（1）学校、家庭与社区合作行为检查表。这张表主要是帮助 ATP 团队对 6 类参与行为下多种活动项目以及合作方式在校内开展的强度和范围进行测量。如果每年都使用这张评估表，那么一年下来所积累的多个项目的得分汇总就可以帮助 ATP 团队对每个项目的质量、力度和覆盖范围进行工作上的反思，并探讨如何将项目做得更好。

（2）合作体系的评估工具。主要包括两种评估，一种是评估校方合作体系；另一种是评估学区方和市一级合作体系。这两种评估都是评估工作得以有效开展的基础。

（3）实施过程质量的评估。首先，要对项目的实施过程进行评估。其次，要评估其在长期过程中质量是否可靠。尽管即时的测评结果很重要，但是某个体系质量的长期发展趋势的数据却比一次性的考评结果有意义得多。最后，要让所有的合作参与方都参与评估过程，以便收集各方对学校建设发展、对家庭和社区参与行为新的前进方向的意见和建议。

（4）用原装工具评估合作体系的质量。

**（九）举办年度庆功会，向全体与会者通报体系进展情况**

年度庆功会主要是以研究会的性质举行的，是旨在针对学校、家庭和社区合作体系在不断完善的过程中所取得的进步进行表彰与交流的活动，主要内容包括：家庭和社区参与体系中的优秀合作项目展览；小组座谈会讨论推动参与过程中面临的种种难题及解决方案；校方公开展示六分型和目标型活动中那些尤为出色的项目。

作为一场盛会，其目的在于：增强家校合作行动体系的凝聚力；表彰优秀员工；交流思想和实践方法；找出难题并加以解决；激发众人的参与积极性；鼓励众人做好合作体系的完善工作；维持体系的持续进行；确保合作体系持续朝着综合性、持久性与目标导向性方向发展。

## 二、当前研究现状

杨燕国(2012)通过对学生体质健康的调查发现，虽然我国少年儿童体质下滑幅度相较之前有所好转，但从整体上看，少年儿童的体质状况还是呈现出普遍下滑的趋势。对于导致青少年体质下降的原因，大部分人将矛头指向了学校和体育教育工作人员，认为学校只是将"每天保证一小时"的体育运动作为一种形式上的口号，并没有付诸实施。大多数人只看到了学校对学生的责任，却忽视了家长、社会所要承担的责任，其实三者之间是相互联系、相互作用的，只有将学校、家庭与社区三者相互结合起来，才能更好地应对和解决少年儿童体质下降的危机。

调查显示，学校、家庭和社区合作体系不仅能促进少年儿童体质的健康发展，而且有利于培养少年儿童终身体育的意识。其主要运用体现在以下几个方面：

(1)社区体育资源和学校体育资源的有效互补。社区体育资源相对于校内体育资源来说较为匮乏，如缺少足够的场地和运动所需要的器械等，具有一定的局限性。所以，我们应该建立学校、家庭和社区的合作体系，使三者之间相互促进、相互补充，使学校能够做到定期向社区开放，以满足不同人群(特别是少年儿童)的需求，同时进行体育指导，从而不断增强少年儿童的体质健康。

(2)促进学校、社会体育工作的开展。在合作体系下，学校可安排经验丰富的体育教师参与到社区体育工作的建设中，并提供专业指导，这对提高教师的能力和发展社区体育建设具有重要意义。

(3)充分发挥家长的监督和引领作用。家长是孩子最好的老师，在孩子的教育过程中起着重要的作用。学校可以向家长开放公开体育课，让家长对学生的体育活动进行监督和管理，当然家长也有相应的权利和义务对教师进行评价。在家里，家长应积极带领孩子参加各种体育项目，让孩子体会到体育活动的乐趣。

总之，研究结果表明，学校、家庭和社区合作体系在青少年体质健康方面各自充当着多种不同的角色，也担任着多种不同的任务。学校、家庭和社区合作体系需要教师、家长和社区相关人士的共同努力、相互合作，以便共同为校方提供有效的活动项目和活动方式，同时也为社区和家庭提供更多的活动参考。

对于上述研究中学校、家庭和社区合作体系在运用中的体现，除了加强家长的监督外，还应该提高家长的体育参与。我们在关注学生体质健康和体育参与的同时，更要树立家长的榜样作用。学校和社区应多开设一些亲子活动，让家长和学生共同参与到体育活动当中，使家长和学生在相互合作中体验体育运动的乐趣，培养体育锻炼的意识，从而不断增强少年儿童的体质健康。

王倩(2016)通过对河南地区10所高校的调查发现，各高校在实施家校合作方面都采取了多种不同措施，但家校合作中仍然存在多种问题，包括家长对学校安排的任务重视程度低，过多地注重学生的学业问题，对于其余活动家长的参与意识薄弱；缺少经费建立专门的负责家校合作的部门，导致学校和家庭的沟通受限，只流于表面；大多数学校在开展家校合作时缺乏严密的计划性，只限于纸上谈兵。以上情况都是导致家校合作体系无法正常实施的重要问题，为了解决上述问题，应努力做到以下几点：

(1)加强对心理健康教育者的培训，重视与他们之间的沟通。实现路径主要有3条：一是借鉴之前家校合作的经验，建立学校、家庭和社区的合作组织，致力于研究、推动和改革家校合作。学校应通过建立家长学校、举办讲座等方式向家长传播先进的教育理念。二是对家长进行短期的心理健康知识培训，使家长能及时与孩子沟通并解决孩子所面临的心理问题。三是加强教师的教育素质。作为家校合作的另一主体，一支高理论和实践水平的教师团队有重要的作用。

(2)建立方式多样，全方位的长效沟通机制，组织可以面对面交流的家长会和家访，切实了解学生的家庭背景、家庭环境，以便于学校对学生提出针对性的建议。当然，随着信息技术的不断发展，也可以通过各种聊天软件及时、全方位地进行沟通，以便于学校和家长时刻了解学生的心理状况。

(3)整合多方资源，建立完善保障机制。只有通过法律、制度、组织等各方面的保障，才能构建家校合作的长效机制，保证家校合作的时效性。

学生的全面发展需要家庭和学校的共同努力，对学生心理健康教育所实施的家校合作体系有利于家庭和学校形成教育合力，同时也有利于开展其他各项工作，对学生的全面健康具有积极的促进作用。相信家校合作作为学生体育教育的重要途径必将受到全社会的重视。

上述调查研究主要针对家校两方面合作对学生体育教育产生的影响，在以后的研究中，我们还可以延伸到社会层面，建立学校、家庭和社会三方面合作体系。学校可利用网络、广播等途径加大在社会中的宣传，使人们正确对待学生的体育教育问题，建立平等的社会氛围和教学环境，促进学生的健康发展。

## 第三节 系统科学理论、协同理论和一体化理论

### 一、系统科学理论

#### (一)理论的主要内容

系统科学理论包括信息论、控制论和系统论，是一门新兴的科学方法论。

1. 背景

系统科学理论(System Science Theory)是指先后崛起于20世纪中叶之后的一组横向科学理论，包括系统论、控制论、信息论(俗称"老三论")和耗散结构论、突变论、协同学(俗称"新三论")以及混沌学、超循环理论等。它们不是以客观世界的某种物质结构及其运动形式为研究对象，而是从一个更高的理论层面进行概括和综合，形成一门对其他具体科学有方法论意义的科学。

系统科学中的系统、控制、信息、序参量、涨落等概念是对客观事物现象的最普遍、最重要的属性、特征、联系的科学概括，是对部分与整体、原因与结果、形式与内容、偶然与必然等哲学范畴的丰富和深化，经过提炼改造便能反映事物之间的辩证关系，具有更普通、更广泛的意义，可为辩证唯物主义增添新的哲学思考。

2. 内容

系统科学理论的三大原理包括：有序原理、整体原理和反馈原理。

(1)有序原理。只有开放系统和通过对系统输入"物质"和"能量"并且与系统内的"物质"和"能量"交互作用，才能使系统从无序走向有序，有效信息量增加，组织化程度增加，系统由较低级结构变为较高级的结构。由此可以看出，有序原理实质上是开放、发展的进化原理。

(2)整体原理。整体原理告诉我们，没有整体联系，没有整体结构，要使系统发挥整体功能就是不可能的。一个系统作为整体有其内部结构，系统边界之外是界外环境，界外环境通常称"环境"。系统对环境的作用称为系统的"功能"。任何系统的整体功能都等于各个部分的功能加上各部分相互联系形成的结构功能的总和，用公式表示就是：

$$E_{整}=\sum E_{部}+\sum E_{联}$$

当 $E_{联}>0$ 时，$E_{整}>E_{部}$，即系统发挥的整体功能大于各部分功能之和，表明整体的结构产生了整体的联系功能。

(3)反馈原理。反馈原理是指任何系统只有通过反馈信息才能实现对系统的控制，从而达到目的。没有反馈信息的系统，要实现有效的控制并达到目的是

不可能的。反馈就是把系统的输出反过来作用在系统的输入端，从而对输入产生影响的过程。系统论的反馈原理告诉我们，任何系统只有通过反馈信息才能实现控制。一个控制系统的信息通道必然是一个闭合回路。控制部分既有控制信息输入到受控部分，受控部分也有反馈信息回送到控制部分，形成一个闭合回路。控制部分正是根据反馈信息的量才能比较、纠正和调整它发出的控制信息的量，从而实现控制。

**（二）当前研究现状**

作为现代科学技术结构体系中的系统科学，是我国著名科学家钱学森在总结概括已有科学技术分支并根据现代科学技术发展的特点后提出和创立的。他从 3 个层次概括了建立系统科学的重要意义：一是直接改造客观世界的科学指导；二是为工程技术直接提供理论基础；三是在技术科学的基础上进一步抽象概括为认识、揭示客观事物规律的基本理论。系统科学的学科结构包括 1 门基础科学（即系统学）、3 门技术科学（即控制论、信息论和运筹学）以及 1 门工程技术（即系统工程）。总体而言，系统科学是以系统为研究对象，研究系统内部诸要素之间规律的科学，其研究对象十分广泛，从物质运动规律的自然科学到人类社会活动规律的社会科学，只要具有系统的特点，均可作为研究对象。

系统是指由相互关联、相互制约、相互作用的一些部分组成的，具有某种功能的总体，其共性特点可以概括为整体性、关联性、动态性、有序性和预决性。

系统科学提供了一种理解和识别公共卫生政策中复杂关系的方法，其承认政策是基于复杂的、相互依存的和不断发展的关系，包括以个体自己认为的自身利益行事的异质的代理（如个人、公司或公民协会）。时间很重要，因为代理人之间的关系具有历史性，因此可以发展稳定甚至惯性。在一个复杂的系统中，干预会产生意想不到的效果，通常是非线性和延迟的效果。这种影响不是特殊的，而是一种规范。

总的来说，系统科学方法在当前的应用较为普遍，这些研究分为两大类：一类是研究假设干预或改变的效果，另一类是将先前研究过的干预措施的结果进行大规模汇总。

系统动力学建模是最常见的，在系统研究中有较长的使用历史。目前，系统科学中采用了大量的增量方法为今后的工作奠定了基础，并且对现有研究的缺点进行了综述，提供了“如何以最大收益的方式使用这些方法”的关键见解。

不同学派对系统科学的观点是其不只是实证科学、解释科学和设计科学，还是“一般系统理论”。根据贝塔朗菲（Bertalanffy）的观点，一个系统可以被定义为一组复杂的相互作用的元素 $P_1, P_2, \cdots, P_n$，相互作用意味着元素处于一定的关系中，所以它们在一种关系中的行为不同于它们在另一关系中的行为。另外，如果两种关系中的行为不相同，则不存在相互作用，且元素对这两种关系是独立的。

系统科学并不是一门关于自然或社会现象的经验性科学，而是经验主义科学(包括研究)可以使用的一种方法。系统理论的创立本身就涉及一个渐进的进化过程，即将概念从多个科学领域合并成一个高度抽象的词汇，这种对理论抽象的趋同是一个长期的、自下而上的综合过程。系统理论本身一直追求的目标是达到最高抽象层次。当然，这不仅仅是为了抽象本身，也反映了处理更复杂现象(如社会现象)的需要。此外，系统理论能为信息系统领域提供的借鉴不仅局限于理论层面，还延伸到了实际应用中，特别是在学术界与工业界的相互作用方面，系统理论可以促进两者之间的沟通。

系统理论具有跨学科的特点，它还可以促进不同领域学者和从业者之间的相互联系。系统理论的应用领域超越了物理、化学、计算机科学、生物学、社会学、政治学、艺术、经济学和其他学科。对于实践者而言，系统理论比其他理论方法更容易理解。

### (三)指导与启发

在体育运动领域，使用系统科学需要运用好 3 门技术科学：控制论、信息论和运筹学。

1. 控制论

体育控制论属于系统科学的分支，是指以系统论、信息论、控制论和运筹学所提供的概念、思想和方法为基础，对体育实施最优化、整体化、信息化和模型化控制，以及应用模式、程序、模拟等进行教学训练，并探求体育的最佳发展途径和实施方案。控制亦管理，其在多个方面都有应用。

2. 信息论

当今社会是个信息社会，谁掌握了信息谁就掌握了主动权。在体育运动领域，利用好传统通信系统(如电话、报纸、邮递，以及现代化通信系统如广播、网络等)可将其规整成模型或机制，从信息中窥探时机、寻求发展。

3. 运筹学

运筹学在古代就产生了，“运筹帷幄之中，决胜千里之外”。该学科是指运用数学或其他方法来研究体育运动领域的人、财、物的组织管理、筹划调度等问题，以期发挥最大效益。

## 二、协同理论

### (一)背景及内容

所谓“协同”，是指协调两个或两个以上的不同资源或个体来一致地完成某一目标的过程或能力。协同理论亦称“协和学”或“协同学”，是 20 世纪 70 年代以来逐渐形成和发展起来的一门新兴学科，是系统科学的重要分支理论，创立者是德国斯图加特大学教授、著名物理学家哈肯(Haken)。哈肯在 1971 年提出了“协同”的概念，1976 年系统地论述了协同理论，并发表了《协同学导论》和《高等协同学》等。

协同理论是系统科学的一个分支理论，是指系统中诸多子系统或要素之间交互作用，在一定条件下，子系统相互作用和协作，自组织系统通过非平衡相变出现宏观结构，从而形成有序的统一整体的过程。在这一过程中，有一种新的信息，这一信息取决于序参量，反映自组织体系的性质，被称为“协同信息”。

协同理论是研究不同事物共同特征及其协同机理的新兴学科，是近十几年来获得发展并被广泛应用的综合性学科。它着重探讨各种系统从无序变为有序时的相似性。协同理论的创始人哈肯说过，他之所以把这个学科称为“协同学”，一方面是由于所研究的对象是许多子系统的联合作用，可以产生宏观尺度上的结构和功能；另一方面是由于该学科需要许多不同的学科进行合作，来发现自组织系统的一般原理。

协同理论以现代科学的最新成果——系统论、信息论、控制论、突变论等为基础，吸取了结构耗散理论的大量成果，采用统计学和动力学相结合的方法，通过对不同的领域进行分析，提出了多维相空间理论，建立了一整套数学模型和处理方案，在微观到宏观的过渡上描述了各种系统和现象中从无序向有序转变的共同规律。

协同理论包括支配原理、绝热消去原理和自组织理论。协同理论主要研究远离平衡态的开放系统在与外界有物质或能量交换的情况下如何通过自己内部的协同作用，自发地出现时间、空间和功能上的有序结构。协同理论是在研究事物从旧结构转变为新结构机理的共同规律上形成和发展的，主要特点是通过类比对从无序到有序的现象建立了一整套数学模型和处理方案，并推广到广泛的领域中。它基于“很多子系统的合作受相同原理支配而与子系统特性无关”的原理，设想在跨学科领域内考察其类似性以探求其规律。哈肯在阐述协同论时讲到：“我们现在好像在大山脚下从不同的两边挖一条隧道，这个大山至今把不同的学科分隔开，尤其是把‘软’科学和‘硬’科学分隔开。”协同原理包括协同效应、伺服原理和自组织原理。协同效应是指由协同作用而产生的结果，伺服原理是指序参量决定系统其他变量行为的过程，自组织原理是指系统内部子系统之间自动形成新的空间、新的时间或功能的有序结构。协同理论研究从自然界到社会领域存在的共同本质规律，是一门跨越自然科学和社会科学的横向学科。协同理论方法正是用极值原理和信息概念，通过实验测得的序参量的低阶矩作为约束条件和序参量的概率分布，计算出协同信息，借以判断自组织系统的改变特征，并应用于不同系统的自组织过程和各种协同效应问题中，是建立在量化思维和准确计算基础上的一种自组织程序，其演化发展具有普适性意义。

协同理论认为，各种系统千差万别，如激光中的原子和光子，生物系统中的植物和动物，社会系统中的农村、工厂、团体、个人，它们的性质完全不同，但它们从无序向有序转变的机制却是类似的，甚至是相同的，遵循共同的规律。

协同理论的核心思想是处于非平衡态的系统内部不同层次与要素发生非线性的相干作用，形成自组织的协同效应，使系统从无序状态向有序状态发展，实现系统的整体联动性，发挥系统效能的最优状态。

协同假说最初是在1983提出的，它探讨了自然界中合作现象的演变，以及为什么随着时间的推移，生物系统的复杂性不断增加。这一理论强调了功能协同作用的适应性，即在形成复杂生活系统的“进步”涌现过程中相互依赖及相互作用，否则无法达到显著联合效应。

从广义上讲，“协同”一词指的是由特定的环境中各种作用力、粒子、元素、部分、基因组或个体之间的相互关系和相互作用而产生的“合作”效应。协同作用有许多不同的形式，整体不一定大于各部分的总和。

合作关系的包容性建设模型中，所有的相互作用都必须是加性的和成对的。这种限制排除了具有协同效应的大多数进化情况。一个团体可以团结在一起，成员之间的合作证明对他们有利，无论是简单的、对等的、互惠的或操纵的协同作用，相关性更好地解释为一个结果，而不是社会性的原因。

自然世界中许多不同形式可选择相关的协同效应，包括协同的规模、阈值的影响、功能互补、增强或便利、联合环境调节、风险和成本共享、信息共享、集体智慧、共生动物的工具，协同效应几乎可用各种方式衡量和量化。

**(二)指导启发**

协同理论指出，系统内部各子系统的协同作用决定了系统能否发挥协同效应。系统的整体功能能否得到最大程度的发挥取决于各子系统的协同合作。

1.目标协同

目标协同是指从体育体系的整体性目标出发，把握体育体系各要素之间的相互关联，使各个体系的各要素在运动方向上保持一致。对于体育体系而言，每个体系都有不同的目标。各体系应注意子系统的协调和发展，因此，使区域内各子系统的目标围绕整体目标协同互动就显得尤为重要了。

2.理念协同

引起区域内体育工作不和谐的原因是价值观、文化、信念等属性的差异，这将有损于整个区域体育目标的有效实现。为实现区域体育的均衡发展，需要创造和谐的体育发展理念，形成发展理念新常态。

3.结构及组织协同

结构协同是指区域学校体育组织系统的构成要素之间在规模、层次、方法、排列次序等方面的互相合作、形成默契。结构协同主要包含主体协同、客体协同、内容方式协同以及它们之间的协同。主体协同主要指构建体育体系建设工程的决策者（如俱乐部、家庭社区体育体系的领导层）之间的协调；客体协同主要指人力、财力、物力之间的相互协作与配合，如师资力量、体育经费、器械的合理配置与利用；内容方式协同是指客体的中介被主体通过一定的内容所作用，从而直接影响活动的效果，如领导层通过相关的工作制度建立各种监督评价机制，以实现区域体育资源的合理配置与利用以及相关部门、人员的协同；排列次序的协同主要指推进体育体系建设的过程，即项目中体育工序步骤之间的交接、衔接等方面的协同。

4.运作协同

运作是由与计划执行过程或策略直接相关的所有活动组成的，其职能不仅存在于操作导向的具体计划执行方面，还存在于管理导向的策略制定方面。从管理学的角度来说，体育体系的管理者通过执行计划、组织、领导、控制实现体系高速发展的目标。

5.发展协同

从时空维度分析，协同的现象可分为横向协同、纵向协同两种模式。推进体育体系的发展不仅需要横向协同，更需要纵向协同为后期持续发展作保障。应建立并完善长效机制与制度，分析当前遇到的机遇、挑战、优劣势，以制定相应的策略。

构建俱乐部、家庭、学校、社区体育体系的协同作用，主要体现在来自管理系统内部各子系统的相互作用，从而对该体育体系的构建产生积极作用。这种影响的协同性是交叉延伸的，也是一个长期的过程，基本上表现为互补性、内部适应性、协调性、联合性和相互依赖性。协同性在管理中发挥着巨大的作用，但作用程度很难用具体的数值去衡量；协同效用将受到一个俱乐部管理体制相关性的明确影响。未来发展趋势应该是从定性分析转为定量分析，从对外在单一形式转向内部机制相互作用，即协同性的大小。

## 三、一体化理论

一体化理论是指在国际关系体系中，使分散并且有联系的部门联系为一个整体。这个术语既描述状态，又描述过程。一体化能够推进客观历史进程、深化国际合作，使各国关系更加融洽，并且让各国在进行一体化进程时都能谋求更大的利益、得到共同的发展。一体化往往起源于有较强经济实力和政治权力的地区,其周边的区域为了发展,也会促进一体化的进程。

**(一)背景**

国际一体化是当今时代发展的主题。各国都想提升国家政治和经济地位,增强在国际上的地位。在国际一体化的发展中,以欧洲最为典型。二战前的欧洲经济实力强大,长期处于世界领先地位。二战后,随着各国对一体化理论探索的逐步完善,欧洲国家的世界地位明显下降,欧洲各国越来越希望能够连成一体,以达到与大国相抗衡甚至超越大国的目的。于是,欧洲国家成立了“欧洲经济共同体”,通过建立关税同盟、实施共同的农业政策、协调经济和社会政策等措施,将欧洲各成员国经济融合在了一起。这就表明欧洲已开始正式走上一体化的道路。随着欧共体在经济及政治领域的发展,欧洲各国又建立了“欧盟”。欧盟成立后,又发行了统一的货币欧元。直至发展到现在,欧元甚至都能与美元相抗衡。2010 年,欧盟成员国又在政治领域达成一致,选出了欧洲理事会轮值主席,向着更高层次的一体化发展迈进。尽管还存在很多问题,但在国际政治舞台上,一体化的欧洲已经达成一致,无论是在维护自身利益方面还是在国际政治舞台上,都比单个的欧洲国家更有力量。

**(二)关于一体化理论的研究**

1.有的学者从功能主义出发研究一体化

一开始,功能主义对国际一体化的理论是从技术的方面去研究,认为某个技术领域中的合作与发展可以促进另一个技术领域中的合作与发展,技术的合作是相互促进的。后来,有的学者在功能一体化的理论基础上进一步进行了研究,提出了外溢理论。外溢理论的内容就是从一个部门涌入另一个部门,也就是某一部门的职能合作能够促进其他部门的职能合作。如果将其扩展到经济与政治中,可以认为经济一体化可通过外溢理论促进政治一体化。

2.有的学者从政治角度研究了一体化

西方学者指出,政治一体化是一种进程,也就是一种演变的过程和发展趋势。政治一体化是从政者的集合,或是个人与个人、地区与地区、国家与国家的政治集合。为什么会有政治一体化?因为无论是在民族还是在各个国家,都存在不同的利益。正是因为国家与民族必须构成有序的结构基础,政治一体化才会发挥它应有的作用,所以也才有了政治一体化的目标与任务。一体化的目标是使各政治体之间维持平衡,除此之外,还会为政治目的获取最大的权力。政治一体化的任务主要是维持和平。政治一体化也就是通过政治整合,实现公共权力的和谐互动与畅通运行。政治整合最关键的就是权力方面的整合。所谓“权力整合”,是指能通过各种合理的措施使权力达到一种合理化的状态。这种状态不仅可以使权力的实施者能够充分运用权力，而且能够有效地预防权力的滥用，这样才能使公共权力达到一种合理性。政治权力的分配在政治一体化理论中最为重要，所以必须执行国家整体发展战略，地方各级政府必须无条件地接受中央政府的管辖，地方治理必须服从国家政治的统一治理。如果政治权力出现分散，权力的运作就有可能会产生混乱，导致权力分散，最终损害公众的利益，阻碍政治一体化的发展。

3.有的学者从经济领域研究了一体化

首先，这些学者对经济一体化的含义和表现形式下了定义。经济一体化的定义包含两点：功能一体化和制度一体化。经济一体化的表现形式包含6点：特惠关税区、自由贸易区、关税同盟、共同市场、经济同盟和完全经济一体化。

也有学者认为，区域经济一体化是当今经济一体化研究的主题，区域经济一体化将是经济一体化的一种典型的表现形式。现在的区域经济一体化在部分地区比较成功，如欧盟是现在区域一体化最典型的代表。这些学者从对欧盟的合作分析研究中认为经济一体化可以使经济交流更加便利，使经济发展状况更为乐观，使经济结构更加完善，同时提高居民的收入，使消费结构更加成熟，有利于改善民生。但是，最近欧洲一体化出现了一些系列问题，如欧盟经济一体化各个经济部门在资源配置方面存在的效率迟缓状态等。所以，有些学者认为欧盟经济一体化的发展模式不是通用的区域经济一体化模式，欧盟发展中可取的待定因素尚有许多。但从总体来看，欧洲经济一体化对于区域经济一体化甚至是全球经济一体化的积极影响因素还是呈乐观状态。有的学者还指出，国际经济一体化肯定会对中国的经济造成影响，如国际金融危机，中国虽然采取了措施，但中国经济状态仍然处于发展的状态。由于我国的市场经济基础还不稳定，国际市场问题会对中国市场造成影响，所以，面对经济一体化，中国不应该一味地迎合，而是要不断发展高新技术，完善国际贸易机制，不断培养高新技术人才。对于发展中国家的发展，有的学者提出要实施综合发展战略，即不是一味地追求经济层次的更高发展，而是从多个方面考虑经济一体化的效应。综合发展战略为发展中国家实现一体化提供了模板和参考。

从功能主义的角度分析一体化，我们可以看出功能主义不仅将一体化视为一个能动的过程，而且还提出了更进一步的发展理论。功能主义对国际一体化理论有促进作用。功能主义理论对国际一体化的分析是从技术领域开始的，这样，对于各国的技术交流与学习就起到了推动的作用。也可以理解为功能主义对于一体化是从开始的技术方面扩展到国际领域的方方面面。随着功能主义对一体化分析的进一步发展，也就是“外溢”，政治、经济等更突出的领域也会受到影响，这就更加促进了国际领域在经济与政治上的合作与交流。

从政治角度研究一体化可以看出，政治一体化对于一体化理论的发展是尤为重要的，政治一体化与一体化是相伴相随的。政治发展的目标和任务为一体化进程提供了理论依据，政治整合是政治一体化理论发展的关键，政治权力的保证与实施是政治一体化理论发展的必要条件。政治一体化意味着创造一个和谐的政治局面，是现代民族国家发展的首要目标。公共权力合理运行的畅通能够建立一个良好的政治环境，使政治权力更有效地运行。

从经济角度研究一体化可以看出，一个国家的发展离不开经济，经济起着尤为重要的作用。对于国际贸易活动的逐渐频繁，我们要扬长避短，在面对国际化经济时既抓住机遇又面对挑战，主动使中国经济融入世界经济，加强与国际经济之间的交流，及时找出国内经济存在的问题。加强对贫困地区在经济上的扶助力度，实现中国经济发展的均衡；发挥中国现有的经济优势，使中国经济在国际经济发展的空间中得到进一步的拓展，从而提高中国的经济地位。

在飞速发展的现代，国际一体化已经成为发展的必然趋势。世界各国经济政治的相互交融必将逐渐出现世界政治与经济的一体化。经济一体化为政治一体化创造了物质基础，政治一体化是经济一体化发展的前提条件，政治一体化与经济一体化的发展是相辅相成的。我国应该努力实现经济与政治一体化，及时处理在发展中政治与经济方面出现的问题。努力使各国的经济与政治融为一体。我国应该努力学习国际经济一体化理论，因为这可以促进我国参与国际经济一体化理论。中国是世界上最大的发展中国家，对待国际上的合作应该积极，合作要全面，要取长补短，多学习国际合作上的优点，坚决反对霸权主义与强权政治。

**(三)应用**

我国自 20 世纪 80 年代就开始将一体化理论应用于体育运动领域，但研究文献的数量一直有限，直至从 2009 年开始，研究数量才出现了大幅增长，并且持续居高不下。

当前，针对体育运动领域一体化的研究主要集中于课内外一体化、城乡一体化、教学模式一体化、家庭和学校及社区体育一体化、体育课程一体化、体育公共服务一体化、体育产业一体化等主题上。

# 第五章 青少年身体活动行为促进的多元联动模式

## 第一节 社区体育和体育组织简介

### 一、社区体育及相关研究

#### （一）社区体育的基本概念

“社区”的概念最早是由德国社会学家滕尼斯（Tennys）于 1887 年提出的，其原意为“关系密切的伙伴和共同体”。帕克（Park）等对社区进行了定义，认为社区是“一个有社会组织的个人和社会系统，每个社区是一个社会，但每个社会不是一个社区”。他还表示社区的基本特征可以概括为“有一个人口众多的地域组织；人口不同程度地植根于他们所居住的地方；社区里的每个人都存在相互依存的关系”。用于社会科学研究和实践中的“社区”概念通常是指以一定地理区域为基础，通过相互接触、相互交流，由具有共同利益的社会团体和社会组织构成的社会实体，主要包括城市社区、农村社区和城镇社区。城市社区是相对于农村社区而言的，是指社会化的、有一定共同信仰价值、生活方式和归属感的异质性居民聚集地，以非农业活动为主的人类生活共同体。

城市社区体育指生活在一定区域（如街道、居委会）管辖范围内的人们以管辖内的自然环境和体育设施为物质基础，社区的所有成员为主体，以满足社区人员的要求，提高社区成员的身心健康，巩固和发展社区情感为首要目的，在社区或附近区域进行的群众体育活动。城市社区体育的核心是打破行业界限，为社区居民参与体育提供有利的便捷条件，使体育进入社区人员的日常生活中。社区体育是我国一个新兴的体育发展事业，是我国城市社区体育的发展主动适应经济体制改革的产物，是我国社会体育的有机组成部分，是学校体育的延伸和发展，是全民健身运动的一种表现，也是实现终身体育的有效方式。作为体现国家综合国力和社会文明水平的重要途径，社区体育在我国体育事业发展中占有非常重要的地位，并已成为当下的热门话题之一。我国社区体育的发展具有广阔的前景。社区体育可以作为开展全民健身运动的有效途径，这是由于它能够通过灵活的组织形式及方便的体育实践和良好的健身效果吸引广大社区成员参与其中，而且它能够不断满足社区居民的健身需求，因此得到了人们的重视。自从在我国出现以来，由于其独特的功能，社区体育随即引起了体育部门、专家和学者的注意。随着中国改革的不断深化，人们开始逐渐重视自己的健康，参与体育活动的意识也越来越强，越来越积极了。

**(二)社区体育的功能**

社区体育的发展在横向上突破了之前的群众体育管理系统，在纵向上也深入到了城市的基层，正在形成“条块分割，以块为主”的新式群众体育管理体制(李娟，牛静，2005)。社区体育的功能体现在以下几个方面：

1.整合功能

整合功能是指通过参与社区体育活动的过程促使社区形成更加和谐的人际关系，减少社区内存在的一些矛盾和冲突，同时也可以通过发挥社区人员的作用整合人们的三观。

2.健全和丰富社区的功能

随着社会的不断发展和人民生活水平的不断提高，社区居民在物质生活中得到很大满足的同时，也有越来越多的人开始追求精神生活，因此需要相应的社区建设。这不仅能满足社区的需要，而且可以增强社区的活力。

3.娱乐功能

现在，越来越多的人正在不断追求自己的健康，在工作之余开展多姿多彩的业余生活，进而让社区体育走进了大众的视线。社区体育是指让大多数居民充分利用社区共有的体育设施，在通过体育锻炼强健体质的同时陶冶情操，从而促进人的身心健康。

4.服务功能

服务功能是指通过社区的体育设施服务、社区体育服务、社区体育组织以及信息服务、社区体育的指导服务等来反映和顺利地组织健身活动。

5.凝聚功能

凝聚功能是指提高一个社区的社区成员参加社区公共体育锻炼的积极性和主动性。为了能更好地发挥社区的体育凝聚功能，需要让所有的社区成员在了解社区体育的重要性的同时形成相互依存的关系，而社区体育的终极目标也是为了满足所有社区成员的体育需求。

**(三)社区体育相关研究**

20世纪80年代末至今，我国城市社区体育的发展取得了显著成绩。老年人口一直是社区体育的主体,青少年也应该成为社区体育服务的目标群体,因为青少年是社区的一部分,有一半时间是在社区中度过的。社区体育不仅可以弥补学校体育中的欠缺,还可以培养青少年的健身意识,并且帮助青少年形成终身体育的观念。一般来说,社区有多种形式的体育组织,这些组织会开展多姿多彩的体育活动,这些有趣多样的体育活动比较符合青少年身心的发展特点,能够激发青少年参与体育活动的兴趣。可以对学校社区一体化进行相关的体育资源整合,增加青少年参与体育锻炼的积极性,使青少年除了学校、家庭外,在社区中也能很好地进行体育锻炼,以促进青少年的身体健康,培养青少年参与体育活动的习惯。

一些相关研究指出,青少年的体育健康教育应该集中在学校及家庭,并依靠社区协助的工作路线。学校体育健康教育应该是以"监督"为重心,家庭体育健康教育应突出"父母榜样",社区体育健康教育应将"组织管理"放在第一位(郑冰,罗家,张弛,2015)。然而,我国社区体育服务意识薄弱、缺乏体育资源的问题正严重制约着青少年参与体育活动(兰清泉,2013 年;董宏伟,2010 年;赵宏明,2013 年)。一些学者通过对重庆市社区体育活动的研究发现存在以下问题:

(1)社区居民有强烈的体育意识,但社区没有加大对体育健身的知识普及。

(2)社区居民的活动逐渐增多,但仍存在活动场地、设备和体育技术的制约。

(3)社区居民参加体育活动的时间集中在上午和晚上,但参加体育活动居民的随意性活动仍占一定比例。

(4)社区体育主要是由居民组织的,但社区组织的效率不高,管理能力欠缺。

(5)社区体育工作人员多半是兼职人员,专业性并不强。

(6)社区居民的体育消费总体水平不高,主要以实物型消费为主。

(7)居民对社区的体育环境不是十分满意。

(8)影响社区居民参与体育活动的外部因素是"没有设备",他们自身的因素是"身体不适"。

华景梅和徐祥辉(2006)认为,针对社区及青少年中学生社区体育活动的现状,可以从以下几个方面进行改善:

(1)持续加大对社区体育场馆的建设以增加青少年、社区成员的活动空间,并降低其参与体育运动的参与费用。

(2)加大对中学生社区体育组织的关注力度,并在周末的闲暇时间提供有趣多样的体育活动,使学生能够参与到社区体育组织中。

(3)加强对社区体育的宣传力度,运用青少年可以接受和理解的宣传内容和方式进行宣传。

(4)促进体育协会和企业共同努力,解决社区体育活动的人力、物力和财力问题。

此外，他们还建议从以下几个方面促进社区体育战略发展：

(1)高度重视社区体育设施规划和建设。

(2)加强对社区体育的宣传力度，提高人们对参与社区体育活动的认识。

(3)增加学校社区的“二元”互动。

(4)强化对社区体育的科学管理。

(5)通过多种渠道和方法培养优秀的社区体育指导员。

**(四)对我国社区体育发展的建议**

我国的社区体育在发展过程中确实有很多问题，如缺乏对社区体育的理解及对其内涵和重要性的认识不足，社区体育组织缺乏科学的管理组织制度，社区体育设施的和管理系统不完善、资金短缺，社区体育管理者、导师团队专业性不强等(李凤新，2004)。但在日本、美国和其他发达国家，社区体育的发展有着先进的管理模式和经验。例如，在东京奥运会的影响下，日本政府高度重视国民的身体素质，日本政府以发展社区体育为目的，早在1972年就推动了《关于普及振兴体育运动的基本计划》的实施，对社区体育的具体规模、场地、设备设施标准、管理等做出了相关规定。顾渊彦和李明(2001)在《日本社区体育概况及对我国的启示》一文中指出，1992年日本青年研究协会提出了“必须丰富孩子的学校教育活动”的回顾总结。相对于日本，美国在社区体育方面的建设活动开展得更早。美国社会活动家玛丽(Mary)早在1885年就倡导在美国社区中开展各种体育休闲活动，从而开启了美国社区体育建设的道路。美国联邦政府和各州在第二次世界大战后颁布了相应的建设和发展社区体育的法律法规，其中“第66号命令”(Mission 66)对社区体育的发展起到了至关重要的作用。李佳奎(2004)在《美国青少年社区体育探析》一文中指出了社区体育的特征，并且对比分析了美国青少年在体育活动中与中国的差异，并对不同的原因进行了讨论。日本与美国社区体育发展的核心是建立社区体育活动服务体系，以满足社区体育和娱乐的需要。社区体育活动服务体系在社区体育建设和管理方面有明确的定位，具有相对健全的法律法规，设计师依照法律规定，根据居民的特点及参与体育活动的需求进行规划。

因此，我国的体育建设和管理也应做出一些调整，以适应中国社区体育的发展。笔者认为应包括以下几个方面：

(1)合理规划社区体育设施的总体布局，注重民族体育的传承。对此，我国社区体育工作应加强统筹规划，合理布局。首先要建立城市地区的总体规划系统，更科学地为各级社区体育设施布局；其次在社区体育建设中要消除竞技体育的指导思想，要服务群众体育，并发展休闲体育，以提高居民生活质量为目的；最后是在社区卫生服务体系建设的基础上，建立满足群众体育健身需求的项目，特别是在不同地区、不同民族的民族传统体育项目的发展、传播与发展等方面。

(2)社区体育俱乐部建设是促进社区体育建设的有效措施，为促进社区体育的发展，我们在学习国外优秀社区体育俱乐部先进思想建设的成功经验的同时，应结合我国的实际情况，促进社区体育俱乐部的发展。

(3)提高社区健身服务体系的标准，建立科学的管理和监督体系，促进社区卫生服务系统的标准化、制度化、法制化，使社区体育建设和规划有相应的政策法规可依赖，确保各级政府建立和完善社区卫生服务体系，发展多元化的社区健身服务体系。

## 二、体育组织及相关研究

### (一)体育组织简介

体育组织是专门从事体育运动、体育竞赛、体育文化活动，具有特定目的，拥有体育相关资源且具有一定的权威性或组织制度的社会机构。根据不同的标准，体育组织可以分为营利性体育组织和非营利体育组织、政府体育组织和非政府体育组织、国内体育组织和国际体育组织、临时体育组织和永久性体育组织、综合性体育组织和单项体育组织等。非营利体育组织主要指的是独立于政府部门的、不以营利为主要目的的公益性体育组织。它能促进体育事业的健康发展，并满足公共娱乐及大众健身意愿的需求。非营利体育组织具有体育公共服务、保障团体体育利益、促进大众体育参与等重要作用，其特点包括有组织、自治、非盈利和自愿等，属于公益性体育组织。在体育公共服务的参与中，非营利体育组织可充分调动社会资源，提高公共服务在体育中的效率，弥补政府服务供给中的“短板”且充分利用社会、组织和人才资源，为广大群众提供多元化、多层次的体育公共服务。体育公共服务的困境表现为融资渠道单一、体育公共服务所需经费远远不够、政府包揽使得效率不高、市场力量不足、非政府组织作用不足等。

我国社会体育组织的发展是滞后且不成熟的，存在许多问题，现简述如下：

(1)体育公共服务缺乏专业人才，表现为社会体育组织的工作人员大多为兼职的工作人员，几乎没有专业的体育公共服务人员，而且他们中的大多数也没有进行过专业的体育公共服务教育和相关培训，无法提供专业的体育指导。

(2)由于存在资源匮乏等因素，导致社会体育组织缺乏配套的体育装备和良好的体育环境，致使体育组织活动的功能单一。

(3)非标准的管理导致社会体育组织出现了目标混乱及供给效率不高等一系列问题。缺乏社会体育组织的能力必然会影响体育公共服务项目的进行，以及体育公共服务对象结构的不平衡。如果将社会群体划分为弱势群体、一般群体和优势群体这3类，那么当下我国大多数体育公共服务适用于一般群体和优势群体，很少适用于弱势群体，这就影响了体育公共服务供给的公平原则。由此，社会体育组织在发展过程中应该进行以下几方面的改革：

(1)要增强服务型政府的建设力度。

(2)要加快政府购买体育公共服务建设的一系列法律法规的脚步，统一规范相应的管理制度，使社会组织能够在进行体育公共服务时有条不紊地进行。

(3)对社会体育组织要准确定位，通过不停地提高其服务质量来赢得人民对其的信任，并加强其与政府之间的联系。

(4)体育组织要主动创造环境来适应自身的发展和管理模式的创新，使社会体育组织的管理从“双重管理”变为“单向管理”。社会体育组织也应该提高“内功”，提高体育公共服务的质量。社会体育组织能否更好地开展政府采购的体育公共服务项目，其“内功”是重要的决定因素。社会体育组织“内功”的推进工作包括5个方面：一是有一群具有专业技术能力和优秀人文素质的体育公共服务人才队伍；二是要强化在职员工的相关培训工作；三是社会体育组织需要提升自身建设，加强管理机制，提高在财务、项目管理等方面对规范科学的重视度，秉承“诚信”的组织宗旨并加强自我监督和相互监督的能力；四是合理运用政府资金采购体育公共服务，并有效利用组织资源扩展筹资途径以保证组织的循环发展；五是制定科学合理的发展规划，合理调整各部门的布局。

**(二)青少年体育俱乐部简介**

青少年体育俱乐部是体育组织的一种，其在全国范围内运转，是我国为实施“全民健身计划”、为青少年课外活动创造更多的活动空间并为促进青少年的健康成长而成立的一种新型体育组织形式。青少年体育俱乐部是市场经济条件下创建的集健身、娱乐、教育为一体的新型体育组织。青少年体育俱乐部在成立早期启动资金由中国体育彩票公益金提供，这体现了党和政府对青少年健康成长的高度关注。青少年体育俱乐部是国家体育总局与各地体育部门旨在实施《全民健身计划》，围绕“以青年为重点的群众体育”第二阶段的指导思想所成立的非营利组织。非营利基金会组织体育活动是实现公共责任的最重要途径。青少年体育俱乐部是一个以大众市场为目标的非营利体育组织，同时也具有公共服务的特点。它的服务对象不仅局限于青少年，也不仅局限于周围区域，而是以青少年学生为主体，吸收其他更多的群体参与。青少年体育俱乐部在许多国家被广泛成立，是社区体育组织发展的一种形式。青少年俱乐部使青少年学生在学校生活结束后可以参加体育锻炼，对提升青少年的素质发挥了重要的作用。目前，我国的青少年俱乐部分布广泛，而且发展出了大量团体成员和个人会员，活动类型丰富多样，包括各种体育比赛、训练课程和夏(冬)令营，已经在社区文化生活中形成了一道美丽的风景线。

### (三)青少年体育俱乐部对青少年发展的作用

青少年体育俱乐部极大地丰富了青少年的业余生活方式,培养了他们积极乐观的生活态度,可以有效地避免青少年不良生活习惯的形成,并让他们在体育或其他活动中能够发挥自身的优势和潜能。通过自愿参加俱乐部组织的体育活动,青少年遭受挫折的抗击打能力会增强,同时培养了自身良好的人际关系处理能力,帮助形成了强大的心理素质和健康的人格。

家长可以充分利用各种活动形式和不同的活动环境让青少年参加一些有组织的体育活动,以此来解决一些青少年"不社会适应"的突出问题。当前,由适应能力差、自我控制能力差等原因造成的青少年犯罪问题日益严重,如何有效地预防和控制青少年犯罪是当前人们关注和讨论的一个重要问题。青少年自我控制能力比较弱,因此青少年犯罪行为可以通过加强外部控制来预防。青少年体育俱乐部组织的体育活动就为青少年提供了一种外部控制,能够使青少年积极参与到健康的文化活动中,及时纠正其不良行为。所以,青少年的自律和外部社区成员之间的约束和控制能够减少社会环境中的不利因素和刺激对青少年犯罪行为的诱导,提供良好的氛围使青少年的偏差行为得到及时有效的预防和矫正,同时减少青少年的犯罪行为。青少年参加体育俱乐部是培养积极心态、促进身心健康发展的一条切实可行的途径。

青少年体育俱乐部旨在积极引导学生参加体育锻炼,同时参加俱乐部也是增进青少年健康的主要方式。通过参加俱乐部的活动,青少年能提高对体育锻炼重要性的认识;通过向学生介绍体育健身项目,青少年体育俱乐部能提高学生的体育参与愿望,并使学生积极参加体育锻炼。体育俱乐部的活动也增加了学生关于体育活动的知识,为学生积极参与体育锻炼打下了基础。有学者对参加体育俱乐部的青少年和未参加的青少年的体育锻炼时间进行对比分析后发现,参加体育俱乐部的青少年在课余参加体育活动的时间有所增加,因此体育俱乐部的存在能够提高青少年参与体育运动的积极性,并且对青少年养成良好的体育锻炼习惯有着非常积极的作用。研究同时发现,参加体育俱乐部的青少年在自身锻炼方面有较强的能力,参加体育俱乐部增加了青少年的意志力,同时也有利于增加青少年进行终身体育锻炼的体育意识。

有人对青少年进行了名为"你是否认为课外体育俱乐部有利于你的个性发展与提高?"的调查,发现有一半以上的青少年回答"是"。这表明青少年体育俱乐部确实有利于促进青少年个性的发展,表现为青少年会在感兴趣的体育活动中主动学习,这样可以充分发挥他们的创造力,有利于培养青少年的运动能力和组织活动能力,并帮助他们正确评估运动对自身的影响。此外,通过一定时间的体育活动,青少年可以慢慢形成稳定的人格,而这种人格又会潜移默化地体现在生活、学习和其他社会活动中。在对名为“你是否认为课外体育俱乐部有利于你的终身体育意识的培养?”的调查中,同样有一半以上的青少年回答“是”。青少年参与体育俱乐部除可以满足自身的兴趣爱好、熟悉运动技术外,还对青少年的体育观有积极的影响。有人对参加体育俱乐部的青少年进行了前后两次名为“参与体育俱乐部的动机”的测试,发现有半数青少年在未加入俱乐部前的测动机为“应试考试”,参加俱乐部体育运动一年后的答案变为“获得乐趣”等,可见体育俱乐部影响了青少年参加体育锻炼的动机。青少年只有拥有正确的体育锻炼动机才能积极主动地参与体育运动,因为良好的动机可以促使青少年正确认识体育锻炼的真正意义,促使他们持续进行体育锻炼。有研究检测了参加体育俱乐部之前和之后的青少年的身体素质,发现在参加体育俱乐部之后青少年的身体素质总成绩达标率有了不同程度的提高,即青少年的身体素质有了明的改善。这足以表明体育俱乐部对青少年的身体体质增强产生了积极有力的影响。还有研究人员为检验参加体育俱乐部排球运动的青少年对运动技能的掌握情况,以排球专选体育课的学生为对照组进行了随机抽查,发现实验组通过在俱乐部一年的练习,其技术与对照班的技术有显著差异。这也说明体育俱乐部对青少年的运动技术水平有一定的影响,在相关专业体育辅导老师的指导下,参加者能迅速掌握运动要领,从而强化对运动技能的掌握。有人还对参加体育俱乐部的青少年进行了名为“参加体育俱乐部是否可以培养你的问题意识?”的调查,结果显示,很多青少年给出了肯定的回答。该研究还发现,参加体育俱乐部的青少年在自身锻炼方面有较强的能力,原因是体育俱乐部可以为青少年提供一个自由思考的机会,老师在青少年感兴趣的运动项目上起着辅导的作用,这有利于青少年问题意识的培养,可让青少年学会主动学习、积极思考、发现问题,最后在老师的指导下解决问题。这种方式也激发了青少年的学习热情、学习兴趣和探索创新精神,从而有效提高了青少年的学习水平。

**(四)青少年体育俱乐部存在的问题**

青年体育俱乐部是由政府利用彩票资金创立的一种非营利组织,故存在能力不足、资源不足及系统性较差等问题。如在俱乐部创建初期,受各种因素的影响,尚未形成与非营利性质、管理体制和运作机制相适应的成熟发展模式。调查表明,青少年体育俱乐部存在的主要问题有以下几点:

(1)缺乏宣传力度,导致人气较低,俱乐部的自身发展相对拘谨。

(2)监管政策资源不足,管理体系也没有得到精简。

对此,俱乐部应根据存在的不足进行有针对性的调整,着手加大对自身的宣传力度,整合各种社会资源以促进自身的发展,同时要完善科学合理的管理体制,扩大俱乐部的组织规模。

**(五)国外青少年体育俱乐部发展的经验借鉴**

在推动我国体育俱乐部发展的同时我们也要学习国外优秀体育组织的经验。例如,在 20 世纪 90 年代,针对英国青少年体育活动参与状况不佳的问题,约翰·贝克维斯(John Beckwith)于 1994 年成立了以促进青少年体育发展为目标的“青少年体育信托基金”(YST),YST 是由英国政府批准成立的社会组织,拥有独立宪章,旨在促进青少年体育的发展,并对 4～19 岁的青少年在课余时间参与一般体育活动进行指导。其核心工作内容包括精英体育人员的选择、体育训练的技术指导、体育锻炼参与方式的选择指导、体育训练兴趣的培养以及体育教育评估等,以充分保障青少年体育参与的权利。经过 20 年的发展,YST 已成为英国公共体育领域的重要组成部分,该组织的活动足以证明它在英国青少年体育运动中的核心作用。YST 通过开展一些校内和校外的体育活动,帮助正常及残疾青少年参与到体育活动中,培养他们的健身意识,加强体育参与和青少年生活之间的联系。YST 还体现了进取精神,它与 400 多所英国体育学院建立了合作关系,通过建立青少年体育服务体系为青少年提供专业的体育资源,以此提高青少年体育参与的水准,促进青少年的德、智、体全面发展。YST 还在体育赛事领域发挥了重要作用,它与英国国家体育组织多次进行过体育赛事合作,大大增加了青少年参加体育赛事的机会。YST 还在教练员培训方面发挥着重要作用,它通过建立学校体育教练员这一培训体系传授体育科学、教育和培训体系的知识,实施教练员培训、就业、评估和科学培养路径的研究,提升了体育教师的教学素养。在俱乐部建设方面,为充分利用社会资源,YST 提倡开放办学的政策,与社区一起建设体育俱乐部,以扩展青少年的业余生活。在志愿者方面,YST 通过举办体育活动形象大使这一重要社会活动来选择精英,在青少年中树立榜样,以备为大型体育活动及社会公益活动等提供志愿者服务。

**(六)我国青少年体育俱乐部相关研究**

我国发展的青少年体育公共服务有多种组织形式,正在我国蓬勃发展的青少年体育俱乐部就是其中之一。黄建(2010)在其研究中指出,我国的学校体育课大多采用基础课、选项课的授课形式,体育教学还多是整齐划一、以班级为单位的状况,这种形式的体育教学已经较难适应当代青少年的心理发展特点;“俱乐部”这一授课模式是目前很多国家正在积极推广的课堂组织形式,这种形式可以减轻学生的心理负担,增加学生的自主选择性,达到最大限度的愉悦学生身心的目的,满足广大青少年日益增长的多元化、个性化的体育锻炼需求。

作为我国青少年课外生活中重要的环境因素,青少年体育俱乐部以服务青少年体育参与为核心和主要功能。随着青少年体育俱乐部的数量不断增加和自身业务能力不断加强,受益青少年的数量、范围也在不断增加。自 2000 年我国开始成立自主创建的青少年体育俱乐部以来，至 2013 年底自主创建的青少年体育俱乐部共计有 5360 个。

作为面向青少年体育活动的非营利体育组织，青少年体育俱乐部在向青少年提供体育服务的过程中，客观上也成了与青少年相关的家庭、学校、社区、政府以及企业等多方主体沟通、交流与协作的平台。青少年体育俱乐部与“一体化”“阳光体育”等理论或政策的契合在近年来的研究中也得到了验证。

谢宜轩(2013)认为，青少年体育俱乐部可以在社区的基础上构建社区、学校、家庭青少年体育网络。舒宗礼(2016)在场域理论基础上对“武汉实践”与“福建实践”两种模式进行了研究，认为青少年体育组织应与政府、学校、社区、家庭形成“共生”网络，实现跨界整合发展，从而为青少年体育更好地服务。这些研究表明，我国青少年体育组织能与“一体化”理论研究相结合，并表明现已在武汉、福建等地进行了实践，同时还指出我国青少年体育俱乐部理想的发展方式是依附于社区或学校，取决于家庭。

虽然青少年体育俱乐部等体育组织对青少年的身体活动行为有重要的作用，但对青少年体育组织与“一体化”理论的联动研究相对匮乏，针对青少年体育组织对青少年身体活动行为促进的研究也才刚刚起步，且尚未有针对青少年体育组织对青少年身体活动行为促进干预的定量研究。

## 第二节　青少年身体活动促进的多元联动干预研究

### 一、国外青少年身体活动促进的干预理论

近 20 年来，青少年身体活动促进一直是研究的热点。青少年身体活动促进理论主要来源于健康行为领域，理论研究分以下两个方向：

一是关注个体水平身体活动行为改变的理论，如健康信念理论、合理行动理论、计划行为理论、自我效能理论、跨理论模型、健康过程行为取向理论等。此类理论有助于理解个体身体活动行为从发生到坚持全过程的心理特征，并能基于理论对个体身体活动行为进行干预，但适用范围和外推力存在一定的局限性。

二是关注个体身体活动行为在自然与社会环境下改变的理论，如行为生态学模型等。此类理论弥补了个体水平理论未能充分考虑环境和社会准则等的不足，但该领域的研究刚起步，多集中于描述性研究，缺乏实证研究检验青少年身体活动行为影响因素的作用路径及干预策略等。

塞利斯(2006)基于生态学模型对个体、社会环境、物理环境及促进市民体育

活动行为变化的政策环境进行了多因素干预研究。其结果表明：各因素共同影响个体身体活动，个体生活态度的积极程度与其所处的环境密切相关。卡塞尔(Cassel，2010)基于社会生态学模型分析了25个针对萨摩亚人的相关研究，确定了政治、社会经济、文化和生物因素对萨摩亚人的肥胖比率上升的作用，认为社会生态学模型的应用为今后的干预策略提供了指导，解决肥胖和慢性病上升的方法也适用于类似的社会与健康问题。

布什(Bush，2015)的研究发现，人们对影响青少年身体活动行为的人际关系、组织、社区和政策的方针所知甚少，当前研究仍然集中在个人和学校上，且个体水平干预集中于被试者的意向、态度、动机和自我效能上等。

## 二、其他国家对青少年身体活动行为促进的干预措施

青少年身体活动促进的干预基于青少年身体活动的促进理论，个体水平的干预集中于被试者的意向、态度、动机、自我效能等(Bush，2015)，干预能改变被试者的锻炼意图，但对行为的改变不理想(Webb，2006)。基于行为生态学模型的干预研究集中于环境因素(McGrath，2015)，意在通过改变环境特征(如步行适宜度、居住密度、土地结构、美观度和安全问题等)促进青少年身体活动行为的改变，但多方面结合的干预研究较少。

随着时代的发展，许多研究者都普遍认为，青少年的身体活动促进单靠学校的力量是远远不够的，青少年接受体育教育的渠道已由单一的学校扩展到了家庭、社区各个系统，各国对青少年身体活动的促进干预措施出现了三大趋势：倡导全民终身体育学习的理念；由传统的被动学习变为主动学习的体育教育方法；健全完善“学社融合”。青少年体育俱乐部是青少年体育参与的重要平台，多元化的青少年体育俱乐部能促进青少年主动参与体育活动的积极性。

英国通过自上而下的政策制定和自下而上的政策执行，加强了学校、社区、社会组织和体育组织之间的多元合作，使得在学校、社区的支持下青少年体育俱乐部有了大力发展。

美国自1972年颁布《教育法修正案》解决了青少年身体活动参与中的性别歧视以来，通过国会及各州政府的不断立法，建立了较为完善的体育政策法规体系，确保了体育课程的规范运行。学校体育、社会体育、竞技体育相关政策法规的完善保障了青少年身体活动参与的规范性。

美国的SPARK(儿童运动、游戏和体育活动课程)项目研究应用于学生的体育与健康教育改革，对我国的“阳光体育”有着极大的借鉴作用。SPARK拥有多样化的教学和课程模式，旨在促进青少年能够终身进行体育锻炼。

体育俱乐部是澳大利亚之所以能拥有具有世界水平的体育体系的基石。澳

大利亚体育委员会认为青少年加入某个体育俱乐部不仅能锻炼身体，还能培养良好的价值观。2010年，为鼓励青少年参加体育俱乐部，澳大利亚开始推行“终身锻炼——加入一个运动俱乐部”(play of life—join a sporting club)政策。

日本高度重视建立良好的“学社融合”推进体制，将学校教育与社会教育联合，令终身体育教育有了更好的平台，对青少年参与体育活动产生了强大的助力。日本国民在上小学时课余时间就开始参加学校的各类俱乐部活动，从小就形成了参加有组织的社会活动的习惯。日本和其他许多国家学校的体育设施是向有组织的俱乐部会员学生优先免费开放的，这种从小形成的俱乐部文化和生活方式奠定了公民参加有组织的社会体育活动的基础，同时也培养和形成了公民对参加俱乐部这种社会体育组织的自我管理能力。

其他国家为促进青少年的身体活动参与，也都制定了法律法规给予保障，重视青少年体育俱乐部等体育组织的作用，把学校、社区、家庭、体育组织通过政策联合为一个整体，对青少年的体育参与进行了有效干预，并得到了十分显著的效果。因此，构建并实施学校、家庭、社区、体育组织的联动是当前提升青少年身体素质、形成青少年终身体育观的一大重要课题。

### 三、我国青少年身体活动参与干预的理论——学校、家庭、社区联动及“一体化”理论

我国研究者对被试者的个体心理、学校、家庭、社会等因素实施了干预研究，发现个体心理干预基于行为改变理论，其他因素干预主要基于一体化理论。

我国学者沈建华(2000)最早对学校体育、家庭体育、社会体育进行了“三位一体”的论证，并提出了“一体化”的基本含义、要素、特征、目标、原则与网络等。后来的研究者从一体化的创新体系与构建、一体化网络模式、发展模式及模型构建等视角进行了研究。章建成(2012)构建了“三位一体”健康教育干预模式，并提出了干预策略与建议。谢宜轩(2013)对社区体育俱乐部组织进行了研究，认为可以对社区体育俱乐部组织进行一体化的体系创新与构建。这些研究令“一体化”理论逐渐成熟，给出了理论与实践结合的大体方向，但并未对学校、家庭、社区中的影响因素进行定量分析。

李趁丽(2013)在前人针对“一体化”研究的基础上制定了量表，结合“阳光体育运动”长效机制对学校、家庭、社区各影响因素的影响力进行了定量分析，结果表明“运动干预”“家长榜样”“组织管理”是最重要的3个影响因素，同时，青少年身体活动行为的心理改变是带来行为改变的主要原因。郑兵(2015)从当前家庭、学校、社会“三位一体”的体育健康教育基本思想、方法及相关原则着手，构建了青少年阳光体育活动长效机制模型。其研究表明，学校、家庭、社区健康干预

的直接效果集中体现在青少年"知觉利益"的改变上，并由此而引发青少年体育锻炼行为的改变。这些研究都对环境因素进行了定量研究，以探究其对青少年身体活动行为促进的具体影响力，结果表明青少年的心理变化（知觉利益的变化）是引起体育锻炼行为的第一步。

从以上研究可知，国内针对学校、家庭、社区联动及"一体化"理论对青少年身体活动行为促进实施了有效的干预，各干预因素在诸如"青少年阳光体育"等政策中逐渐明晰。但是，对"一体化"理论中各因素联动、相互影响的研究相对匮乏，同时，当前研究忽略了随着时代的发展，在青少年体育行为中占比越来越重的青少年体育俱乐部等因素的影响。

综上所述，在青少年身体活动行为促进领域，研究者在理论基础、影响因素、干预策略及模式等方面进行了大量理论与实践研究，但尚存在以下不足：

(1)未见体育组织、各因素之间多元联动对青少年身体活动行为影响的研究。青少年社会体育俱乐部等体育组织是青少年课外生活的重要环境因素，对青少年身体活动行为起着重要作用且不可忽视。此外，青少年身体活动行为及体育习惯的养成不仅与家庭、学校、社区等有直接的关系，而且与他们之间的多元联动有重要的紧密关系。

(2)研究缺少对各因素之间多元联动机制的探讨。"一体化"的理论和干预模式为研究青少年的身体活动促进提供了良好的基础，但各因素的功能、相互关系欠明确，故需探讨各因素促进身体活动行为的多元联动机制，构建多元联动模式，用以指导实践。

(3)鲜有家庭、学校、社区、体育组织对青少年身体活动行为影响力的定量分析。定量研究有助于明确各因素的重要性，作为构建多元联动模式、实施整体思维下跨系统、跨部门整合的重要依据。

## 第三节 多元联动模式的构建

为了实施多元化的健康促进策略，促进青少年的身体活动，需要家庭、学校、社区等各系统和各部门的协同、联动。在由学校、家庭、社区构成的多渠道、全方位、多层次的多元联动体育网络体系中，学校是主导力量，家庭是基础，社区是依托和载体。它们共同以青少年为中心，通过健康教育、体育运动、布置体育家庭作业等形式，将体育锻炼、健康知识渗透到日常生活中来实现学校、家庭、社区之间的联动。但是，实施这一切需要一个健全的组织领导体系和管理制度作为保障。

为了实现学校、家庭、社区和体育组织之间的联动合作，促进青少年身体活动行为的改变，既需要健康行为促进理论的支持，又要有政策组织的支持，现简述如下：

第一，健康行为促进理论（如锻炼行为生态学模型）认为，影响个体身体活动行为的不仅包括环境因素，还包括个体的生理、心理因素。

第二，行政部门已经认识到了学校、家庭、社区、体育组织联动合作在促进青少年身体活动行为改变方面的潜在力量，针对青少年中存在的体育问题，中央和有关部门多次提出需要构建和完善学校、家庭、社区青少年体育网络体系和联动机制。

尽管各方都同意上述观点，但是多数学校、社区、组织和相关政府部门，以及相关的研究均未给出具体的联动措施、联动方案来有效地促进青少年身体活动的参与，而且当前也没有研究考察学校、家庭、社区、体育组织四者之间的联动。

对此，笔者认为有必要以锻炼行为生态学模型为依托，构建以家庭、学校、社区、体育组织为微系统，以四者的联动为中系统的青少年身体活动行为促进多元联动模式及联动策略模型，以促使学校、家庭、社区、体育组织实现联动，为开展青少年体育工作、促进青少年参与体育锻炼提供指导和帮助。

## 一、多元联动模式联动活动框架

相关研究表明了学校与家庭、社区等其他组织联动合作实施干预措施的潜力，采取多种活动策略可以有效实现联动，并促进青少年身体活动行为的改变，而健康行为促进理论的锻炼行为生态学模型则支持这种联动合作实施策略方法，并认为身体活动行为受到个体心理因素、生理因素及家庭、学校、社区、人际关系等多层面环境因素的影响。表 5-1 显示了不同生态层次在促进青少年身体活动行为方面所采取的措施，后文也将讨论学校、家庭、社区、体育组织联动合作的具体措施。

**表 5-1　　基于锻炼行为生态学模型的身体活动促进策略框架**

| 生态层次 | 活动策略 |
|---|---|
| 个体层面 | 健康教育和体育教育 |
| 人际关系层面 | 学校、家庭、同伴的支持 |
| 学校层面 | 健康教育和体育教育、沟通交流、体育决策制定、开展校内外体育活动 |
| 家庭层面 | 当好家长、在家锻炼、家长家督、家长参与 |
| 社区层面 | 学校与社区合作、社区参与 |
| 体育组织层面 | 学校与体育组织合作开展课外体育活动，实施体育技能培训、举办各种赛事 |
| 政策层面 | 政府的政策和措施 |

以上为基于锻炼行为生态学模型的各种联动合作活动策略。为实现学校、家庭、社区、体育组织 4 个微观系统的联动，从而达到改变青少年身体活动行为的目标，需要整合 4 个微观层次的各种联动策略。整合后的策略主要包括当好家长、沟通交流、在家锻炼、体育决策制定、社区合作和体育组织合作 6 种类型的活动策略。这 6 种类型的活动策略构成了青少年身体活动行为促进的多元联动活动策略框架，如图 5-1 所示。

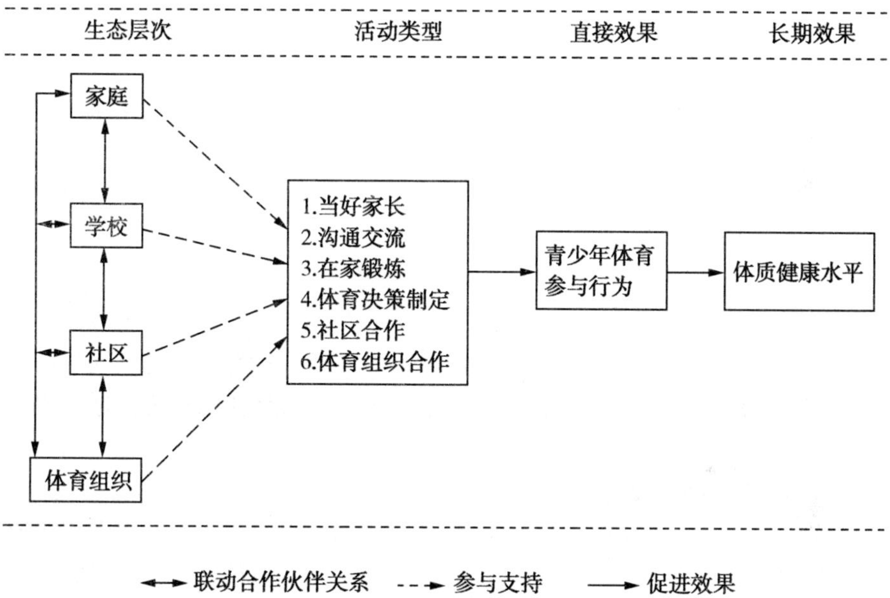


图 5-1 多元联动模式联动活动策略框架

通过组织开展 6 种类型的联动策略活动，可以有效地实现学校、家庭、社区、体育组织的联动，促进青少年身体活动行为的改变。这 6 种类型联动策略活动的具体内容如下：

(1)当好家长。当好家长这一联动策略活动旨在帮助家长了解青少年身心健康、体育锻炼方面的知识，并帮助其营造一种鼓励子女参与体育锻炼的家庭环境氛围，培养家长的体育参与意识和合作意识。该策略还能帮助校方了解青少年家庭的体育背景，了解家长的知识、文化和他们对子女参与体育锻炼的期望。家长的体育知识、观念及意识等对子女的身体活动行为有极大的影响。

(2)沟通交流。沟通交流这一联动策略活动主要是让学校和家庭、社区、体育组织针对学校体育教育、健康教育和学生的体育行为进行有效的交流，确保学生进行校外体育锻炼。

(3)在家锻炼。在家锻炼这一联动策略旨在促使家庭参与到子女的体育活动中,监督子女进行体育锻炼,如让学校指导家庭开展亲子体育活动、亲子体育游戏等。家长长期参与体育活动和监督与子女参与体育活动成正相关。

(4)体育决策制定。要让家庭、社区管理者、体育组织管理者参与校方关于青少年体育工作决策制定的过程,学校在征求、整合多方的意见后,可根据实际情况制定有利于青少年、家长及学校各方的身体活动开展的策略。

(5)社区合作。应整合社区体育资源和社区体育服务,为学校、家庭开展青少年体育工作带来益处,为青少年参与体育锻炼带来益处;反过来,也能向社区提供体育活动指导等相关服务。

(6)体育组织合作。整合体育组织资源可为开展青少年体育工作提供服务(尤其是各种青少年体育俱乐部),有利于青少年体质健康水平的提升。健康活动场所有责任和学校、家庭、社区联动合作,组织开展各种青少年体育活动,共同促进青少年体质健康水平的提高。

## 二、多元联动模式的特征

多元联动模式以锻炼行为生态学模型为依托,旨在构建以家庭、学校、社区、体育组织为微系统,以四者的联动为中系统的青少年身体活动行为促进模式,其具有以下特征:

### (一)多元联动模式的整体性

多元联动模式由相互依赖的家庭、学校、社区、体育组织 4 个微观系统构成,各微观系统之间存在有机联系,四者的联动形成了一个有机整体,以实现一定的功能。各个要素之间不是随意关联、简单合并的,而是各主体、各构成要素之间协同联动、综合作用,从而构成了一个综合的整体。

### (二)多元联动模式的互动性

在开展青少年体育工作方面,多元联动模式打破了以往各系统、各部门单打独斗的格局,各系统、各部门的互动可以加快合作项目、合作活动的开发与实施,而各种参与项目、合作活动的实施和开展又有利于各系统、各部门的互动,增强合作意识,改变体育观念。这种互动有利于实现学校、家庭、社区、体育组织之间的联动以及青少年体育工作的开展。

### (三)多元联动模式的资源整合性

多元联动模式打破了以往各系统、各部门资源相对不足却又大量闲置浪费的状态,在开展青少年体育活动的过程中,以学校为主导的多元联动模式合作行动团队对学校、家庭、社区、体育组织间的物质资源、人力资源进行统筹整合,再分配利用。例如,合作行动团队和社区管理者可达成协议,利用社区体育资源组织开展体育活动，让本校体育教师负责技术上的指导，企业、商家给予一定的资金赞助，卫生部门给予安全、健康方面的指导，以确保体育活动的顺利开展。

实施资源整合不仅可以缓解由于体育资源缺乏而制约青少年参与体育锻炼的问题，而且可以实现体育资源利用率的最大化，有效地促进青少年参与体育锻炼。合作行动团队必须从更大的范围、更广阔的空间尺度上进行整体规划，统筹安排各系统、各部门间的资源，避免现有资源的闲置浪费。

## 三、青少年身体活动行为促进多元联动模式的联动步骤

根据爱泼斯坦实现学校、家庭、社区合作的"十条成功步骤"理论，实现家庭、学校、社区、体育组织各微观系统之间的联动的步骤为：

(1)成立合作行动团队，构建联动合作体系。

(2)筹集资金、提供保障。

(3)为合作行动团队成员提供培训。

(4)明确多元联动模式合作体系的工作起点。

(5)制订活动方案与计划。

(6)实施与开展活动项目。

(7)评估合作体系及合作项目。

通过上述步骤可以解决谁来联动、如何联动、联动的途径等问题。

### (一)多元联动模式联动合作行动团队的构建

谁来负责创建联动合作体系？答案是青少年在参与体育锻炼过程中的每一个利益攸关方。在构建过程中，学校占据着核心地位，发挥着主导作用，家庭、社区、体育组织以及其他社会组织参与建设。谁来联动？由于青少年多数时间在校园中度过，再加上学校教育功能的特殊性，因此学校应该主动联合家庭、社区、体育组织建立"四位一体"的青少年体育服务体系，并为全面有效开展青少年体育工作提供保障。但是，这一行动离不开教育部门、政府部门在政策上的强力支持，而家庭、社区、体育组织及其他社会组织也是多元联动模式的重要构成部分。

要想构建多元联动模式、联动合作体系，最适宜的策略是团队合作。首先，政府部门、教育部门应牵头并出台相关的政策文件，体育部门给予相应的指导，然后以学校为中心，由学校领导负责组建多元联动体系的合作行动团队，这是实现家庭、学校、社区、体育组织四者联动的第一步。合作行动团队以合作委员会的形式存在，是校理事会下属的一个执行机构。团队负责开展学校、家庭、社区、体育组织合作项目，组织策划新型合作项目，实施部分合作项目，委派专人负责其他活动项目。合作行动团队还需要根据具体的活动性质成立相应的责任小组，负责家庭、社区、体育组织参与项目的具体实施工作，这些小组分别负责好家

长、沟通交流、在家锻炼、体育决策制定、社区合作、体育组织合作等类型活动的开展，如图 5-2 所示。所有的小组共同构成了多元联动模式合作体系的组织架构。在多元联动系统中，团队具体的分工与任务将由这些相应的小组来承担，并且负责实施与完成相应的目标。

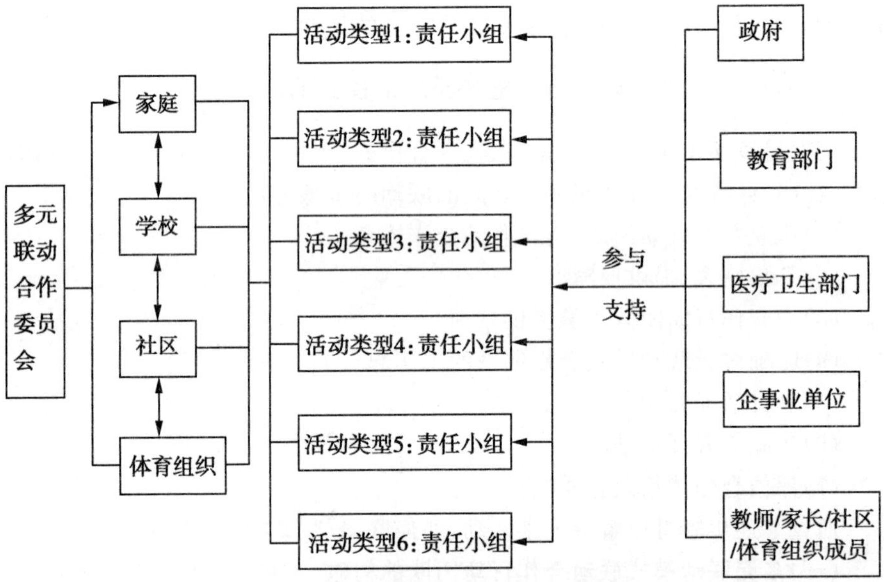


图 5-2　青少年身体活动行为促进多元联动模式合作体系组织架构

**(二)筹集资金，提供保障**

合作团队策划的种种活动都离不开政府部门政策的引导与扶持，以及其他社会组织的扶持，此外还需要一定的运行资金。除政府提供相应的资金扶持之外，合作团队还可以从企业单位、商家(如体育产业公司、体育俱乐部等)获得资金，当然这需要政府协调。合作团队必须有充足的时间和社会各界的支持才能顺利地开展联动合作工作，这就要求学校、教育部门和政府部门明确地给予各方面的支持，包括团队培训、活动项目的策划与开展等。

**(三)为团队成员提供培训**

为了能更好地开展体育活动项目，在开展合作事务之前，团队成员要做好专业技能上的准备。首先是培训团队成员合作共事的本领与能力，包括与其他教育工作者、社区服务提供者以及学生家长和社区里其他人进行合作的能力、组织活动的能力、沟通交流的能力等；其次，由于团队成员成分的特殊性(如教师、家长以及社区成员等)，故并不是每个成员都懂体育锻炼相关知识、体育活动与情绪有关的知识、活动前的热身知识，以及活动中的一些突发状况（如晕厥、中暑、肌肉痉挛等）的临场急救措施等的，因此应加强成员之间的合作。

**（四）明确联动合作体系的工作起点**

合作行动团队要先从那些易于开展的活动入手，在开展合作项目之前要明确当前的优势在哪里。例如，首先要明确校方、社区、体育组织有哪些可利用的资源，分析目前易于开展的体育活动项目；其次，要明确各方参与合作项目的时间，以及家长、教师、行政人员、学生对合作项目的期望目标等；最后，要明确各方的体育意识、合作意识。

**（五）合作行动方案与计划的制订**

合作团队在明确工作起点之后，接下来就应着手制订一份详细的合作行动方案。活动方案的内容包括发展目标、预期成果、具体的体育活动参与项目、体育活动举办日程、体育活动类型、体育活动开展的频率、体育活动的准备工作、体育活动项目具体的负责人、开展体育活动所需的资源和资金及其他事项等。在制订学年合作方案时需要注意以下问题：

（1）实施细节。为了顺利开展家庭、社区、体育组织参与的活动，进而推动多元联动模式取得成功，需要做些什么？需要积极开展哪些体育活动？如何通过这些活动来为学生和家庭营造一种良好的体育参与氛围？

（2）责任分明。活动方案中具体合作项目的开发与实施由谁来负责开发？

（3）经费支出。体育活动开展过程中经费的开销有哪些资金来源？

（4）评价考核。体育活动项目开展得如何？活动对联动模式产生了什么样的影响？对教师、家庭、学生产生了什么样的影响？应采用什么样的指标体系对活动项目开展质量和效果评价？

**（六）体育活动项目的实施与开展**

有了一份优质的合作方案之后，接下来的工作就是组织开展体育活动，推动实现青少年的体育发展目标。在开展青少年体育工作的过程中，由于青少年体育活动类型较多，因此在开展活动时要根据活动具体的类型和目标由相应的责任小组负责实施开展，每个小组要利用家庭、社区、体育组织的参与力量推动实现体育活动的预期发展目标。

**（七）多元联动合作体系效果评估**

为了让多元联动模式合作体系发挥其应有的功能，更好地促进青少年参与体育锻炼，提高青少年的体质健康水平，就应对整个体系的策划、实施过程及成果持续性进行评估。多元联动模式合作体系的评估活动包含质量评估和进度评估两方面，评估的主要内容包括：

（1）多元联动模式合作体系的整体开发工作（团队合作；校方、家庭、社区、体育组织、其他社会组织以及政府部门对合作体系的扶持;合作方案与学校发展规划的关联度)。

(2)各项体育活动的开展工作(组织、策划、质量)。

(3)家长方面的成效(体育意识、观念、态度的转变)。

(4)学校方面的成效(体育意识、观念、态度的转变)。

(5)社区方面的成效(体育意识、观念、态度的转变)。

(6)体育组织方面的成效(体育意识、观念、态度的转变)。

(7)学生方面的成效(体育锻炼意识、观念、态度、习惯形成与改变,体质健康水平的提高)。

## 四、六种活动类型导向下的合作方案与计划

通过明确工作起点可知,开展当好家长、沟通交流、在家锻炼、决策制定、社区合作、体育组织合作 6 种类型的活动可以实现学校、家庭、社区、体育组织间的合作,有效地促进青少年参与体育锻炼。在制定合作方案与计划时,要以这 6 种类型的活动为导向。下面给出的是 6 种类型活动的合作方案与计划。

1. 当好家长类型活动的方案与计划(见表 5-2)

**表 5-2　　当好家长类型活动的方案与计划**

<table>
<tr><td colspan="6">类型 1　当好家长:帮助家庭了解有关青少年体育健康、身心发展方面的知识,了解体育知识,体育对青少年发展所起的作用,转变家长的体育意识。同时也帮助校方了解家庭的体育背景、知识和他们在体育方面对子女的态度与期望</td></tr>
<tr><td colspan="6">类型 1 专业工作组组长:</td></tr>
<tr><td>当好家长类型的活动项目(两项以上)</td><td>活动时间</td><td>活动地点</td><td>开展活动所需资源和完成时间</td><td>负责人和帮助者</td><td>预期结果</td></tr>
<tr><td></td><td></td><td></td><td></td><td></td><td></td></tr>
<tr><td></td><td></td><td></td><td></td><td></td><td></td></tr>
<tr><td></td><td></td><td></td><td></td><td></td><td></td></tr>
<tr><td colspan="6">开展这些活动如需资金、供给或资源,请注明:</td></tr>
</table>

2. 沟通交流类型活动的方案与计划（见表 5-3）

表 5-3　沟通交流类型活动的方案与计划

类型 2　沟通交流：通过学校与家庭、社区体育管理者、体育组组管理者之间的交流，就学校的体育教学计划和学生的体育锻炼计划与家庭、社区体育管理者、体育组组管理者展开沟通交流

类型 2 专业工作组组长：

| 沟通交流类型的活动项目（两项以上） | 活动时间 | 活动地点 | 开展活动所需资源和完成时间 | 负责人和帮助者 | 预期结果 |
|---|---|---|---|---|---|
| | | | | | |
| | | | | | |
| | | | | | |

开展这些活动如需资金、供给或资源，请注明：

3. 在家锻炼类型活动的方案与计划（见表 5-4）

表 5-4　在家锻炼类型活动的方案与计划表

类型 3　当好家长：参与子女的体育锻炼活动，让家庭方面参与其子女在家的体育锻炼活动，对其进行监督、鼓励

类型 3 专业工作组组长：

| 在家锻炼类型的活动项目（两项以上） | 活动时间 | 活动地点 | 开展活动所需资源和完成时间 | 负责人和帮助者 | 预期结果 |
|---|---|---|---|---|---|
| | | | | | |
| | | | | | |
| | | | | | |

开展这些活动如需资金、供给或资源，请注明：

4.决策制订类型活动的方案与计划(见表5-5)

**表5-5　　决策制订类型活动的方案与计划表**

类型3　决策制订:合作参与、共同领导,家庭、社区体育管理者、体育组织管理者参与校方的青少年体育工作管理决策制定过程

类型4专业工作组组长:

| 决策制订类型的活动项目(两项以上) | 活动时间 | 活动地点 | 开展活动所需资源和完成时间 | 负责人和帮助者 | 预期结果 |
|---|---|---|---|---|---|
| | | | | | |
| | | | | | |
| | | | | | |

开展这些活动如需资金、供给或资源,请注明:

5.社区合作类型活动方案与计划(见表5-6)

**表5-6　　社区合作类型活动方案与计划**

类型5　社区合作:整合社区体育资源和社区体育服务,为学校开展青少年体育工作带来益处;反过来也向社区提供服务

类型5专业工作组组长:

| 社区合作类型的活动项目(两项以上) | 活动时间 | 活动地点 | 开展活动所需资源和完成时间 | 负责人和帮助者 | 预期结果 |
|---|---|---|---|---|---|
| | | | | | |
| | | | | | |
| | | | | | |

开展这些活动如需资金、供给或资源,请注明:

6.体育组织合作类型活动方案与计划(见表5-7)

表5-7 体育组织合作类型活动方案与计划表

| 类型6 体育组织合作:整合体育组织资源,为开展青少年体育工作提供服务 | | | | | |
|---|---|---|---|---|---|
| 类型6专业工作组组长: | | | | | |
| 体育组织合作类型的活动项目(两项以上) | 活动时间 | 活动地点 | 开展活动所需资源和完成时间 | 负责人和帮助者 | 预期结果 |
| | | | | | |
| | | | | | |
| | | | | | |
| 开展这些活动如需资金、供给或资源,请注明: | | | | | |

### 五、小结

青少年体育备受党和国家的关注,做好青少年体育工作,对接我国的全民健身战略、健康中国战略以及全面建成小康社会的战略要求有重要的意义。我们应大力致力于对青少年体育的研究,构建家庭、学校、社区、体育俱乐部体育组织之间的协同、联动网络体系,为青少年体育工作的开展提供全面而有效的服务,在青少年参与体育锻炼的时间、空间、内容上给予保障,从而实现青少年体质健康水平的提高。

在联动体系的基础上,一定要做好实现联动的具体工作、方案以及开发出合理有效的合作项目,各部门应发挥各自的优势,各尽其能,只有实现家庭、学校、社区、体育组织之间的协同、联动,才能促使青少年形成良好的体育参与意识,提高体质健康水平。只有做好这些,才能实现青少年体育发展的目标。

## 第四节 青少年身体活动行为促进的多元联动模型

多元联动模型的联动行为主要是指在实现家庭、学校、社区、体育组织间联动的过程中所采取的行为,即联动过程中所开展的具体联动活动;联动效果主要是指家庭、学校、社区、体育组织实施联动后对青少年身体活动行为的改变。联动行为和联动效果之间关系的概念研究模型如图 5-3 所示。

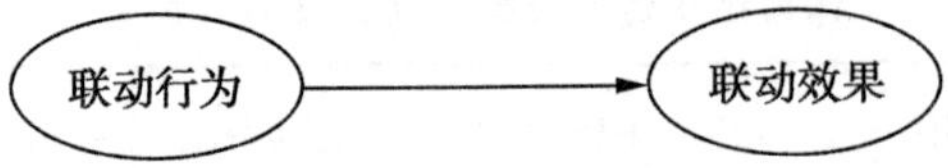


图 5-3 青少年身体活动行为促进的多元联动模型框架

## 一、青少年身体活动行为促进的多元联动模型联动行为要素的筛选

相关研究表明了学校与家庭、社区等其他组织联动合作实施干预措施的潜力，采取多种活动策略可以有效实现联动，并促进青少年身体活动行为的改变，而健康行为促进理论的锻炼行为生态学模型支持这种联动合作实施策略。锻炼行为生态学模型认为，个体身体活动行为受心理因素、生理因素及家庭、学校、社区、人际关系等多层面环境因素的多重影响，如图 5-4 所示。

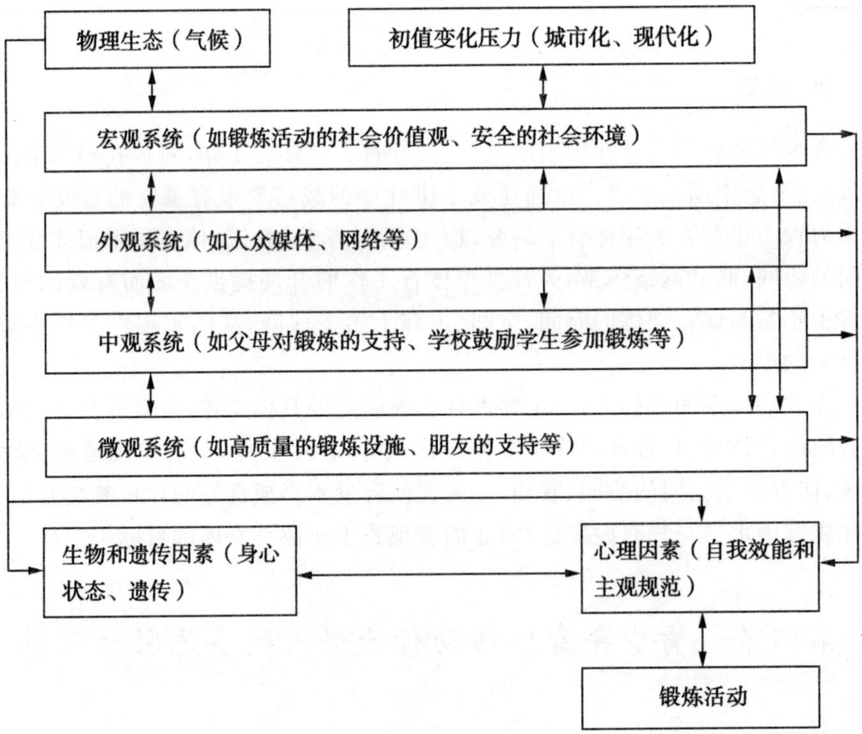


图 5-4 锻炼行为生态学模型

实现学校、家庭、社区、体育组织间的联动合作的活动类型有当好家长、沟通交流、在家锻炼、体育决策制订、社区合作、体育组织合作，这些也是联动行为的要素。联动行为的要素框架如图 5-5 所示。

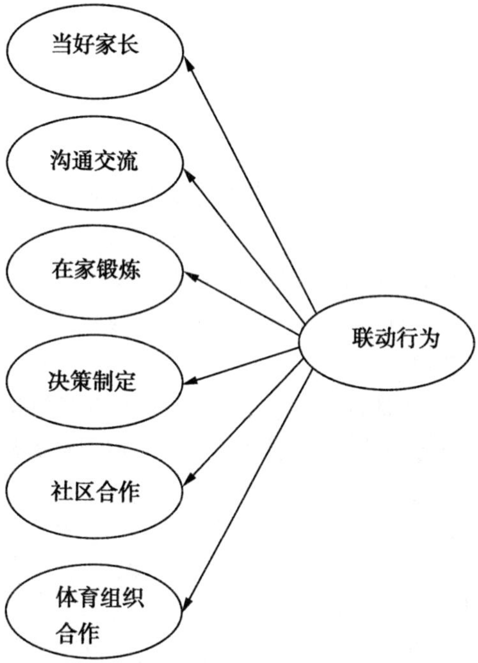


图 5-5 联动行为要素框架

## 二、青少年身体活动行为促进的多元联动模型联动效果要素的筛选

由计划行为理论、合理行动计划理论、锻炼行为生态学模型等众多健康行为理论可知，除了环境因素外，许多心理因素（如合理态度、主观标准、行为意向、行为习惯等）也可影响身体活动行为，同时，这些心理因素的改变也可以有效地促进身体活动行为。

笔者对当前健康行为促进领域促进身体活动行为的前因，即联动效果要素进行了综述，结果如表 5-9 所示。

表 5-9　　身体活动促进的联动效果要素

| 健康行为促进理论 | 联动效果要素 |
| --- | --- |
| TPB | 行为态度、主观规范、行为控制感、行为意向 |
| 态度-行为九因素模型 | 行为态度、目标态度、行为认知、行为意向、情感体验、行为控制感、主观标准 |
| 身体活动双系统模型 | 锻炼态度、社会支持、主观规范、行为控制感、自我效能、积极结果期待、情感联结 |

以上促进身体活动行为的前因中有许多相近或相似变量，如 TPB、态度-行为九因素模型和身体活动双系统模型中均包含行为态度、主观规范、行为控制感；态度-行为九因素模型中的情感体验和身体活动双系统模型中的情感联结相近；而积极结果期待可以归属到情感体验中；自我效能属于调节变量，因此不将其纳入联动效果要素内。

经筛选，青少年身体活动行为促进的多元联动模型联动效果要素有如下 8 个变量：行为态度、目标态度、行为认知、行为习惯、行为意向、情感体验、行为控制感、主观标准。联动效果要素框架如图 5-6 所示。

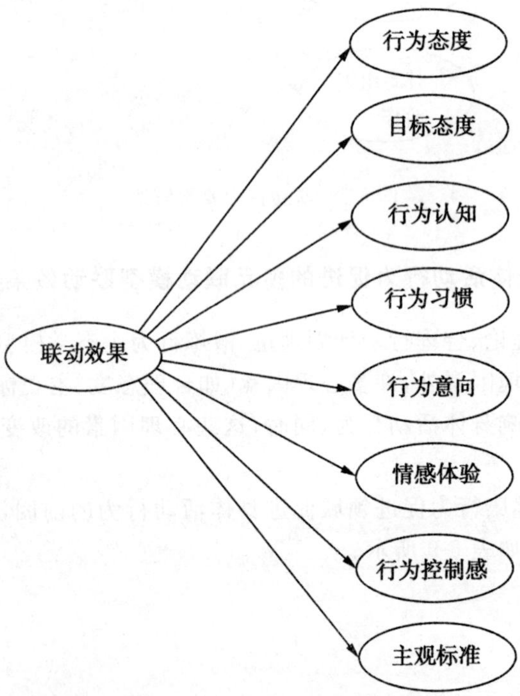


图 5-6　联动效果要素框架

### 三、青少年体育参与行为促进的多元联动模型构建

综上所述，联动行为对联动效果可产生直接的影响，初步构建的青少年身体活动行为促进的多元联动模型如图 5-7 所示。

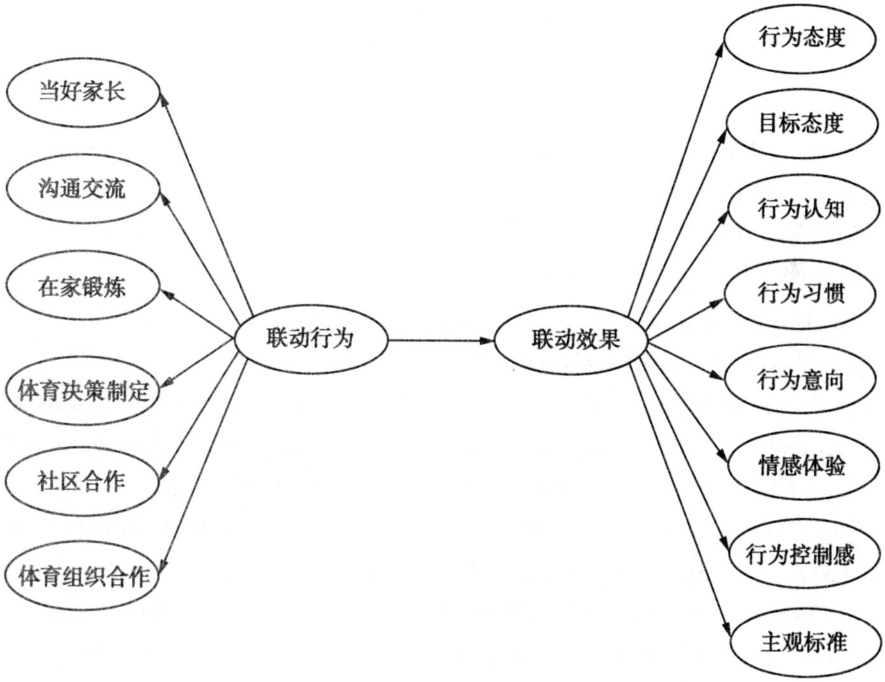


图 5-7 青少年身体活动行为促进的多元联动模型

锻炼行为生态学模型认为，家庭、学校、社区、体育组织等各微观系统在结构上是相互联系的，青少年的体育参与行为不仅受个体心理因素影响，还受家庭、学校、社区、体育组织等因素的影响。以上即为基于社会生态学模型构建的青少年身体活动行为促进的多元联动模型。家庭、学校、社区、体育组织四者联动，通过组织开展当好家长、沟通交流、在家锻炼、体育决策制定、社区合作、体育组织合作这 6 种类型的活动可以有效促进青少年体育参与的行为态度、行为认知、行为习惯、行为意向、情感体验、行为控制感的改变，从而促使青少年参与体育锻炼。

# 主要参考文献


[1]Bertalanffy L V. An outline of general system theory[J]. British Journal for the Philosophy of Science,1950,1 (2): 134-165.

[2]Boulding K E. General systems theory—The skeleton of science[J]. Management Science,1956, 2:197-208.

[3]Bronfenbrenner U. The ecology of human development[M]. Cambridge, Mass. : Harvard University Press, 1979.

[4]Baron R M, Kenny D A. The moderator-mediator variable distinction in social psychological research: Conceptual, strategic, and statistical considerations [J]. Journal of Personal Social Psychology, 1986, 51: 1173-1182.

[5]North T C, Mccullagh P, Tran Z V. Effect of exercise on depression [J]. Exercise & Sport Sciences Reviews, 1990, 18(1): 379.

[6]Petruzzello S J, Landers D M, Hatfield B D, et al. A meta-analysis on the anxiety-reducing effects of acute and chronic exercise[J]. Sports Medicine, 1991, 11(3): 143.

[7]Calfras K J, Taylor W C. Effects of physical activity on psychological variables in adolescents [J]. Pediatric Exercise Science, 2010, 1 (2): 3659-3668.

[8]Shephard R J. Curricular physical activity and academic performance [J]. Pediatric Exercise Science, 1997, 9: 113-126.

[9]Salmon J. Insufficiently active Australian college students: Perceived personal, social, and environmental influences[J]. Preventive Medicine, 1999, 8(1): 20.

[10]US Department of Health and Human Services, & US Department of Justice. Goals-report of the surgeon general's conference on children's mental health-ncbi bookshelf [R]. US Department of Health & Human Services, 2001.

[11]Burgeson C R, Wechsler H, Brener N D, et al. Physical education and activity: Results from the school health policies and programs study 2000 [J]. Journal of School Health, 2001, 71(7): 279-293.

[12]Sallis J F, Conway T L, Prochaska J J, et al. The association of school environments with youth physical activity[J]. American Journal of Public Health, 2001, 91(4): 618.

[13]Wu T Y, Pender N. Determinants of physical activity among taiwanese adolescents: an application of the health promotion model[J]. Research in Nursing& Health, 2002, 25(1): 25-36.

[14]Blakemore C L. Movement is essential to learning[J]. Journal of Physical Education Recreation & Dance,2003, 74(9): 22-25.

[15]Spence J C, Lee R E. Toward a comprehensive model of physical activity[J]. Psychology of Sport & Exercise, 2003, 4(1): 7-24.

[16]Sibley B A, Etnier J L. The relationship between physical activity and cognition in children: A meta-analysis [J]. Pediatric Exercise Science, 2003, 15(3): 243-256.

[17]Ekeland E, Heian F, Hagen K B. Can exercise improve self esteem in children and young people: A systematic review of randomised controlled trials[J]. British Journal of Sports Medicine, 2005, 39(11): 792.

[18]Skyttner L. Systems theory and the science of military command and control[J]. Kybernetes, 2005, 34(7/8): 1240-1260.

[19]Williams D M, Anderson E S, Winett R A. A review of the outcome expectancy construct in physical activity research[J]. Annals of Behavioral Medicine, 2005, 29(1): 70-79.

[20]Thompson R. The course and correlates of mental health care received by young children: Descriptive data from a longitudinal urban high-risk sample[J]. Children&Youth Services Review, 2005, 27(1): 39-50.

[21]Gollwitzer P M. Implementation intentions: Strong effects of simple plans[J]. American Psychologist, 2006, 54(7): 493-503.

[22]Schüz B, Sniehotta F F, Wiedemann A, et al. Adherence to a daily flossing regimen in university students: Effects of planning when, where, how and what to do in the face of barriers[J]. Journal of Clinical Periodontology, 2006,33(9): 612.

[23]Heath G W, Brownson R C, Kruger J, et al. The effectiveness of ur-

ban design and land use and transport policies and practices to increase physical activity: A systematic review [J]. Journal of Physical Activity & Health, 2006, 3(11): 555.

[24]Heitzler C D, Martin S L, Duke J, et al. Correlates of physical activity in a national sample of children aged 9-13years [J]. Preventive Medicine, 2006, 42(4):254.

[25]Ferreira I, Vand H K, Wendelvos W, et al. Environmental correlates of physical activity in youth: A review and update[J]. Obesity Reviews, 2007, 8(2): 129.

[26]Dowda M, Dishman R K, Pfeiffer K A, et al. Family support for physical activity in girls from 8th to 12th grade in south carolina[J]. Preventive Medicine, 2007, 44(2): 153-159.

[27]Kantomaa M T, Tammelin T H, Nä yhä S, et al. Adolescents'physical activity in relation to family income and parents' education[J]. Preventive Medicine, 2007, 44(5): 410-415.

[28]Wipfli B M, Rethorst C D, Landers D M. The anxiolytic effects of exercise: A meta-analysis of randomized trials and dose-response analysis[J]. J Sport Exerc Psychol, 2008, 30(4): 392-410.

[29]Trudeau F, Shephard R J. Physical education, school physical activity, school sports and academic performance[J]. International Journal of Behavioral Nutrition & Physical Activity, 2008, 5(1): 10.

[30]Tomporowski P D, Davis C L, Miller P H, et al. Exercise and children's intelligence, cognition, and academic achievement[J]. Educational Psychology Review, 2008, 20(2): 111.

[31]Cohen D, Molly S M, Wang F Z, et al. School design and physical activity among middle school girls[J]. Journal of Physical Activity & Health, 2008, 5(5): 719-731.

[32]Thomas J, Keeley H, Kenneth R. The impact of physical activity and fitness on academic achievement and cognitive performance in children[J]. International Review of Sport & Exercise Psychology, 2009, 2(2): 198-214.

[33]Scholz U, Keller R, Perren S. Predicting behavioral intentions and physical exercise: A test of the health action process approach at the intrapersonal level[J]. Health Psychology Official Journal of the Division of Health Psychology American Psychological Association, 2009, 28(6): 702.

[34]Best J R. Effects of physical activity on children's executive function: Contributions of experimental research on aerobic exercise[J]. Developmental Review, 2010,30(4): 331-351.

[35]Farhat T, Iannotti R J, Simmons-Morton B G. Overweight, obesity, youth, and health-risk behaviors[J]. American Journal of Preventive Medicine, 2010, 3:258-267.

[36]Shimomura S. Association of socioeconomic position with health behaviors and mortality[J]. Jama, 2010, 303 (12): 1159.

[37]Best J R, Miller P H. A developmental perspective on executive function [J]. Child Dev, 2010, 81: 1641-1660.

[38]Wheeler S. The significance of family culture for sports participation [J]. International Review for the Sociology of Sport, 2011, 60(2):1-12.

[39]Davis C L, Tomporowski P D, Mcdowell J E, et al. Exercise improves executive function and achievement and alters brain activation in overweight children:A randomized, controlled trial[J]. Health Psychology Official Journal of the Division of Health Psychology American Psychological Association, 2011, 30(1): 91-98.

[40]Parikh T, Stratton G. Influence of intensity of physical activity on adiposity and cardiorespiratory fitness in 5-18 year olds[J]. Sports Medicine, 2011, 41(6): 477-488.

[41]Brown D R, Soares J, Epping J M, et al. Stand-alone mass media campaigns to increase physical activity: A community guide updated review [J]. American Journal of Preventive Medicine, 2012,43(5):551.

[42]Lämmle L, Worth A, Bös K. Socio-demographic correlates of physical activity and physical fitness in german children and adolescents[J]. European Journal of Public Health, 2012, 22(6):880.

[43]Stanley R M, Ridley K, Dollman J. Correlates of children's time-specific physical activity: a review of the literature[J]. International Journal of Behavioral Nutrition & Physical Activity, 2012, 9(1): 1-13.

[44]Kraaykamp G, Oldenkamp M, Breedveld K. Starting a sport in the netherlands: A life-course analysis of the effects of individual, parental and partner characteristics[J]. International Review for Sociology of Sport, 2013, 48(2):153-170.

[45]Lambourne K, Hansen D M, Szabo A N, et al. Indirect and direct

relations between aerobic fitness, physical activity, and academic achievement in elementary school students[J]. Mental Health Physical Action, 2013, 6: 165-171.

[46]Button B, Trites S, Janssen I. Relations between the school physical environment and school social capital with student physical activity levels[J]. Bmc Public Health, 2013, 13(1): 1191.

[47]Corning P A. Systems theory and the role of synergy in the evolution of living systems[J]. Systems Research & Behavioral Science, 2014, 31(2): 181-196.

[48]Mendelson M, Michallet A S, Perrin C, et al. Exercise training improves breathing strategy and performance during the six-minute walk test in obese adolescents[J]. Respiratory Physiology & Neurobiology, 2014, 200(4): 18.

[49]Esteban-Cornejo I, Tejero-Gonzalez C M, Sallis J F, et al. Physical activity and cognition in adolescents: A systematic review. Journal of Science Medical Sport, 2015, 18: 534-539.

[50]Schmidt M, Jager K, Egger F, et al. Cognitively engaging chronic physical activity, but not aerobic exercise, affects executive functions in primary school children: A group-randomized controlled trial [J]. Journal of Sport Exercise Psychology, 2015, 37: 575-591.

[51]Tomporowski P D, McCullick B, Pendleton D M, et al. Exercise and children's cognition: The role of exercise characteristics and a place for metacognition. Journal of Sport Health Science, 2015, 4: 47-55.

[52] Cassidy A R. Executive function and psychosocial adjustment in healthy children and adolescents: A latent variable modelling investigation[J]. Child Neuropsychol, 2016, 22: 292-317.

[53]Cliff D P, Hesketh K D, Vella S A, et al. Objectively measured sedentary behaviour and health and development in children and adolescents: Systematic review and meta-analysis[J]. Obesity Review, 2016, 17: 330-344.

[54]Demetis D S, Lee A S. Crafting theory to satisfy the requirements of systems science[J]. Information & Organization, 2016, 26(4): 116-126.

[55]Donnelly J E, Hillman C H, Castelli D, et al. Physical activity, fitness, cognitive function, and academic achievement in children: A systematic review[J]. Medical Science of Sports Exercise, 2016, 48: 1197-1222.

[56]Tancredi G, Lambiase C, Favoriti A, et al. Cardiorespiratory fitness and sports activities in children and adolescents with solitary functioning kidney[J]. Italian Journal of Pediatrics, 2016, 42(1): 1-7.

[57]Ozmen T, Aydogmus M. Effect of core strength training on dynamic balance and agility in adolescent badminton players[J]. Journal of Body Movement, 2016, 20(3): 565-70.

[58]Raistenskis J, Sidlauskiene A, Strukcinskiene B, et al. Physical activity and physical fitness in obese, overweight, and normal-weight children [J]. Turkish Journal of Medical Sciences,2016, 46(2): 443.

[59]Resaland G K, Aadland E, Moe V F, et al. Effects of physical activity on schoolchildren's academic performance: The Active Smarter Kids (ASK) cluster-randomized controlled trial [J]. Preventive Medicine, 2016, 91: 322-328.

[60]Gába A, Mitá? J, Jakubec L. Associations between accelerometer-measured physical activity and body fatness in school-aged children[J]. Environmental Health & Preventive Medicine, 2017, 22(1):43.

[61]Huerta O á, Galdames M S, Cataldo G M, et al. Effects of a high intensity interval training on the aerobic capacity of adolescents[J]. Reventive Medicine Chil, 2017, 145(8): 972-979.

[62]Bai Y, Saint-Maurice P F, Welk G J, et al. The longitudinal impact of NFL play 60 programming on youth aerobic capacity and BMI[J]. American Journal of Preventive Medicine, 2017, 52(3):311.

[63]álvarezbueno C, Pesce C, Caveroredondo I, et al. Academic achievement and physical activity:Ameta-analysis[J]. Pediatrics, 2017,140(6): 98.

[64]Herting M M, Chu X. Exercise,cognition,and the adolescent brain [J]. Birth Defects Research, 2017, 109(20): 1672-1679.

[65]Braun H A, Kay C M, Cheung P, et al. Impact of an elementary school-based intervention on physical activity time and aerobic capacity, Georgia, 2013-2014[J]. Public Health Reports, 2017, 132(2): 245.

## 二、中文文献

[1] 吕树庭、卢元镇等:《体育社会学教程》,《福建体育科技》1996 年第 1 期。

[2] 曲宗湖、杨文轩:《现代社会与学校体育》,人民体育出版社 1999 年版。

[66]陈琦:《从终身体育思想审视我国学校体育的改革与发展》,《体育科学》2004 年第 1 期。

[67]樊炳有:《社区体育论》,北京体育大学出版社 2003 年版。

[68]姜晓珍、白文飞、徐玲:《影响义务教育阶段学生体育锻炼习惯形成的外在因素调查》,《内蒙古师大学报(自然·汉文版)》2004 年第 3 期。

[69]李彬彬、符明秋:《家庭影响青少年体育参与的研究进展》,《成都体育学院学报》2004 年第 1 期。

[70]李凤新:《我国城市社区体育研究综述》,《体育科学研究》2004 年第 1 期。

[71]李加奎:《美国青少年社区体育探析》,《中国体育科技》2004 年第 1 期。

[72]顾渊彦、李明:《21 世纪中国社区体育——中国现代体育》,北京体育大学出版社 2004 年版。

[73]林显鹏、刘云发:《国外社区体育中心的建设与经营管理研究——兼论我国体育场馆建设与发展思路》,《体育科技文献通报》2006 年第 1 期。

[74]李娟、牛静:《论学校体育与社区体育的互动》,《体育学刊》2005 年第 3 期。

[75]肖慧:《北京市城市中学生社区体育活动现状的调查研究》,北京体育大学硕士学位论文,2005 年。

[76]刘艳丽、姚从容:《从经济学视角试论我国体育公共服务产业生产主体的多元化》,《西安体育学院学报》2004 年第 5 期。

[77]孙建华:《充分认识社区文化在预防青少年犯罪中的作用》,《辽宁警察学院学报》2005 年第 2 期。

[78]韩会君:《国家青少年体育俱乐部运行机制的研究》,《中国体育科技》2006 年第 6 期。

[79]华景梅、徐祥辉:《和谐社会构建视角下的我国社区体育发展模式》,《体育与科学》2006 年第 4 期。

[80]刘新兰:《影响青少年体育锻炼行为的动机因素研究》,《沈阳体育学院学报》2006 年第 6 期。

[81]王志琳、姜飞月:《健康行为改变中的社会认知因素:HAPA 模型述评》,《医学与哲学》2006 年第 13 期。

[82]廖鹏、张勇、郑念军等:《耐力训练对青少年运动员最大摄氧量和动脉血酮体比的影响》,《中国运动医学杂志》2006 年第 1 期。

[83]刘桂兰、袁斐:《基于系统科学理论的英语学习环境的构建》,《疯狂英语》2007 年第 5 期。

[84]陈嵘:《培养大学生体育锻炼行为初探》,《体育文化导刊》2006 年第 4 期。

[85]尹玲:《关于我国社区体育场地设施存在问题的思考》,《成都体育学院学报》2008 年第 9 期。

[86]董立红、虞重干:《美、德、日社区体育俱乐部的管理体系及运行机制》,《体育成人教育学刊》2007 年第 1 期。

[87]句华:《美国地方政府公共服务合同外包的发展趋势及其启示》,《中国行政管理》2008 年第 7 期。

[88]朱艳英:《论体育俱乐部对大学生体育意识行为的影响》,《现代商贸工业》2009 年第 17 期。

[89]谢龙、赵东平、严进洪:《青少年体育锻炼态度与行为的关系性研究》,《天津体育学院学报》2009 年第 1 期。

[90]邱亚君:《休闲体育行为发展阶段动机和限制因素研究》,《体育科学》2009 年第 6 期。

[91]刘鹏:《吉林省高校大学生体育生活方式现状调查与分析》,首都体育学院硕士学位论文,2009 年。

[92]丁芳:《一种正在演进着的人类发展观——人的发展的生物生态学模型述评》,《华东师范大学学报(教育科学版)》2009 年第 2 期。

[93]阮慧、项晓慧、李五一:《美国高校实验室安全管理给我们的启示》,《实验技术与管理》2009 年第 10 期。

[94]曹佃省、谢光荣:《从行为意向到健康行为——健康行为程式模型(HAPA)概述》,《中国临床心理学杂志》2010 年第 6 期。

[95]沈梦英、毛志雄、张一民:《中国成年人锻炼行为的影响因素——HAPA 与 TPB 两个理论模型的整合》,《体育科学》2010 年第 12 期。

[96]胡庆山:《新课改背景下家长及社区成员参与体育课程实施研究》,《北京体育大学学报》2010 年第 2 期。

[97]阮刚:《“体育组织”研究——特征、功能、概念与分类》,《湖北广播电视大学学报》2010 年第 2 期。

[98]谢先姣:《重庆市社区体育发展探讨》,西南大学硕士学位论文,2010 年。

[99]黄健、谢忠萍:《学校体育与社区体育一体化发展模式的构建研究》,《体育与科学》2010 年第 5 期。

[100]程慎玲:《学校体育与社区体育一体化发展研究》,《体育文化导刊》2010 年第 4 期。

[101]董宏伟:《家庭社会资本对青少年体育锻炼意识与行为的影响及反思》,《沈阳体育学院学报》2010 年第 2 期。

[102]郑东平:《影响中学生体育兴趣因素的调查分析》,《宿州教育学院学报》2010 年第 1 期。

[103]任海:《南京青奥会与我国青少年体育价值观的重塑》,《体育与科学》2011 年第 4 期。

[104]霍岩、田玉昕:《影响大学生体育参与意识形成的因素分析》,《科技信息》2011 年第 9 期。

[105]葛晓梅:《支持社会组织发展 推进政府购买公共服务》,《蚌埠党校学报》2011 年第 2 期。

[106]伊强:《关于政府购买社会组织服务问题的思考》,《中共郑州市委党校学报》2011 年第 5 期。

[107]郭晴:《从单向传播到一体化:体育组织与媒介关系形态研究》,《体育科学》2012 年第 3 期。

[108]林子:《非营利体育组织参与体育公共服务的路径选择》,《体育与科学》2012 年第 3 期。

[109]李继华:《高校课外体育俱乐部对大学生体育锻炼行为的影响》,《淮北职业技术学院学报》2012 年第 1 期。

[110]马勇占、毛志雄、王东升:《跨理论模型中自我效能、变化阶段对变化过程和身体活动关系的中介效应》,《天津体育学院学报》2012 年第 1 期。

[111]付道领:《初中生体育锻炼行为的影响因素及作用机制研究》,西南大学博士学位论文,2012 年。

[112]杨燕国:《上海市青少年儿童体质健康促进的学校、家庭、社区联动模式研究》,华东师范大学硕士学位论文,2012 年。

[113]苏传令:《社会生态学模型与青少年体力活动关系的研究综述》,《浙江体育科学》2012 年第 2 期。

[114]耿俊茂、张瑞、邱杰:《基于协同理论的学生党员后续教育对策探析》,《学校党建与思想教育》2012 年第 3 期。

[115]鲍政栋、张双玲、段艳平等:《检验“健康行为过程理论”(HAPA)——一项针对高校教职员工体育锻炼行为的实证研究》,《武汉体育学院学报》2012 年第 1 期。

[116]李俊、张惠红:《生态学模型在我国青少年课外体育锻炼中的应用》,《河北体育学院学报》2013 年第 5 期。

[117]周长洪:《中国家庭结构变化的几个特征及其思考——基于“五普”和

“六普”数据的比较》,《人口与社会》2013 年第 4 期。

[118]张雨婷、宋雯:《影响初中生体育认知发展水平的因素分析》,《湖北体育科技》2013 年第 8 期。

[119]徐晖:《系统科学理论指导下的职业教育体系新探》,《现代教育》2013 年第 1 期。

[120]冯连世、张漓、高炳宏等:《不同环境下有氧运动对超重和肥胖青少年体重与体脂含量的影响》,《体育科学》2013 年第 11 期。

[121]熊丽辉:《运用系统科学理论进行中医医案研究的可行性探讨》,《时珍国医国药》2014 年第 6 期。

[122]陈善平:《体育行为认知决策理论研究》,西安交通大学出版社 2014 年版。

[123]杨剑、邱茜、季浏:《锻炼行为生态学模型及其在体育领域的应用》,《武汉体育学院学报》2014 年第 10 期。

[124]钟涛、徐伟、胡亮:《体力活动的社会生态模型研究进展》,《体育科研》2014 年第 2 期。

[125]肖香龙:《基于协同理论的多元平台校企协同发展研究》,《现代教育管理》2014 年第 1 期。

[126]郑兵、罗炯、张驰等:《学校、家庭、社区一体化促进青少年阳光体育活动长效机制的模型构建》,《体育学刊》2015 年第 2 期。

[127]王兴美:《中学生身体活动环境评价指标体系研究》,南京师范大学硕士学位论文,2015 年。

[128]陈金鳌、蔡浩刚、陆阿明等:《少年体育参与影响因素的相关性研究》,《成都体育学院学报》2015 年第 2 期。

[129]司琦:《青少年校内闲暇时间身体活动影响因素研究》,《首都体育学院学报》2015 年第 4 期。

[130]苏晓红:《辽宁大众体育公共服务体系运行现状、问题及优化路径》,《沈阳体育学院学报》2015 年第 2 期。

[131]戈莎:《生态因素对我国城市青少年身体活动行为影响的研究》,北京体育大学博士学位论文,2016 年。

[132]马骉、张帆、司琦:《影响青少年参与身体活动的个体因素综述——基于社会生态模型的个体生态子系统》,《浙江体育科学》2016 年第 3 期。

[133]田肩:《青少年体育参与行为影响因素及理论模型应用研究综述》,《当代体育科技》2016 年第 22 期。

[134]杨剑、郭正茂、季浏:《锻炼行为理论模型发展述评》,《沈阳体育学院学

报》2016年第1期。

[135]王银晖:《HAPA理论背景下大学生锻炼行为与锻炼效果的干预研究》,《河北体育学院学报》2016年第4期。

[136]王倩:《大学生心理健康教育中的家校合作研究》,《湖北函授大学学报》2016年第1期。

[137]钟美珠、谢云天:《农村职业教育中的家校合作》,《职教论坛》2016年第8期。

[138]张海平、刘兴、吴翊馨等:《12~14岁中学生日常体力活动状况及健身跑对其心肺耐力影响的研究》,《沈阳体育学院学报》2016年第1期。

[139]张枝尚、马培艳、郑伟:《20周太极拳练习对青少年身体机能和身体素质影响的研究》,《广州体育学院学报》2016年第3期。

[140]王艳玲:《4周中小强度的有氧运动对单纯性肥胖青少年体脂、肺活量影响》,《文体用品与科技》2017年第16期。

[141]邵威、费加明:《不同运动方式对肥胖青少年减肥效果的比较》,《中国应用生理学杂志》2017年第3期。

[142]苏晓红、李炳光、田英:《基于社会生态学模型的青少年体育锻炼行为相关因素分析》,《沈阳体育学院学报》2017年第4期。

[143]王丽丽:《社会生态学视域下中学生体育参与行为影响因素的分析》,吉林体育学院硕士学位论文,2017年。

[144]王牧华、宋莉:《学校欺凌问题的预防和干预:家校合作的视角》,《教育科学研究》2017年第3期。

[145]闫璐:《大众健美操对高中生柔韧素质与协调能力影响的实验研究》,西安体育学院硕士学位论文,2017年。

[146]武海潭、季浏:《体育课不同运动负荷对初中生肌肉适能和心肺功能的影响》,《中国学校卫生》2017年第5期。